À L'ÉCOUTE
DE L'AU-DELÀ

Père François Brune

Ouvrages parus

Pour que l'homme devienne Dieu, Éditions Dangles, 1992.
Christ et karma, la réconciliation ?, Éditions Dangles, 1995.
Les morts nous parlent, 3e édition, Philippe Lebaud, 1996.

CD :
Les morts racontent et *Christ et karma,* Victorie Music, 1996.

Rémy Chauvin

Derniers ouvrages parus

La Direction de la vie et la genèse de la pensée, F.X. de Guibert, 1998.
Nos pouvoirs inconnus, C.G.R., 1997.
Le Darwinisme ou la mort d'un mythe, Éditions du Rocher, 1997.
Les Surdoués, Stock, 1996.
L'Avenir de Dieu : propos d'un homme de science, Éditions du Rocher, 1995.
Le Monde des fourmis, Éditions du Rocher, 1994.
Le Nouveau Golem, Éditions du Rocher, 1993.
Les Conquérants aveugles, Robert Laffont, 1992.
La Fonction psy, Robert Laffont, 1991.
La Biologie de l'esprit, Éditions du Rocher, 1990.

François Brune
Rémy Chauvin

À L'ÉCOUTE DE L'AU-DELÀ

LE GRAND LIVRE DU MOIS

10, rue La Vacquerie, 75011 Paris
ISBN : 2-7028-3099-4

Sommaire

Première partie

Rémy Chauvin : L'autre science

Seconde partie

François Brune : L'empreinte de l'invisible

Première partie

Rémy Chauvin

L'AUTRE SCIENCE

Introduction

Il y a bien des années, presque un siècle, le monde occidental était bouleversé par des faits curieux, inexplicables, ou même scandaleux selon certains : on consultait les morts par l'intermédiaire de curieux personnages, des « médiums ». Ou bien encore, on se servait du « oui-ja », petite planchette en équilibre instable, munie d'un crayon qui traçait sur le papier des arabesques variées et parfois d'assez longs messages. D'autres médiums se passaient du oui-ja et posaient simplement leur main munie d'un crayon sur le papier. Et la main, comme séparée du corps, écrivait des pages et des pages d'une écriture qui, très généralement, n'était pas celle du sujet... Enfin, un instrument plus curieux, la table tournante, prétendait également nous mettre en communication avec les morts. J'ai eu l'expérience de cette dernière méthode de communication. Si les messages ne viennent sûrement pas toujours des morts, le phénomène en lui-même, c'est-à-dire les déplacements violents de la table, qui semble douée d'une vie indépendante, demeure tout à fait curieux.

Qu'en a-t-on tiré sur le plan scientifique ou philosophique ? Pas grand-chose : de pieuses exhortations, entremêlées parfois de messages plus inquiétants. Au Brésil, par exemple, on en a tiré une religion, sorte de conglomérat de notions chrétiennes, bouddhistes ou animistes, peu satisfaisant pour l'esprit. Cependant, dans certains cas, les défunts donnaient des indications sur des points seuls connus d'eux-mêmes. Ces faits, somme toute troublants, accréditaient l'hypothèse d'une communication avec les morts et, il paraissait souhaitable d'aller plus loin dans son étude. C'était sans compter sur l'opposition farouche, en France tout au moins, des milieux scientifiques et universitaires. Toute recherche dans ce domaine fut bloquée pendant la presque totalité du XXe siècle.

Et puis, dans le dernier tiers de ce siècle se produisit un changement inattendu, parti d'Amérique où prolifèrent toutes les utopies, toutes les folies. On s'y intéressait, souvent avec passion, aux « Voyages hors du corps », aux expériences de « morts temporaires » (Near Death Experiences ou NDE), aux « channels », version moderne des bons vieux médiums. L'Europe prit le relais en étudiant la Transcommunication instrumentale (TCI), c'est-à-dire la communication avec les morts par le moyen d'instruments tels que le téléphone, le magnétophone, la radio, la télévision et, tout dernièrement, le télécopieur. Ainsi, de longs messages venus d'ailleurs étaient transmis par ces instruments momentanément détournés de leur fonction habituelle. Les Allemands, les Italiens, les Espagnols se sont particulièrement distingués dans ces exercices. Leur grand intérêt réside dans le fait qu'il subsiste une trace matérielle de la communication et que son étude permet de déceler plus facilement toute tentative de fraudes ou de… facéties.

L'étude de la communication avec les défunts est donc en pleine effervescence, la Transcommunication instrumentale étant particulièrement à l'ordre du jour. Un nombre considérable d'observations ont été réalisées, et François Brune, coauteur de cet ouvrage, en a répertorié quelques-unes qui sont significatives. La méthodologie à suivre au cours des expériences n'est pas très compliquée, mais la source de notre perplexité tient dans le fait que nous ne savons pas comment s'effectue la TCI, c'est-à-dire comment le magnétophone, par exemple, est affecté !

La question préalable

Il faut bien avouer que de telles études qui semblent démontrer la survie se heurtent à la dérision – quand ce n'est pas à la fureur – de nombreux savants. Lorsqu'on veut traiter du destin de l'homme, il est bien difficile de rester calme. Et en l'occurrence, il s'agit bien d'une véritable guerre de religion à propos d'un très antique problème. L'homme est-il composé d'un corps et d'une âme ou plutôt d'un corps et d'une conscience ?

Peut-on alors considérer que le corps est formé de matière et que la conscience est l'autre nom dont on désigne l'esprit, la chose pensante de Spinoza (*res cogitans*) par opposition à la chose étendue (*res extensa*) qui est le corps ?

S'il en est ainsi, on est forcé de reconnaître à la conscience des propriétés particulières dont la plus importante est qu'elle n'en a pas, tout au moins si on veut les définir en termes de matière : comment parler d'une largeur, d'une hauteur ou d'une profondeur de la conscience ? Mais si nous abandonnons l'espoir de la réduire à la matière, nous dirons qu'elle est autoréflexive d'abord. C'est la conscience de soi, dont Leibniz soulignait la radicale séparation de la matière en évoquant la célèbre métaphore de l'horloge dont on peut agrandir à volonté les rouages, au point qu'un homme puisse se déplacer entre eux : mais celui-ci ne verra jamais que des dents qui se poussent l'une l'autre à la périphérie des roues, et jamais rien qui corresponde à la pensée se pensant elle-même. Et encore moins au libre arbitre, autre propriété de la conscience dont il faudra bien discuter.

On admet ainsi l'existence de deux entités, la matière et l'esprit-conscience, incompatibles, au moins à première vue. Elles ont en effet des propriétés par trop dissemblables. D'autant plus que, si on postule que la conscience agit sur la matière plutôt que l'inverse, on ne comprend pas comment peut se faire l'interaction dans un sens ou dans l'autre. On se heurte à une réelle difficulté : rien ne sert de la nier ou de l'escamoter par des artifices de langage, comme ont fait beaucoup de philosophes. Une première théorie, la dualiste, dont Descartes a donné une définition très claire, admet, à l'aide d'artifices purement verbaux, que matière et esprit coexistent mais que le second agit sur la première, par l'harmonie préétablie (Dieu ayant décidé d'abord qu'à chaque acte de volonté, par exemple, correspondrait la modification matérielle correspondante). On se remettait ainsi à Dieu du soin de concilier des inconciliables.

La seconde théorie est dite moniste : elle ne suppose qu'une seule entité, la matière, dont l'esprit n'est qu'un reflet accessoire, sans beaucoup d'importance. On échappe alors au problème, en escamotant un de ses termes, ce qui n'est pas sérieux. Je ne résiste pas là-dessus au plaisir de citer Compton, le célèbre physicien : « Il me paraît bien triste [*unfortunate*] de penser qu'un philosophe moderne n'a pas attiré l'attention sur le fait que la capacité de lever la main à volonté est bien plus directement et certainement connue que n'importe laquelle des lois les mieux établies de la physique de Newton ; et si ces lois dénient à chacun la possibilité de lever la main à volonté, la conclusion qu'on doit préférer est que les lois de Newton ont besoin de quelques modifications. »

Il est vrai que Compton parlait ainsi du déterminisme et du libre arbitre, ce dernier étant bien sûr lié à la conscience.

Le déterminisme, qu'on ne sépare guère du monisme, est issu du rêve mathématique des philosophes grecs, relayés par la Renaissance et le siècle des Lumières, puis par le gigantesque développement scientifique du XIXe siècle. Le modèle de la nature n'est et ne peut être que mathématique ; tout existe par la vertu de la mesure et des équations ; tout a une cause et, comme disait Laplace, un esprit qui pourrait soumettre au calcul les mouvements des atomes de tout l'univers pourrait comprendre le passé, le présent et même l'avenir, rien ne serait plus caché à ses yeux… On pourrait objecter qu'un esprit assez vaste pour réaliser de si belles choses ressemble singulièrement à Dieu, mais peu importe.

La théorie a eu un succès foudroyant. Peut-on mettre en doute un système qui marche si bien et la science dont il procède, alors qu'on voit reculer partout, grâce à lui, la misère, la maladie et la mort ? Les hommes de science étaient portés par ce même enthousiasme, qui leur faisait quelque peu oublier les innombrables problèmes laissés de côté, et notamment celui de la conscience : il valait mieux ne pas y penser, il aurait tout remis en question.

Mais la science change, et le monde aussi ; des guerres effroyables surgissent avec leurs massacres, fils de la technique, elle-même fille de la science, il faut bien le constater. La bombe atomique explose d'abord dans la tête des savants : ainsi la science peut faire le mal ; et si elle ne l'a pas fait jusqu'alors, c'est peut-être parce qu'elle n'était pas assez puissante.

La science a une qualité particulière, c'est qu'elle peut se remettre en question. Oh ! pas sans retards, polémiques, qui tournent souvent à l'injure, et discussions où la bonne foi ne trône pas toujours à la première place. Mais enfin, elle change. Surtout quand, après Einstein, arrivent les quanta et leur remise en question radicale de la matière et du cosmos… On voit les hommes de science former des comités d'éthique pour surveiller les mauvais usages de la science et en particulier les armes atomiques… Mais le mot éthique suppose que l'on sache distinguer le bien du mal. D'après quels critères ? Ils seront forcément extrascientifiques… Il existerait donc des questions importantes qui peuvent n'avoir rien de commun avec la science, alors qu'implicitement, depuis tant d'années, tant d'hommes de science pensaient le contraire ?

Plus récemment encore, d'autres réflexions que les physiciens des quanta s'étaient déjà faites ont pris de la force : et si, quand un homme regarde au microscope, l'homme était, après tout, aussi important que le microscope ? Car c'est l'homme qui construit la science et non point le microscope. Cela peut paraître naïf, mais nous nous étions fait, dans le temple de la science, des idées bien curieuses au regard du profane : nous voyions la science comme quelque chose de si haut, de si désincarné, de si détaché de l'homme ! Si bien que nous avions oublié les évidences élémentaires… L'homme serait donc important au lieu d'être, comme Monod le disait, une passagère fantaisie de la nature qui disparaîtrait comme elle était venue, dans l'univers indifférent ?

Là-dessus interviennent les biogénètes, qui étudient expérimentalement l'origine de la vie. Pour eux l'apparition de la vie n'était pas improbable sur la terre, mais au contraire inévitable. Étant donné la composition chimique de l'air et du sol, il était inéluctable qu'elle apparût. Buvet va encore plus loin en se demandant si le but de l'univers n'était pas de se construire son propre observateur ! Et certains astronomes l'appuient en affirmant que les constantes de l'univers sont si minutieusement réglées et telles que la moindre modification aurait rendu la vie impossible, qu'en effet l'univers paraît construit pour l'homme. C'est le principe anthropique, qui doit faire se retourner dans leur tombe les vieux rationalistes.

Et voilà l'homme au premier rang, avec tous ses problèmes. Éternels. Non résolus et pourtant aussi importants que jamais. Nier l'importance de sa conscience, était-ce bien raisonnable ? Dire que la seule chose que nous ayons à notre disposition, c'est la matière, est-ce si évident ? Ne vaut-il pas mieux dire que la seule chose que nous connaissions, c'est non pas la matière, mais la conscience de la matière, ce qui met la conscience de l'homme au premier rang, comme jadis quand s'éveillait la philosophie…

Après tout, pourquoi ne considérerait-on pas à nouveau le dualisme en admettant que la plus simple réflexion distingue en effet dans l'homme le corps et l'esprit et que ce sont des considérations *a priori* qui l'ont fait oublier. Mais reste l'antinomie : comment les deux se rejoignent-ils ?

Peut-être l'antinomie n'est-elle pas si grave après tout : et si elle venait non point de nécessités de la raison, mais de mauvaises habitudes de pensée ? Pour les Anciens, la matière était dure comme de la pierre et la conscience inconsistante comme la fumée… Mais nous avons bien changé. Les physiciens des quanta se permettent des audaces de pensée à couper le souffle. Ainsi le vide quantique [1] où les particules, si j'ai bien compris, ne sont pas forcément ce qu'il y a de plus intéressant. Ce qui compte, ce sont les champs énergétiques qui se bousculent au niveau des quanta. Quand nous essayons de saisir la matière, elle ressemble de moins en moins à un caillou… Somme toute, c'est de l'énergie ; et la conscience, en tant que volonté, aussi, dans un certain sens… Eccles propose que l'action volontaire agisse au niveau des quanta en changeant seulement les probabilités, le tout sans dépense d'énergie. Je suis tout à fait incapable d'en discuter, mais plusieurs physiciens m'ont dit la même chose.

Il y aurait donc un passage, par où s'élaborerait l'action volontaire. Or on admet encore le dogme de la conservation de l'énergie… Si la conscience était une forme supérieure d'énergie, pourquoi ne se conserverait-elle pas aussi ? Si vous froncez le sourcil, cela ne provient-il pas de ce que vous vous faites de la conscience une idée trop désincarnée ?

Mais mon propos n'est point de discuter de la conscience. Simplement de montrer que l'idée d'une permanence de la conscience n'est peut-être pas absurde après tout, qu'on peut en tout cas l'envisager.

1. Attention, quand je parle de vide quantique je ne veux pas dire néant, c'est un vide rempli d'énergies.

Une autre vision du monde

Les phénomènes de transcommunications sont variés et François Brune en parle avec plus de pertinence que moi, mais je voudrais d'abord replacer les phénomènes de transcommunications dans un contexte plus vaste.

Il y a, en effet, dans d'autres domaines comme la parapsychologie, une masse énorme de documentation concernant d'abord les quarante années qui viennent de s'écouler et ayant pour objet la parapsychologie étudiée en laboratoire. Il ne faut pas pour autant oublier les cinquante années précédentes, l'âge d'or de ce qu'on appelait la « métapsychique », qui a donné lieu aussi à une littérature surabondante… Mais la métapsychique a connu un injuste discrédit, surtout du fait des médiums truqueurs, dénoncés la plupart du temps par les métapsychistes eux-mêmes. Or des études plus récentes, parmi lesquelles il faut citer l'œuvre monumentale de Dingwall, montrent très bien qu'il est faux de conclure que toutes ces expériences ne valaient rien et que les médiums mentaient toujours. Nos grands-pères se sont montrés souvent d'ingénieux et soigneux expérimentateurs ; beaucoup de leurs résultats, pour ahurissants qu'ils soient, sont tout à fait solides ; il est grand temps d'y revenir, et même les Américains, si entichés des techniques modernes, en conviennent maintenant.

Il est une autre source d'information très largement ignorée : je veux parler de la littérature hagiographique, qui traite des phénomènes physiques du mysticisme, pour utiliser le titre du célèbre livre de Thurston… Ici nous voyageons au milieu d'un univers féerique où les phénomènes les plus extravagants sont souvent des mieux attestés par des centaines de témoins, dont l'élite scientifique du temps. On m'objectera évidemment qu'il s'agit de faits très anciens dont plusieurs siècles nous séparent. Mais certains d'entre nous savent bien que des phénomènes de ce type s'observent encore de nos jours ; l'Église garde là-dessus un silence assez hermétique, mais les informations filtrent tout de même (voir en particulier l'ouvrage monumental de Bouflet).

Enfin, il ne faut pas oublier les ovnis, autre source de littérature très abondante ; il est vrai qu'à première vue on ne voit pas le rapport avec les phénomènes précédents. Cependant, dans les innombrables histoires de « contactés » par les « entités » qui habiteraient les soucoupes, on retrouve souvent le même type de récits qu'en hagiographie ou en transcommunication, et c'est bien le plus étonnant.

Mais allons plus loin : même en biologie générale, l'ange du bizarre n'est-il pas souvent présent ? J'y ai jadis consacré un ouvrage ; je me contenterai ici de brèves allusions, choisies bien sûr parmi les phénomènes les plus énigmatiques.

Je ne puis tenter une recension exhaustive de ces domaines si différents : trois ou quatre volumes comme celui-ci n'y suffiraient pas ! Je me contenterai donc de rappeler les faits les plus saillants ou les plus « exemplaires », et je tenterai de dessiner les premiers contours d'une théorie générale, si provisoire et fragile soit-elle. À part Vallée et Méheust, trop peu de chercheurs s'en sont souciés, du moins à ma connaissance.

Il me semble que c'est important et que, si l'on arrivait à intégrer tous ces faits apparemment disparates, il s'ensuivrait une vision très particulière de l'univers, très différente de celle de la science actuelle. Non qu'elle contredise cette dernière : il ne faut jamais s'enfermer dans le dilemme « si A est vrai, alors B ne peut être que faux ». Tellement d'erreurs scientifiques et d'entêtements irrationnels sont partis de là ! On a appris pourtant que la lumière pouvait être une onde, et aussi des corpuscules : cela dépendait du type de mesure qu'on effectuait sur elle. Problème de point de vue, et nos sciences habituelles, qui sont fort intéressantes et dont j'aurai pratiqué quelques-unes toute ma vie, ne contredisent nullement un autre point de vue, qui se rapporte à d'autres conditions, à des faits différents et à des observateurs qui regardent dans d'autres directions.

Mais il y a plus et mieux : j'ai fait allusion à l'énorme appétit de transcendance qui tenaille nos contemporains, sans qu'ils le comprennent clairement ; c'est ce qui les pousse à se jeter dans toutes sortes de sectes, comme il y a des milliers d'années, quand on se faisait initier à Éleusis pour gagner peut-être l'assurance de la vie éternelle. Or, que trouvent tous ces gens, à part les sectes ? Les grandes religions, qui n'ont plus tellement confiance en elles-mêmes, trahies de l'intérieur par des clercs orgueilleux ou ignorants. Ou des écoles philosophiques de plus en plus abstruses qui s'enferment peu à peu dans des chapelles dont le vulgaire doit être exclu.

Des religions qui hésitent, des philosophies bavardes… Qui nous dira si la vie a un sens ?

Sur le plan philosophique, on peut en discuter pendant mille ans de plus sans résultat. Alors il reste la science dont tout le monde a peur. En effet, par l'intransigeance orgueilleuse de quelques-uns, elle a voulu tuer « la vieille chanson qui berce la misère humaine »; dans bien des cas elle a réussi ; et on s'est aperçu que, sur les grandes questions qui font la grandeur et la misère de l'homme, elle n'avait rien à dire, sauf à les taxer d'illusions.

Mais il est une autre science, comme l'a écrit mon ami Beloff. On a voulu faire croire qu'elle se résumait au matérialisme, plus le déterminisme. C'est une caricature, et les choses ne sont point si simples ; la science est d'abord l'ouverture au monde immense qui nous environne et dont nous ne saisissons que des aspects bien limités ; et aussi la faculté de se remettre sans cesse en question, exercice insupportable à quelques-uns (Beloff). Les plaies qu'une certaine science a causées, la nouvelle science ainsi comprise peut les guérir, par exemple, en appliquant ses méthodes, sans préjugé cette fois, à ce qu'elle a fui comme la peste : le dialogue avec les morts. Elle fit bien de l'exclure jadis, n'étant pas assez forte pour l'aborder… Elle peut le reprendre sans peur à présent. Il existe peut-être un autre monde après tout : pourquoi ne pas l'explorer, sans renoncer le moins du monde à la raison ? Voilà une autre Amérique à découvrir, une métaphysique expérimentale que la science va créer maintenant.

Les nouveaux médiums

Il me semble opportun d'étudier en premier lieu les médiums d'aujourd'hui, baptisés *channels* par les Américains et que, revenant à la langue française, nous appellerons canaux. Le canal est une manière imagée de qualifier une correspondance avec l'autre monde, celui des morts ou des esprits.

L'humanité a toujours cru qu'il existait des individus spécialement doués, capables de cette performance. Il serait vain de tenter ici l'histoire complète des chamans, prophètes ou devins qui se sont succédé sans interruption le long des siècles ; je me bornerai à signaler quelques particularités assez constantes.

Très souvent, le chaman ou le devin s'intoxique, parfois avec des drogues très dangereuses comme les extraits d'amanite, qu'il supporte on ne sait trop comment. Une de ces drogues est devenue célèbre : le peyotl, consommé par les sorciers indiens. Le peyotl est un petit cactus insignifiant, qui ressemble assez à un caillou : on se perd en conjectures sur les raisons qui ont amené les Indiens à le consommer, puisque sa valeur alimentaire est nulle. Mais il en est ainsi de bien des drogues utilisées par les primitifs et dont l'Occident a tiré des remèdes très efficaces. La Pythie de Delphes elle aussi consommait soit du laurier soit du lierre, deux plantes auxquelles il ne faut pas se fier, et respirait également des vapeurs toxiques émanées du sol.

Ensuite, devenir un canal exige une préparation ; il existe dans le livre des Rois un bref et curieux passage où l'auteur sacré parle des « écoles de prophètes » en Israël sans nous en dire rien de plus. Or, maintenant, on vend en Amérique des ouvrages d'une valeur fort incertaine où l'on peut apprendre à devenir un « canal », ce qui peut même être très rémunérateur (diables d'Américains !). Ajoutons que certains combinent un apprentissage, si apprentissage il y a, avec l'usage de différentes drogues. Nous voilà revenus à l'aube de l'humanité [1].

Les canaux ne sont tout de même pas aussi authentiquement américains que le Coca-Cola ou le chewing-gum... Nos collègues d'outre-Atlantique ont la spécialité de redécouvrir périodiquement ce que la vieille Europe sait depuis longtemps. Ce qu'ils ont appelé les canaux, c'est tout simplement nos bons vieux médiums, qui ont

---

1. Une foule d'ouvrages parlent des canaux (plus ou moins envasés !) qui passionnent tellement les Américains ; je recommanderai le petit livre de Hastings, très clair et méthodique.

tant fait parler d'eux au début de ce siècle. Il faudra bientôt récrire l'histoire de l'ancienne « métapsychique » qui était fort loin d'être aussi simplette que voulaient le faire croire ses détracteurs. Bien au contraire, les expériences (en particulier sur les médiums « à effets physiques » qui produisaient des déplacements : la psychocinèse d'à présent) étaient habilement conçues et le plus souvent très bien contrôlées. Et les phénomènes étaient infiniment plus nets que ceux obtenus par Rhine trente ans plus tard.

La métapsychique s'écroula trop vite, minée par les accusations de fraudes commises par les médiums, fraudes dénoncées le plus souvent par les métapsychistes eux-mêmes. Mais les causes de cette disparition quasi totale, qui devait durer plus d'un demi-siècle, ne sont pas très claires à mes yeux. Les plus grands noms de la science et de la philosophie, comme Bergson et Charles Richet, participaient aux travaux de l'Institut métapsychique ; des résultats solides avaient été obtenus… Je crois que la jeune métapsychique était trop fragile pour résister aux assauts du scientisme alors triomphant : il est bien certain que l'image de l'Univers présentée par les médiums n'avait pas grand-chose de commun avec l'image fournie par la science au début du XIXe siècle. Les murs de la forteresse n'étaient pas assez solides, c'est pourquoi ils s'écroulèrent.

Les voix des canaux

L'étude de la médiumnité révèle souvent l'inexplicable. Évoquons tout d'abord, au début de ce siècle, le cas, pour le moins troublant, de Pearl Curran qui fit l'objet d'études sérieuses.

Mme Pearl Curran s'amusait avec un oui-ja lorsqu'un « esprit » se manifesta par l'intermédiaire de la planchette, et prétendit être Patience Worth, une femme du XVIIe siècle ; un peu plus tard, Mme Curran n'eut plus besoin de la planchette et sentit les mots se former d'eux-mêmes dans son esprit. La fécondité de Patience Worth était extraordinaire. Sous son impulsion, Mme Curran écrivit un roman épique, *La Triste Histoire* (*The Sorry Tale*) de 350 000 mots et bien d'autres œuvres à peine moins développées. Mais le plus curieux est peut-être une idylle médiévale, *Telka,* écrite presque entièrement en vieil anglo-saxon, alors que même l'ancienne Bible du roi James n'est anglo-saxonne qu'à 77 %. Certains mots archaïques de l'œuvre ne furent identifiés que plus tard par les spécialistes. La dictée était très rapide et pouvait se rapporter dans la même soirée à plusieurs œuvres. Notons toutefois que, si certaines pièces sont remarquables, la composition de plusieurs autres est bien relâchée. La culture de Mme Curran n'était absolument pas au niveau de ces œuvres et elle ignorait tout du saxon archaïque.

Dans le même ordre d'idée, il faut rappeler que le grand poète anglais William Blake assurait que plusieurs de ses œuvres lui avaient été dictées de l'au-delà. En particulier *Jérusalem* lui aurait été dicté sans qu'il fasse le moindre effort et même contre sa volonté. Yeats assurait qu'il en était de même pour son œuvre mystique *A vision.*

Sur le plan musical on relève des situations similaires. Ainsi, en 1960, Rosemary Brown vit l'ombre de Franz Liszt auprès de son piano. Il lui communiqua différentes compositions inédites. Puis Beethoven, Chopin, Schumann… prirent la suite. La qualité musicale de ces pièces était fort bonne et excédait en tout cas les modestes capacités musicales de Mme Brown.

Il convient de citer aussi le cas d'Helen Schucman car il n'est pas moins intrigant. Née en 1909 dans une famille juive non pratiquante, elle fit des études très complètes en psychologie à l'université Columbia. En octobre 1965, il lui arriva l'étrange aventure qui la consacra comme canal. Elle avait déjà eu de temps en temps des visions, mais ce jour-là une voix intérieure lui dit : « Voilà un cours sur les miracles. Prenez des notes s'il vous plaît. » Bien que très réticente au début, elle en prit tant et si bien qu'elle réunit un manuscrit de mille cinq cents pages ! Très peu de temps après, elle rencontra des collaborateurs qui, ayant été enthousiasmés par le manuscrit, créèrent une association pour sa diffusion : on en a vendu à ce jour 700 000 exemplaires. Helen mourut en 1981, pas très convaincue de ce qu'elle avait écrit. « Je sais que c'est vrai, disait-elle, mais je ne puis le croire. »

Le cours a deux originalités : d'abord c'est un ouvrage de mystique où figurent Jésus, le Saint-Esprit, etc., où la métaphysique est interprétée en termes de psychologie, ce qui est assez nouveau. On part de l'idée que tout le malheur de l'homme vient de ce qu'il est séparé de Dieu ou de ce qu'il s'imagine l'être ; et on analyse en termes psychologiques les suites ou les conséquences de cette séparation, ainsi que les moyens d'y remédier ; la deuxième originalité est que tout cela est écrit par une Juive athée ! Contrairement à un certain nombre de documents sur ces canaux où il apparaît difficile que la personne elle-même ait rédigé les documents parce que la modicité de ses connaissances ou de sa culture le lui interdit, la culture étendue d'Helen Schucman la rendait très capable d'écrire elle-même cet énorme ouvrage.

Mais je remarquerai, encore et toujours, qu'il n'y a rien dans tout cela que nous ne trouvions déjà parmi les grandes religions ou dans les manuels de spiritualité chrétienne.

Hasting cite aussi un cas étrange. Celui de la fameuse communauté de Findhorn dans le nord de l'Écosse. L'environnement y est particulièrement froid, ingrat et peu propice à la culture.

En 1960, le ménage Caddy et une de leurs amies, poussés, à ce qu'ils disent, par les « devas » ou esprits de la nature, s'installèrent à Findhorn et commencèrent une besogne à laquelle ils n'entendaient rien auparavant, mais que les « esprits des plantes » leur enseignèrent… Ils arrivèrent à transformer cette terre ingrate en un véritable paradis, les légumes notamment atteignant des tailles extraordinaires. Ils parlaient, disaient-ils, aux plantes et les comprenaient. En tout cas leur réussite s'explique mal et les agronomes ne peuvent guère en rendre compte, d'autant plus qu'aucun d'eux n'aurait eu l'audace de s'installer dans un endroit pareil (Popenoe, 1984).

Avec « qui » le ménage Caddy était-il entré en communication ?

Si nous regardons de plus près le phénomène des canaux, on y trouve plusieurs aspects inattendus. D'abord ce phénomène est bien plus répandu qu'on ne croit. Mais en psychopathologie, cela est très généralement reconnu comme l'indice d'une dissociation de la personnalité qui peut avoir de graves conséquences ; or, s'il existe un fait sur lequel on doit se montrer affirmatif, c'est que les canaux ne sont nullement fous ; ce sont souvent au contraire des personnes très actives, parfois de remarquables hommes ou femmes d'affaires équilibrés et volontaires (leurs théories peuvent être extravagantes par endroits, mais cela est une autre histoire).

Les procédés utilisés pour accéder aux canaux ne sont pas nombreux. Le premier est le oui-ja dont nous avons déjà parlé. On pose la main sur la planchette instable, pointue à une extrémité qui va désigner des lettres sur un tableau déposé à cet effet. La méthode est laborieuse car les lettres ne sont désignées qu'une à une.

On utilise beaucoup plus l'écriture automatique, où l'on se borne à poser sur le papier la main droite armée d'un crayon ; plus ou moins rapidement, la main, comme indépendante du corps, se met à écrire, parfois très vite, des pages et des pages. Le point curieux, comme le remarque Muhl, est que les écrits sont souvent très au-dessus des compétences du scripteur. L'écriture automatique induit facilement un état d'hypnose... Plusieurs psychologues, dont Hilgard, admettent que certaines productions de l'écriture automatique ne peuvent guère être attribuées au sujet lui-même, mais paraissent venir du dehors.

La dictée interne est devenue le plus populaire et le plus développé des moyens utilisés par les canaux ; il s'agit d'une sorte de voix interne qui dicte parfois à toute vitesse des œuvres souvent très longues comme de la poésie ou de la mystique. Plusieurs poètes l'ont expérimentée, comme Rilke dans les *Élégies de Duino* ou dans les *Sonnets à Orphée*. Comme je viens de le dire, la dictée est extrêmement rapide, sans hésitation ni retour en arrière ; aucune retouche n'est nécessaire, quoique le contenu soit parfois très complexe du point de vue philosophique, par exemple, dans le *Cours sur les miracles* de Bailey.

Citons aussi les voix internes, qui ne consistent pas en dictées, mais plutôt en conseils sur la conduite de la vie ; et enfin les transes fréquentes dans l'Antiquité et présentes même de nos jours, qui donnent peut-être les résultats les moins bons ; souvent se produisent des répétitions sans intérêt, des invocations, des expressions en dialectes étrangers, souvent pleines de fautes quand les dialectes sont reconnus, etc.

Le développement des canaux

On a vu fleurir de nos jours de nombreux cours ou séminaires qui enseignent à leurs clients comment devenir des canaux. Je ne suis pas sûr que cela leur fasse beaucoup de bien. Car l'humanité a toujours connu les tentatives de liaison avec l'Autre Monde ; c'était l'affaire des chamans en particulier, dont l'entraînement était long et dangereux. Ce que l'on propose de nos jours est moins périlleux, mais les techniques de méditation et surtout celles d'autohypnose ne sont sûrement pas à recommander à tout le monde. Chandley (1986) donne une idée sans doute assez complète de ce qui se pratique dans ces cours.

Il faut d'abord que le postulant reconnaisse qu'il existe une réalité non physique alors que le matérialisme ambiant ne l'y a pas préparé (mais il est vrai qu'on note de nos jours un immense appel vers cette réalité-là). Souvent l'aspirant a eu une expérience paranormale dans l'enfance, signe qu'il a sans doute des dispositions. Il devra les développer par des pratiques comme la méditation et l'hypnose, si possible sous la direction d'un adepte plus avancé qui lui conseille (très dangereux) de visualiser une porte close derrière laquelle se trouve le canal. Au bout d'un certain temps, lorsqu'on est psychologiquement prêt, la porte s'ouvre et le canal apparaît [1].

Le phénomène des « voix intérieures » est étudié dans tous les manuels de psychiatrie, certains auteurs admettant toutefois ouvertement que l'« hallucination auditive » (il ne saurait s'agir d'autre chose !) peut être compatible avec un bon fonctionnement du psychisme, l'hallucination étant en quelque sorte confinée ou enkystée dans un recoin de la personnalité ; alors le patient peut même en plaisanter ou réduire totalement l'anomalie.

Mais si l'on observe le phénomène sans prévention, on est forcé de constater d'abord sa fréquence, puisque 15 % environ des

---

1. Je dis que cela est très dangereux parce que vous ne savez pas ce qui va apparaître derrière la porte. Êtes-vous sûr de ne pas receler dans votre subconscient des images refoulées très désagréables ou tragiques qui vont y prendre la consistance de monstres ou de fantômes ? Et cela les moines tibétains le savent. Êtes-vous sûr de pouvoir refermer la porte dans ce cas-là ? Dans la phase suivante qu'on peut appeler d'approfondissement, le candidat éprouve divers symptômes physiques, comme voir des lumières, entendre des sons, ressentir certaines douleurs inexplicables, etc. Le quatrième état correspond au début de la reconnaissance de l'entité, du canal, qui sera mieux identifié dans la cinquième phase, comme différent de la personnalité du sujet. Dans la sixième phase, il se développe une confiance entre le sujet et le canal non physique. Mais, dans la septième phase, le sujet ne se sépare plus du canal, avec lequel il forme un tout. Dans certains cas, le canal peut ne se manifester qu'à l'âge adulte. Mais tout ne se passe pas si facilement ; beaucoup pensent que les entités sont omniscientes ou même qu'elles sont parfaites, et il n'en est rien ; certains canaux ont tous les défauts des hommes, et, en tout cas, elles sont bien loin d'être omniscientes ; plus grave encore, il leur arrive de se contredire et notamment sur le plan métaphysique.

personnes interrogées dans un sondage avouent avoir été sujettes à ce phénomène, alors qu'elles ne présentent aucun symptôme pathologique. D'autre part, le phénomène des voix paraît fréquent parmi les personnages historiques. Tout le monde a entendu parler des voix de Jeanne d'Arc que personne n'a jamais crue folle. On peut y ajouter pratiquement tous les mystiques, Luther, sainte Thérèse, etc. Alschuler (1990) cite cent cinquante personnages historiques qui ont présenté le phénomène des voix intérieures avec des cas singuliers, comme celui d'Adolf Hitler, qui fut sauvé de la mort par une voix lui ordonnant de quitter une tranchée juste avant qu'une bombe ne l'anéantisse (la voix du diable, sûrement !). Et Churchill lui-même fut averti de changer de place dans une voiture juste avant qu'une bombe n'explosât du côté où il se trouvait auparavant.

Heery a interrogé trente personnes ne présentant aucun symptôme pathologique (autre que d'entendre des voix !). Il a rassemblé toute une série d'avis qui viennent très probablement de certains côtés obscurs ou occultés de la personnalité : par exemple la voix donne le conseil de rompre une liaison alors que le sujet ne s'y était pas encore résolu. Mais il existe une autre catégorie, où les conseils paraissent venir d'un plan plus élevé : comme le dit Van Dusen (1974), ces voix paraissent en savoir plus que le sujet et se préoccupent de la qualité de sa vie ; les sujets reconnaissent avoir tiré un grand bénéfice de leurs avis. Les auteurs qui ont étudié ce problème semblent admettre que, dans la majorité des cas, ce type de voix est bénéfique et n'entraîne aucun désordre psychique ultérieur.

Il convient de classer les messages en trois catégories :

1. les messages courts généralement entendus au magnétophone qui se bornent très souvent à donner des nouvelles de personnes disparues. Ceux-là ne prétendent à aucune qualité littéraire ; mais ils sont souvent très émouvants et d'une exactitude si troublante qu'ils posent à mon avis le problème de la survie en termes sérieux (ils font l'objet essentiel des transcommunications) ;

2. d'autres messages sont d'une teneur mystique d'un niveau très élevé, parfois dignes des plus grands auteurs mystiques (lettres de Pierre, messages de Roland de Jouvenel, etc.) Et très souvent, sinon toujours, la personne qui les reçoit est d'un niveau intellectuel ou culturel très inférieur au niveau des messages. Autre problème…

3. enfin la catégorie que j'appellerai les « canaux typiques », qui peuvent couvrir mille trois cents pages comme dans le cas d'Helen Schucman. La qualité en est diverse, mais pour les trois quarts médiocre. Je doute que ces messages nous aient jamais appris quoi que ce soit (parmi les exceptions je rangerais le cas curieux des jardins de Findhorn). Il en est de même tout particulièrement quand les communicateurs prétendent s'appeler Lincoln, Tesla, Swedenborg ou Einstein : c'est alors qu'ils sont d'une platitude insigne… Je crois que la conclusion est évidente : ces esprits, si esprits il y a, sont trompeurs et menteurs, ce que l'Église d'Occident sait depuis des siècles, et que l'Orient n'ignore nullement… Les renseignements de valeur, spécialement dans le domaine scientifique, étant tout à fait exceptionnels, on peut ainsi en conclure que l'au-delà ne veut pas nous renseigner sur des sujets scientifiques ou philosophiques inconnus de nous ou sur des sujets qui dépassent le niveau moyen des auditeurs. De là à penser que les messages viennent en réalité de l'intellect des assistants il n'y a qu'un pas, mais je ne le franchirai pas si rapidement.

L'origine des voix intérieures

Quelle est l'origine des voix intérieures telle qu'elle est alléguée par les canaux ? Pour y répondre, je vais faire appel, en la résumant, à l'excellente étude d'Hasting et reproduire ici l'énumération assez malicieuse qu'il en donne :

Dieux ou déités : *Yahweh, le Christ, Zoroastre, Apollon, Ishtar, Adonis, Zeus*

Anges : *Michel, Gabriel, Raphaël, Metatron, Uriel*

Mystiques : *sainte Catherine, sainte Marguerite, l'Esprit de la Mishnah, Padmasambhava, le Saint-Esprit, saint Jean*

Énergies : *Logos, la Créativité (?), la Lumière sans Limites, l'amour, les Pléiades*

Extraterrestres : *les frères de l'espace, les gardiens, Ashtar, Haton, Ra, Semjase, Ramonsara*

Maîtres désincarnés : *Seth, Ecton, Bartholomé, Emmanuel, Aigle Blanc, Rector, Zen Tao, Gildas, Orin, Da Ben, Etherion*

Nature : *dévas, esprits des plantes, Pan, les dauphins, et enfin, bien sûr, les esprits des morts.*

Évidemment, en présence de tout ce fatras, la première conclusion qui vient à l'esprit est qu'il s'agit d'une fraude aussi énorme que naïve ; dans ce cas, elle doit être très souvent inconsciente ou involontaire ; car si on peut relever des fraudes certaines, par exemple dans le mouvement spiritualiste du siècle dernier, il s'en faut de beaucoup qu'on puisse les dire générales. Et cela est également vrai pour les cas plus proches de nous. Irving Litvag qui a écrit une vie détaillée de Mme Curran aurait affirmé à Hastings que personne n'avait jamais soupçonné sa sincérité : elle croyait vraiment être inspirée par Patience Worth.

Accuserons-nous alors les canaux de folie ? Mais si les messages sont souvent (pas toujours) médiocres, leur cohérence interne et parfois leur ingéniosité ne peuvent être niées. Les canaux les plus connus, comme Mme Schucman par exemple et bien d'autres, ne donnent aucun signe de dérangement mental ; leur comportement dans la vie de tous les jours est tout à fait normal et les messages qu'ils transmettent ne provoquent en eux aucune angoisse. Taxerons-nous Jung de folie à cause de ses canaux, Philémon et Ka ?

Il faut nous résigner, nous sommes devant un phénomène très fréquent, auquel la qualification de pathologique s'applique malaisément.

L'origine externe des canaux

Mais que penser de l'origine « externe » des canaux ? La réponse est difficile. Hastings parle de certaines recherches non publiées, où les ondes cérébrales de la personne normale et de son canal auraient été différentes… Toujours est-il que le caractère, le comportement et le langage des canaux sont souvent aussi différents qu'il est possible de ceux de la personne censée leur donner asile.

Mais il en est de même dans les dissociations de la personnalité bien connues des psychiatres, sauf que, dans ce dernier cas, elles se développent à la suite d'un traumatisme : on n'en trouve pas ou rarement chez les canaux. Certains, comme Braude (1988), ont comparé le syndrome des personnalités multiples à ce qu'on observe chez les canaux, et il n'écarterait pas une origine « extérieure ». Mais cet auteur est si obscur qu'il est difficile de saisir son argumentation !

Je crois personnellement que le principal argument en faveur d'une influence externe serait la possession de capacités très nettement différentes de celles du sujet. Évidemment, comme Hastings le fait justement remarquer, on peut toujours prétendre qu'il s'agit d'une aptitude inconsciente qui s'est développée à l'insu du sujet. Mais cela est fort problématique quand il s'agit par exemple d'aptitudes musicales qui ne peuvent s'acquérir sans efforts prolongés : où donc et quand le subconscient aurait-il pu s'exercer ainsi ?

Dans cette optique il est intéressant de discuter d'une manière plus approfondie le cas de Mme Curran et de Rosemary Brown.

Le cas de Mme Curran a été spécialement étudié : elle incorporait donc Patience Worth, une poétesse qui lui inspirait de fort beaux poèmes, mais dans un obscur dialecte anglo-saxon ancien ; le moins qu'on en puisse dire est que la facture en était fort habile, une habileté qui ne s'acquiert point sans effort ; or la culture de Mme Curran était faible. Prince (1927), en inspectant sa bibliothèque, n'y a guère trouvé autre chose que de la littérature pour dames, d'un niveau bien modeste. On a suggéré que Mme Curran avait pu s'inspirer de certains films comme *Les Dix Commandements* de Cecil B. De Mille (1923) et *Le Roi des Rois* (1927). Mais Patience Worth commençait déjà à dicter en 1915 ! On l'a d'ailleurs interrogée au sujet de son éducation et de la manière dont elle composait ses poèmes : mais cette « personne », qui avait par ailleurs la langue bien pendue, a répondu avec malice : « Est-ce que l'araignée pense à sa toile ? »

Je suis forcé d'être bref sur le cas de Rosemary Brown du fait de mon incompétence musicale. Je recopie donc, sans trop le comprendre, ce qu'en dit Hastings, qu'il faudra consulter pour plus de détails. On sait que Mme Brown composait de la musique à l'instar des plus grands maîtres, Liszt, Chopin, Schumann et autres, sous la dictée de ces maîtres eux-mêmes ; Liszt lui serait apparu plusieurs fois. Ian Parroff (1978), professeur de musique à l'université du pays de Galles, est favorable à l'idée que ces compositions viennent en effet des maîtres, spécialement un morceau, *Grubelei,* prétendument de Liszt, et si compliqué que Mme Brown ne pouvait pas le jouer elle-même. D'ailleurs ses aptitudes d'interprète étaient limitées et elle ne pouvait jouer que les plus simples des morceaux dictés par ses canaux. Toutefois, elle n'était pas sans formation musicale, mais n'allait que rarement au concert et n'écoutait que fort peu la radio quand elle en diffusait.

Certains ont remarqué néanmoins que les pièces transmises n'étaient point sans défauts et Mme Brown reconnaissait elle-même qu'elle avait bien de la peine à suivre les notations dictées à grande vitesse. Toutefois, et malgré ces défauts, la plupart de ce qu'on lui dictait était très favorablement jugé par les experts.

On s'est demandé – et, dans de nombreux cas, c'est plus que vraisemblable – si les canaux n'étaient qu'une manifestation du subconscient. Mais nous revenons toujours à la même objection. Il faut alors conférer au subconscient des pouvoirs invraisemblables pour expliquer le cas Curran/Worth. De tels pouvoirs existent-ils ?

Comment conjurer Philippe

Comment « conjurer Philippe » ? Il s'agit d'une des expériences les plus curieuses et les plus troublantes de la parapsychologie. En 1973, un groupe d'hommes et de femmes de Toronto décidèrent de réaliser l'expérience la plus audacieuse de la parapsychologie (il serait intéressant de savoir par quel cheminement mental ils arrivèrent à en concevoir la possibilité). Ils essayèrent de créer un personnage entièrement fictif, Philippe, en lui inventant une personnalité, un mariage sans amour avec une femme frigide, Dorothée, ce qui ne l'empêchait pas de flirter avec une certaine Margot ; chacun des membres du groupe s'évertua à développer le caractère, les défauts et les qualités, les habitudes de Philippe, et dans le détail comme s'il était un personnage de chair et de sang. Puis ils l'interrogèrent par le système des tables tournantes… Et la table répondit aux questions (un coup pour oui et deux pour non) d'une manière qui coïncidait avec le caractère fictif de Philippe ; et cela dans le plus grand détail. Ils avaient cependant pris des précautions pour que personne ne puisse mouvoir la table volontairement : chacun devait immédiatement signaler le moindre mouvement, même involontaire, que lui-même ou un voisin pourrait effectuer. Ils rapportèrent que l'impression de réalité avait quelque chose d'hallucinant : Philippe semblait vivre et réagir comme une personne vivante, et même à la plaisanterie : par exemple une chaise vide lui était réservée dans le cercle autour de la table, et de temps en temps on distribuait des bonbons aux assistants, y compris un que l'on mettait en face de la chaise vide, « la part de Philippe ». L'un des assistants fit mine de dérober « la part de Philippe »; immédiatement la table s'inclina fortement de ce côté-là, mais le bonbon ne glissa pas…

À la fin de la séance on inclina manuellement la table avec un bonbon dessus et on constata qu'il glissait parfaitement... Cela n'est qu'un exemple des activités de Philippe. Elles allèrent beaucoup plus loin, comme de maintenir la table à trois pieds en équilibre sur un pied et pendant une bonne partie de la séance ; l'effort d'un assistant pour la remettre en position normale provoquait alors une résistance élastique très curieuse : cependant il n'y avait rien sous la table, comme une jambe interposée par exemple. Le groupe obtint enfin, par l'intermédiaire de Philippe, des lévitations totales... Les assistants avaient alors bien du mal à croire que Philippe n'existait pas, sauf dans leur imagination ; mais ne lui avaient-ils pas conféré une sorte d'existence ? C'est une expérience fascinante et qui mérite d'être recommencée [1].

Serait-ce forcer les faits que de conclure à des possibilités créatrices de la pensée humaine, qui fabriquerait ainsi des « formes pensées » capables d'échapper quelque peu à leur créateur ? C'est en tout cas une possibilité couramment admise par les lamas tibétains, qui prétendent pouvoir créer des individus qui se séparent plus ou moins d'eux que d'autres personnes peuvent parfois apercevoir, et qu'il faut quelquefois les supprimer parce qu'ils deviennent dangereux.

Des personnes refirent l'expérience du partenaire imaginaire, et constatèrent que le fantôme ainsi créé pouvait répondre même à des questions dont la réponse était inconnue aux membres du groupe. On évoque ici, immanquablement, un « inconscient collectif » du groupe, qui aurait accès à des sources d'information, peut-être la fameuse « bibliothèque akashique » chère aux occultistes, ou à tout le moins une sorte de banque de données diffuse où l'on peut puiser à loisir si l'on dispose de la technique convenable ; comme je l'ai déjà dit, l'inconscient collectif existe peut-être sous une tout autre forme que Jung ne l'imaginait...

1. L'expérience a d'ailleurs été recommencée par un de mes amis, M. Renaudin, qui, avec plusieurs personnes, a créé ainsi un personnage collectif : « Procule ».

Mais ce qu'on vient d'obtenir expérimentalement peut aussi survenir spontanément...

Certaines expériences pousseraient à conclure par l'affirmative. Hudson (1970) rapporte le cas d'un hypnotiseur qui suggéra à son sujet qu'il était possédé par l'esprit de Socrate. Le sujet se mit alors à disserter sur la philosophie avec une telle profondeur que les assistants croyaient positivement qu'il s'agissait bien de l'esprit de Socrate, d'autant plus que plusieurs des assertions de ce dernier contrariaient les croyances du sujet.

On en vient à la conclusion que, finalement, il semble y avoir dans l'esprit de l'homme bien plus de connaissances qu'il ne se l'imagine, et que la chose du monde la moins bien connue, c'est justement l'esprit de l'homme.

Il ne faut pas oublier le rôle énorme joué par des phénomènes très voisins dans les diverses religions. Les exemples seraient innombrables ; pour s'en tenir à saint Paul, rappelons les allusions très explicites de ses Épîtres à ceux qui parlent « en langues » et aussi à la nécessité de trier et de discipliner le phénomène ; sans doute les chrétiens s'étaient-ils aperçus que parfois les canaux sont sages, mais qu'ils peuvent aussi divaguer. C'est bien ce que nous constatons de nos jours ; mais quant à la véritable nature des canaux, nous ne sommes pas tellement plus avancés qu'au temps de saint Paul.

En guise de conclusion, voici ce que propose Hastings :

1. Il existe une zone non physique renfermant des êtres désincarnés, quel que soit leur nom ; et peut-être des qualités abstraites (?).

2. Les hommes peuvent les contacter mentalement par différents procédés, et ces êtres peuvent eux-mêmes entrer en communication avec les hommes.

3. Ces entités possèdent ou peuvent adopter des personnalités douées de sentiments, de pensées, d'émotions, etc.

4. Beaucoup de ces entités montrent des talents en art, en littérature, en mathématiques (bien plus rarement en sciences, ajouterai-je) qu'elles manifestent dans le canal sans en avoir de pratique préalable.

6. Les entités peuvent accéder à des informations non limitées dans le temps ou l'espace.

7. Elles peuvent être trompeuses.

J'y ajouterai les remarques suivantes :

a) Une très grande partie du matériel transmis est complètement dépourvu de nouveauté, quoiqu'il soit souvent bien présenté et intéressant.

b) Il existe une classe de messages qui s'élèvent très au-dessus des autres : les messages mystiques d'une part, les artistiques de l'autre.

c) Une autre classe doit être rangée très au-dessous de la moyenne : ce sont les messages proprement scientifiques (je mets à part les mathématiques avec le canal de Ramanujan, entre autres). Mais la plupart sont d'un caractère tout à fait banal.

Le voyage hors du corps

La croyance dans une sortie de l'esprit hors du corps est immémoriale. Et son examen est d'une importance primordiale pour notre livre. Car s'il s'agit d'une réalité, si la conscience possède la faculté de se détacher de l'enveloppe charnelle, l'hypothèse qu'elle puisse survivre à la mort corporelle peut être envisagée.

Les chamans ont toujours cru qu'ils pouvaient pratiquer la « sortie du corps ». Et les philosophes grecs y pensaient.

L'affaire entra, si j'ose dire, dans les temps modernes, en 1919 quand Hereward Carrington discuta le travail d'un Français sur ce sujet. L'ouvrage tomba entre les mains de Muldoon, jeune homme maladif qui déclara à Carrington qu'il avait été sujet à des voyages hors du corps depuis son enfance et qu'il en expérimentait encore presque à sa volonté. Lui-même et Carrington commencèrent à collationner des cas analogues et s'aperçurent qu'ils étaient fort nombreux et même de leur temps. Plus tard, Beard fit une large place à ces voyages dans son fameux ouvrage, *Phantasms of the Living*, une des œuvres maîtresses de la parapsychologie. Mais une étude plus précise encore fut réalisée par Crookall, vers 1960. Après avoir analysé plus de mille observations, Crookall distingua plusieurs phases, relevées par presque tous les sujets. Une phase de confusion (black out) au début de la sortie du corps. Dans la deuxième phase le « double » se balance au-dessus du corps. Enfin il rentre dans le corps, ce qui est en général assez pénible et provoque la même phase de confusion qu'à la sortie. Il distingue aussi deux sortes de voyages. Les premiers surviennent au moment d'un grave accident, d'un choc, d'une asphyxie, d'une anesthésie. La seconde catégorie regroupe les cas plus habituels qui ne suivent pas un traumatisme, en général lorsque le sujet est près de s'endormir. Dans cette seconde catégorie, ce qu'observe le voyageur est beaucoup plus vivant et coloré que dans la première ; de plus, Crookall trouva que les sujets, « psychiques » bien connus des parapsychologues, n'ont pas, lors du voyage, des visions aussi remarquables que les personnes ordinaires.

Il s'agit de phénomènes fort proches des expériences paramortelles, mais qui surviennent dans la vie courante et, tout comme les expériences paramortelles, ils sont bien plus fréquents qu'on ne le croit. C'est un état spécial où le sujet croit qu'il sort de son corps et se voit parfois gisant sur son lit en train de dormir, car on peut rapprocher ces états de rêves d'un type particulier (si le mot de « rêve » convient toutefois ! mais nous en discuterons plus loin).

Cela survient très fréquemment chez les jeunes enfants qui l'oublient ou n'osent en parler à personne. Je me souviens de ma stupeur quand un enfant, qui me touche de très près, m'avoua qu'il sortait de son corps presque toutes les nuits quand il avait une dizaine d'années.

– Oui, me dit-il, je vais me promener dans le parc, ou plus loin encore. Je peux passer à travers les murs sans y faire attention, et si je me retourne quand je suis à l'intérieur, je trouve qu'ils n'ont pas d'épaisseur (?). Je vais où je veux, il suffit d'y penser. Je puis aller sous l'eau. Il y a d'autres personnes autour de moi, mais je ne les vois pas clairement, c'est plutôt comme une flamme… Je peux toucher un objet mais pas le soulever, car je n'ai pas de force (?). Quand je me regarde dans une glace je ne me vois pas, sauf une espèce de buée. Je ne peux rien sentir ni rien entendre, mais je peux parler et j'entends ma voix. Il y a des dangers, mais j'avais un guide, qui m'a donné des armes. C'était très amusant ; je voudrais bien y retourner (à treize ans) ; j'ai demandé à mon guide, mais il ne veut pas…

Cet enfant n'avait évidemment pas lu les textes sur la parapsychologie (ceux dont je disposais à l'époque étaient en très petit nombre et en anglais ou en allemand, langues qu'il ne maîtrisait pas).

Or ce récit est à peu près typique ; c'est-à-dire qu'on le retrouve presque uniformément dans l'abondante littérature consacrée aux voyages hors du corps.

Rapports avec le rêve

Mais il pourrait aussi s'agir d'un rêve un peu spécial. On admet qu'un grand nombre de rêves, sinon tous, participent plus ou moins au voyage en dehors du corps. En particulier la sensation de chute brutale, qu'on éprouve souvent en s'endormant et qui, d'ailleurs, vous réveille instantanément, correspondrait à un voyage hors du corps avorté, et à une rentrée brutale dans le corps matériel… C'est une affirmation assez gratuite ; on peut citer seulement à son appui la sensation généralement très désagréable que les « voyageurs » éprouvent en rentrant dans leur corps.

Plus intéressantes sont les techniques, en grande partie inspirées des yogis, qui consistent à entrer dans le rêve, à rendre le rêveur conscient qu'il rêve et qu'il peut intervenir dans son rêve. À ce moment, assurent les yogis et aussi ceux qui ont expérimenté le voyage, on pénètre dans l'univers du rêve, mais il devient en quelque sorte « plus réel que le rêve »: c'est-à-dire qu'on peut modifier le rêve, se déplacer en rêve où l'on veut, et à un certain moment le voyage survient par transitions insensibles.

On a développé pour parvenir à cet état singulier toutes sortes de techniques qui ressemblent assez à un yoga abâtardi. En gros il faut se répéter maintes fois en s'endormant qu'on restera conscient dans son rêve, et il paraît que la réussite couronne assez souvent l'obstination.

Le fameux sujet américain Ingo Swann, qui sortait de son corps presque à volonté, précise que, si l'on veut qu'il aille reconnaître un objet à une certaine distance, il faut prendre quelques précautions ! L'objet à décrire doit être soumis à un éclairage moyen et il faut surtout éviter les éclairages trop violents du type spot. Certaines couleurs comme le noir, le bleu, le rouge, le blanc et le vert sont perçues aisément, l'orange, le rose et le bleu pâle très difficilement. Les objets à trois dimensions sont difficiles à voir ; au contraire, les objets plats sont aisément décrits, pourvu qu'il s'agisse de figures pleines et non pas d'un simple contour. Le sujet voit mal les objets qui réfléchissent la lumière ; les lettres et les nombres sont vus comme des dessins sans pouvoir être reconnus. Enfin il existe des jours où le sujet ne fait rien de bon.

Toutes ces remarques faites par Ingo Swann, sujet célèbre en parapsychologie et par ailleurs homme d'une excellente culture scientifique, sont du plus grand intérêt. Il les interprétait lui-même en admettant qu'il s'agissait de particularités très éloignées de la perception extrasensorielle (beaucoup plus vague) et donc d'un phénomène différent. Remarque importante, car nous verrons que la principale difficulté en ce qui concerne les données recueillies lors d'un voyage hors du corps est de les distinguer de la simple perception extrasensorielle ou du rêve… Les biologistes qui ont étudié la description des objets « vus » par Swann, et qui l'ont soumis à différents tests pendant qu'il se trouvait dans cet état, sont d'avis que la vision hors du corps se rapproche beaucoup de la vision normale.

Ingo Swann continua ces expériences pendant six mois, ce qui donna lieu à l'apparition incontestable de processus d'apprentissage.

Le voyage et la perception extrasensorielle

Mais un autre problème est beaucoup plus délicat : pourquoi, diront les critiques, s'embarrasser d'une notion aussi étrange que le voyage, quand les concepts courants de la parapsychologie suffisent ? Nous connaissons la clairvoyance, qui s'exerce aussi à distance et même parfois à très grande distance : le sujet croit probablement sortir hors de son corps alors qu'il s'agit seulement d'un cas relativement banal de clairvoyance.

On pourrait répondre à la rigueur que la clairvoyance est d'habitude plutôt confuse, beaucoup plus que ce que décrivent les voyageurs. Mais Osis imagina une expérience pour distinguer les deux phénomènes, une des plus ingénieuses de la parapsychologie, mais qui n'a pas été toujours bien comprise. Il introduisit dans une boîte close deux disques ; le premier était divisé en segments de plusieurs couleurs. Le second, transparent, posé devant le premier, portait une série de dessins. Si bien qu'en faisant tourner le second devant le premier on pouvait, à l'aide d'un trou pratiqué sur la face antérieure de la boîte, voir un dessin déterminé sur un fond de couleur variable. Mais on ne pouvait voir cela que si on regardait par le trou ; la clairvoyance, dans ce cas, ne donne d'habitude que des perceptions peu distinctes, mais elle ne se soucie pas des obstacles, comme les parois de la boîte ! On expliqua au sujet, Ingo Swann, ce qu'il aurait à faire : regarder par le trou et décrire ce qu'il voyait… Ce qui fut fait, avec une étonnante précision… Avec parfois quelques remarques fort instructives : par exemple, lorsqu'un autre sujet, le docteur Tanous, se plaignit de n'avoir rien pu distinguer au cours du voyage, alors qu'il réussissait très bien d'habitude, on s'aperçut que l'ampoule qui éclairait l'intérieur de la boîte était morte ; ce qui aurait empêché la vue normale, mais non pas la clairvoyance, s'il s'était agi d'elle…

Tart et Morris ont trouvé quelques arguments en faveur de la spécificité des voyages hors du corps : par exemple lorsqu'on enregistre les mouvements oculaires spontanés de Swann. On les trouve très ralentis quand il sort de son corps, alors qu'ils sont au contraire très rapides dans le rêve. L'électroencéphalogramme évoque l'état hypnotique de transe profonde.

Palmer, en 1978, rapporte qu'il essaya de garder sous encéphalographie des sujets en train de commencer le voyage hors du corps. À sa grande surprise, il constata l'apparition des ondes thêta lorsque le voyage allait réussir… Or ces ondes, qui sont assez rares, se manifestent quand une personne subit une profonde modification de conscience, par exemple dans la méditation ou les exercices yogiques. Rogo remarque ingénieusement que la survenue des ondes thêta pourrait servir à développer un processus de biofeedback, et faciliter ainsi l'entraînement aux voyages hors du corps… (mais d'autres auteurs doutent de la corrélation entre ondes thêta et voyage).

Existe-t-il des preuves de la sortie hors du corps ? C'est évidemment la question principale. La télépathie exclut par sa nature même les preuves matérielles : il suffit que les renseignements qu'elle fournit soient exacts. Mais pour la sortie hors du corps, il faudrait quelque chose de plus : des preuves « matérielles » de la présence du sujet hors de son corps, à l'endroit où il prétend être allé.

On cite plusieurs cas fort anciens où le « fantôme » du voyageur a été visible non seulement pour le sujet auquel il s'adressait, mais aussi pour un tiers qui se trouvait là… Une expérience intéressante, mais qui aurait dû être poussée plus loin, a été réalisée par Morris et ses collaborateurs sur des chatons qui appartenaient à l'expérimentateur : Blue Harary.

On avait cherché à savoir si le chaton se dirigeait vers le « double » de son maître. Pour cela on débarrassa entièrement une grande pièce et on y introduisit l'animal. Il était convenu que Harary « entrerait » dans une direction déterminée. L'expérience était surveillée à distance par un relais de télévision interne. Le docteur Hartwell, qui la surveillait, ne vit rien de précis quant au chaton, mais éprouva en revanche la surprise de sa vie en voyant apparaître sur son écran l'image de Blue Harary (cela vient de m'être confirmé en 1992 par mon collègue le docteur Broughton).

Tout récemment, nous avons eu connaissance d'expériences chinoises où la « force vitale » le « k'i » s'extériorise, va à plusieurs kilomètres indépendamment du corps, et manifeste sa présence en influençant divers appareils de mesure du type galvanomètre… mais il m'a été impossible d'obtenir des renseignements plus circonstanciés.

Sorties du corps et chamanisme

Les chamans sont en quelque sorte les « sorciers » des Sibériens ou tout au moins le mot qui les désigne vient-il de ces régions. Mais on l'a étendu à tous les peuples où le « sorcier » a joué, et joue encore souvent, un rôle très important. Il me semblait bien que ce qu'on dit des voyages hors du corps ou des expériences proches de la mort me rappelait quelque chose de mes lectures passées en histoire des religions… Je me suis donc replongé dans les travaux si importants de Mircea Eliade et notamment dans *Le Chamanisme et les techniques archaïques de l'extase*. J'ai été stupéfié par les analogies que j'y ai découvertes et que j'avais quelque peu oubliées…

Je me demande même si, à chaque phase du voyage hors du corps ou proche de la mort, on ne peut pas faire correspondre, parfois dans le détail, ce que les chamans ont dit de tout temps aux ethnologues, cent ans et parfois davantage avant qu'on ne parle en Occident de phénomènes analogues.

L'expérience de la lumière est associée en général à l'ascension, la montée vers les espaces supérieurs où résident les dieux ; je n'ai pas trouvé dans les états transcorporels (je préfère désigner ainsi au moins provisoirement les voyages hors du corps, au moment de la mort ou autrement) mention d'une ascension quelconque. En revanche, abondent les « aspirations » dans une sorte de tunnel où l'on se déplace à très grande vitesse ; mais ce qui fait le plus d'impression aux voyageurs, c'est la Lumière qui prend parfois, mais pas toujours, l'apparence d'un « être de lumière ». Or c'est une vision de cette Lumière qui détermine la carrière du chaman Iglulik des Eskimos. Ce qui distingue les chamans des praticiens du voyage transcorporel ou tout au moins de la plupart, c'est que le chaman cherche cette lumière et ne l'obtient souvent qu'après des épreuves terribles. Selon Rasmussen, le chaman Aua, lors de son illumination, sent dans son corps et son cerveau une lumière céleste qui émane de son être entier (différence avec nos voyageurs modernes : la lumière n'émane pas de leur corps ; ils y sont plongés). Dans les Upanishads, la « lumière intérieure » est l'essence même de l'atman, le Soi Universel. Mais c'est le *Bardo Thodol,* livre des morts tibétain qui est de loin le plus explicite ; il décrit très clairement « la lumière dans laquelle baigne l'âme du mourant pendant l'agonie et immédiatement après la mort »: « de la fermeté avec laquelle on choisit la lumière immaculée dépend la destinée *post mortem* des humains : délivrance ou réincarnation » (Eliade).

Il ne faut toutefois pas comparer à la légère l'expérience de la lumière dans les expériences proches de la mort, et la lumière des chamans… Comme le fait remarquer Eliade, nous avons des détails assez précis (si l'on peut dire !) sur la lumière ou l'illumination qu'obtient le « qaumaneq » esquimau après de terribles épreuves et d'infinies méditations. Rasmussen raconte que cela consiste « en une lumière mystérieuse que le chaman sent soudain dans son corps, à l'intérieur de sa tête… un inexplicable phare, un feu lumineux qui le rend capable de voir dans le noir, même les yeux clos… au propre aussi bien qu'au figuré, car maintenant il réussit, même les yeux clos, à voir au travers des ténèbres, et à apercevoir des choses et des événements futurs, cachés aux autres humains : il peut de la même sorte connaître aussi bien l'avenir que les secrets des autres ; c'est comme si la maison dans laquelle il se trouve s'élevait tout à coup : il voit, bien loin devant lui, à travers les montagnes, exactement comme si la terre était une grande plaine et que ses yeux touchent aux confins de la terre. Rien n'est plus caché devant lui ».

On perçoit ici la nécessité de la très longue initiation et les facultés particulières que développe le chaman ; il existe une différence avec les performances des voyageurs hors du corps ; ceux-ci n'ont jamais dit, à ma connaissance, qu'ils voyaient dans le futur ; il est vrai, par contre, qu'ils peuvent se déplacer, prétendent-ils, à la vitesse de la pensée et n'importe où, ce qui équivaut, dans un certain sens, à devenir omniscient…

L'expérience de la mort peut être réelle ou symbolique. Radin parle d'un homme médecin Winnebago (Amérique du Nord) qui « se sentit tué (?) » et monta au ciel où il rencontra l'Être suprême.

Il subit différentes épreuves : comme tuer un ours réputé invulnérable et le ressusciter en soufflant dessus ; à la fin il redescendit sur terre pour y naître une seconde fois.

Il arrive souvent que le chaman voit son corps gisant abandonné. Un prophète, Slocum, du Puget Sound, « mourut » et vit son âme abandonner son corps : « J'ai vu une lumière éblouissante, une très grande lumière... J'ai regardé et j'ai vu que mon corps n'avait plus d'âme... il était mort... mon âme abandonna le corps et s'éleva vers la place du jugement de Dieu » (Mooney). L'esprit du chaman se déplace à volonté. Le concept est fort ancien. D'après Rohde qui a étudié l'*Arismapeia,* poème d'Aristeas de Proconnèse, le poète tombait en extase, car Apollon lui saisissait l'âme et le faisait apparaître simultanément dans des lieux très éloignés. Il en était de même d'Hermotimos de Clazomènes qui pouvait abandonner son corps pendant des années et voyager alors dans des lieux fort éloignés. Citons enfin la célèbre histoire d'Er de Pamphylie, fils d'Arménios, qui fut tué sur le champ de bataille (Platon, *La République,* 614 B). Er revient à la vie quand son corps est déjà sur le bûcher et découvre sans comprendre les guerriers qui s'emparent des armes d'un soldat mort ; mais en regardant mieux il s'aperçoit que le cadavre n'est autre que lui-même ; il essaie de les dissuader mais s'aperçoit qu'ils ne l'écoutent pas. Il reçoit la révélation des lois qui gouvernent le cosmos, semble découvrir la terre de très haut, puis entre dans un vallon où une grande foule se trouve déjà : ce sont les morts, ses camarades ; à la fin, par la grâce de la déesse Artémis dont il a toujours été dévot, il rentre dans son corps.

Il n'est pas question de résumer ici l'ouvrage si érudit d'Eliade, mais comme il le remarque lui-même, la caractéristique du chamanisme n'est pas l'entretien avec les esprits ou les animaux mythiques, mais la sortie du corps, l'extase au sens étymologique. Là-dessus les exemples sont innombrables. Il est évident que le récit des voyages hors du corps participe à la couche culturelle dont fait partie le chaman : vision de monstres et d'animaux mythiques par exemple ; mais les principales caractéristiques que j'ai soulignées un peu plus haut sont tout à fait constantes.

Il existe néanmoins une différence : le chaman veut devenir chaman, et il s'impose pour cela une initiation souvent particulièrement longue et cruelle qui n'a rien de commun avec les « cours de sortie hors du corps » que donnent des ouvrages spécialisés américains, d'un aloi douteux en général. La différence est évidente : par exemple, les Indiens absorbent le peyotl, non pas n'importe comment, mais après toutes sortes de cérémonies et de jeûnes, moyennant quoi il ne semble leur faire aucun mal. Il n'en est pas de même des Européens qui consomment la mescaline, issue du peyotl, sans prendre toutes ces précautions… Et si elles avaient pour but tout simplement de discipliner l'esprit en présence de la drogue ?

Penser et percevoir en dehors du corps

Comment voir, entendre ou ressentir quelque chose quand par hypothèse on n'a point de corps ? Le problème est le même pour les voyages hors du corps que pour la « vie désincarnée » ou même, tout simplement, pour la clairvoyance. Quant au problème de la survie, il est curieux de remarquer que les différentes religions, et spécialement la judéo-chrétienne, n'ont guère conçu la vie après la mort ou la résurrection en dehors d'un corps ; sans doute est-il compris comme différent de notre corps terrestre (c'est le « corps glorieux » de certains théologiens) mais c'est un corps tout de même. Le Christ lui-même, après sa résurrection, possède un corps ; doué de propriétés inconnues sans doute, puisqu'il peut passer à travers les portes closes, mais un corps tout de même ; il peut à l'occasion boire et manger. L'autre monde n'a jamais été conçu comme peuplé de lueurs vagues et changeantes, tout le monde a un corps, y compris les anges.

À cela s'oppose ce que disent les voyageurs hors du corps ; on ne leur a pas suffisamment posé la question de savoir s'ils avaient vraiment un autre corps en dehors de celui qu'ils venaient de quitter. Quand par hasard on le leur a demandé, la réponse est souvent ambiguë, et les voyageurs surpris ; ils sentent certainement qu'ils ont un corps, mais beaucoup (pas tous) s'étonnent, en passant devant un miroir, de n'y pas apercevoir leur image : mais cela ne les trouble pas… Er de Pamphylie se sent si semblable aux vivants qu'il va secouer les soldats qui dépouillent son cadavre de ses armes, et il s'étonne qu'ils ne lui prêtent aucune attention. De même, innombrables sont les récits de défunts qui ne savent pas qu'ils sont morts, se rendent auprès de leurs proches et sont désespérés de ne pouvoir attirer leur attention ; ils doivent donc savoir qu'ils ont un corps ; mais si on leur posait la question autrement et plus précisément : « Avez-vous vu votre corps ? », je crois qu'on les embarrasserait beaucoup… Car dans les rêves on ne *voit* pas son corps, c'est-à-dire qu'on ne le regarde pas ; on se contente de « sentir » qu'il est, là mais on n'y pense pas.

Les organes des sens en dehors du corps

On voit combien est bizarre cette question du corps des voyageurs : tout simplement, dans la plupart des cas, ils ne se la posent pas ; j'en ai entendu un remarquer toutefois qu'il pouvait toucher un objet, mais non le déplacer. Dans les longs messages que l'on reçoit sur ordinateur ou autrement, il n'y a pas de problèmes : les habitants des autres mondes ont un corps assez semblable au nôtre, mais doué tout de même de propriétés merveilleuses comme de se déplacer instantanément là où ils le veulent (comment cela se fait-il ? Ils ne se le demandent pas non plus).

Alors comment la clairvoyance est-elle possible, car même à courte distance elle consiste à voir sans le secours des yeux qui ne sauraient traverser une enveloppe opaque ? Dans certaines expériences chinoises que j'ai signalées, mais sur lesquelles je n'ai pu avoir de détails, lorsque quelqu'un voit ou agit à distance, il existe, aux environs de l'objet visé, des phénomènes décelables par divers instruments de mesure : il y a donc déplacement de quelque chose au niveau visé. Cette remarque ne nous avance guère car ce n'est évidemment point l'œil qui s'est déplacé.

Qu'en disent les clairvoyants, par exemple dans les expériences de Targ et Puthoff ? Pas grand-chose d'explicite… Si j'ai bien compris, ils visualisent la cible du mieux qu'ils peuvent, ou plutôt, puisque dans plusieurs cas elle est inconnue, ils se libèrent l'esprit de toute autre préoccupation et saisissent la première image qui se forme (très important, je l'ai moi-même vérifié : les images suivantes sont obligatoirement le fruit de la seule imagination). Dans les anciennes et innombrables expériences de la vieille métapsychique, lorsqu'on demandait à un sujet d'aller explorer l'appartement d'une personne inconnue de lui (ce type d'expériences fut très en vogue au siècle dernier), le sujet « va se promener » dans l'appartement, ou plutôt il énonce les images qui se forment dans sa pensée ; mais là non plus les voyageurs ne sont pas du tout explicites… Chez un voyant que je connais bien, et qui fait sur cartes la recherche de personnes disparues, c'est le pendule promené sur une carte qui lui donne des indications ; mais, à ma connaissance, il n'a pas l'impression de se déplacer ou de déplacer son esprit…

Le voyage et le rêve

On ne saurait trouver une comparaison plus juste que de rapprocher les voyages et les rêves… Toutes les questions que je viens de débattre ne se posent pas dans les rêves. On nie allégrement le temps et l'espace (surtout l'espace, me semble-t-il, plutôt que le temps). Par ailleurs, un grand homme de science, qui fait à volonté des voyages hors du corps et que j'interrogeais sur les problèmes précédents, m'a fait la réponse suivante :

– Non, je ne me déplace pas en réalité, je le sais (pas plus que dans le rêve le corps ne se déplace), c'est le temps et l'espace qui sont abolis pour moi.

La perception directe

Il reste une hypothèse bien peu satisfaisante : dans un univers voisin du nôtre [1], où le temps et l'espace n'existent plus ou ne se manifestent plus comme chez nous, les organes des sens qui sont tous réglés sur le temps et l'espace ne peuvent plus fonctionner et il est vain de se demander s'ils « voyagent avec le voyageur ». Mais cette entité très claire et très mystérieuse que nous appelons la conscience transcende l'espace et le temps, de nombreux philosophes l'ont remarqué : alors elle perçoit directement les choses. Ne dites point que c'est inimaginable : c'est ce que nous expérimentons tous les jours dans le rêve où ni nos yeux ni nos oreilles n'ont de part [2].

Bien des auteurs ont déjà remarqué les ressemblances de l'univers décrit par les médiums ou les voyants avec celui du rêve, mais

1. N'oublions pas que, pour bien des doctrines, hindoues par exemple, le rêve n'a pas moins d'objectivité que l'état de veille. C'est un univers différent (bien qu'elles ne s'expriment pas tout à fait ainsi).

2. On pourrait s'exprimer autrement, en admettant que la conscience est « non locale » ou « non localisable » comme certaines particules élémentaires de la physique qu'on ne « localise » qu'au moment où on les isole, autrement dit lors du processus de la mesure.

à un rêve logique et consistant. Cette comparaison est peut-être beaucoup plus exacte qu'il ne paraît… Dans cet état, la conscience perçoit le présent et le passé, l'espace ne la limite plus, non plus que le temps, puisque la précognition existe…

L'importance de ces phénomènes

On a souvent allégué que ces phénomènes ne provenaient que des restes d'une éducation religieuse, puisqu'il arrive de voir le Christ ou l'Être de Lumière, ou de saints personnages ou des anges… D'abord ce n'est pas si fréquent que cela, et souvent les visions, sans aller contre la religion du sujet, ne lui appartiennent pas spécialement.

Ensuite, il faut souligner l'universalité et l'ancienneté de témoignages analogues. Par le truchement des chamans, nous rejoignons probablement le néolithique. Si bien qu'à la suite de plusieurs auteurs, je poserai une question essentielle.

Loin de se ramener à des bribes de croyances individuelles, n'est-ce point de ces phénomènes que la religion est née ? C'est-à-dire d'expériences mille fois répétées, suprêmement impressionnantes, et que dans la plupart des cultures on pouvait déclencher à volonté ? L'origine des convictions religieuses, et en particulier de la croyance à la survie si ancienne et si fortement enracinée ne serait-elle point une expérience, bien loin de résulter d'une réflexion philosophique (celle-ci n'est venue que des millénaires après) ?

Nous entrevoyons donc par là un moyen d'enlever le problème de la survie aux philosophes (qui n'ont convaincu que ceux qui voulaient bien l'être) pour le replacer sur le terrain expérimental qui a démontré depuis longtemps son efficacité.

Il reste évidemment à déterminer si cette expérience interne et individuelle est crédible, ce qui constitue un autre problème ; il suppose qu'on détermine d'abord :

– à quels critères on reconnaît la crédibilité ;

– s'il n'existe point de présupposés philosophiques informulés qui entrent en jeu dans le choix de ces critères, plutôt que la raison scientifique ;

– si l'on peut délimiter de quoi exactement est capable ce que nous appelons notre esprit ou notre conscience.

Aux frontières de la mort

L'étude du voyage hors du corps pose avec acuité la question majeure qui est le véritable débat de ce livre : la conscience survit-elle à la destruction du corps ?

Pour essayer d'y répondre, des chercheurs américains ont choisi une voie originale. Ils ont interrogé minutieusement des personnes ayant vécu une NDE *(Near Death Experience)*, ayant donc approché la mort et connu une mort clinique. Ils ont rassemblé, répertorié et analysé les souvenirs de ces survivants. Pour arriver à établir un témoignage type dont l'on pourrait déduire qu'il existe une vie après la mort.

À ce propos, je cite en premier lieu le nom d'Elisabeth Kübler-Ross qui, se consacrant à « l'accompagnement des mourants », a mis en évidence que le grand passage n'était pas si terrible, qu'il pouvait être abordé avec calme et lucidité.

Un jour, Elisabeth Kübler-Ross est confrontée à un témoignage insolite. Une malade, au seuil de la mort, Mme Schwarz, lui dit qu'à un moment, elle est « sortie de son corps », elle a vu « comme si elle était au plafond » le corps qu'elle venait de quitter entourée d'infirmières et de médecins qui cherchaient à la ranimer.

Elle éprouve alors un sentiment de détachement et même de joie profonde, sans éprouver aucune douleur. Puis, elle se rend compte qu'elle doit rentrer dans son corps, à son grand regret ; alors réapparaît la douleur en même temps qu'elle « reprend connaissance », terme qui lui paraît douloureusement dépourvu de signification : la connaissance, n'était-ce point quand elle se trouvait hors de son corps, et si heureuse ?...

Elisabeth, d'abord, n'en croit pas ses oreilles. Mais avec une indépendance d'esprit extraordinaire, elle accepte de « considérer le problème », c'est-à-dire de ne pas admettre d'emblée qu'il s'agit d'une hallucination, et de passer outre... ce que n'importe quel médecin aurait fait sans doute.

C'est-à-dire que, sans comprendre ni expliquer ce qui se passe, elle l'admet comme un phénomène peut-être important... Pour se demander bientôt si d'autres patients n'ont point éprouvé les mêmes sensations ; elle en parle et se rend compte avec stupeur que ce n'est point si rare, peut-être même assez fréquent.

Là-dessus, le destin, parfois bienveillant, lui fait rencontrer le docteur Raymond Moody, qui travaille à l'autre bout des États-Unis. Il vient de rédiger un livre sur ces états mystérieux. Il a commencé à s'y intéresser en constatant qu'un certain nombre de personnes accidentées et se trouvant dans un état proche de la mort entraient dans un état particulier dont ils conservaient parfois le souvenir. Ils n'éprouvaient plus de souffrance, voyaient leur corps de très haut, avaient le sentiment d'une totale liberté.

On retrouve ici les caractéristiques des expériences proches de la mort dont la plus remarquable est la joie d'être hors du corps et le regret d'avoir à y revenir (certains ajoutent même qu'ils éprouvent une sorte de dégoût à devoir se glisser à nouveau dans cette dépouille froide et gluante). Mais ce n'est qu'une partie du trajet hors du corps. Ici je laisse la parole à un de mes meilleurs amis qui venait d'être très malade et, pendant sa convalescence, gisait sur son lit un certain soir :

« Alors, me dit-il, j'ai senti que je quittais mon corps ; je ne sais trop si je l'ai vu d'en haut ou non, mais j'étais hors de mon corps ; j'ai été aspiré comme par un tunnel noir où je m'enfonçais à toute vitesse ; il y avait comme un soleil au bout, et tout à coup j'ai débouché dans la lumière… Ah, quelle lumière, blanche, dorée, éblouissante, mais elle ne m'éblouissait pourtant pas. Il y avait quelque chose dedans ou plutôt quelqu'un, et ce quelqu'un c'était l'Amour, un amour, enfin, je ne sais pas, c'est le terme qui convient le mieux mais qui est bien pauvre pour exprimer ce que j'ai compris ; j'aurais voulu toujours rester là, dans la lumière ; mais on m'a fait comprendre, doucement mais fermement, que je devais revenir ; et je me suis retrouvé dans mon corps ; très triste vraiment de n'avoir pu rester dans la lumière ; je m'en souviens comme si c'était hier… et depuis, je n'ai plus du tout peur de mourir ; ah ! si c'est cela la mort… Vienne donc la mort ! »

Mon ami est un écrivain très connu, déjà assez âgé, l'homme le plus intelligent et le meilleur que je connaisse, pas du tout enclin à se prendre au sérieux mais avec une touche mystique assez prononcée. À part cela l'incarnation même du bon sens, sans oublier un goût pour la joie et même la plaisanterie, qui dissimule un sérieux fondamental. Il ne m'avait jamais parlé comme cela. Des années plus tard, son souvenir de l'épisode inexprimable est toujours aussi vif [1].

---

1. Il est mort maintenant, c'était Aimé Michel…

De pareils récits, on en trouverait des centaines. J'ai déjà dit l'étonnement de Kübler-Ross et de Moody lorsqu'ils s'aperçurent que ces choses arrivaient souvent, mais que les malades n'osaient pas en parler. Schématiquement, voilà comment se passent les visions, avec quelques variantes de peu d'importance.

L'épisode du tunnel noir dans lequel on s'enfonce est très général, ainsi que la lumière que l'on voit à son extrémité. À noter aussi l'absence de toute angoisse, ce qui tient sans doute à la cessation brusque de toute douleur. Ensuite vient l'arrivée soit dans la lumière sublime, soit dans un jardin éclatant de mille fleurs (plus pâles en général qu'ici-bas, mais baignant dans une lumière bien plus vive). Puis vient la rencontre de l'« Être de lumière », qui est personnalisé ou non : dans le premier cas, c'est un jeune homme ou une jeune femme d'une beauté et d'une douceur étonnantes (mais sans ailes !). Ils parlent ou ils ne parlent pas ; mais dans tous les cas le malade goûte une félicité sans mélange, et lorsqu'on lui fait comprendre qu'il doit refaire à l'envers le chemin parcouru il en éprouve un vif déplaisir. Il passe alors dans le tunnel et retrouve son corps dans lequel il se sent aspiré avec dégoût (c'est froid et c'est gluant, et la douleur réapparaît).

Le problème physiologique

Et maintenant discutons... Je n'ignore nullement les théories qu'on peut bâtir autour du phénomène ; on a assuré par exemple qu'il s'agissait d'endorphines (sorte de substances anesthésiantes cérébrales) qui se déchargeraient brutalement dans le coma profond (ce qui est possible, mais on n'en sait finalement absolument rien). Et d'ailleurs, que le coma profond s'accompagne de modifications physiologiques considérables : qui donc en douterait ? (Voir plus loin une discussion physiologique plus approfondie.)

Cependant, au risque de scandaliser les physiologistes, je dirai que le problème n'est pas là. Que le coma profond agisse comme une drogue, soit ! Mais on connaît les suites de l'extase des sujets qui ont absorbé de l'héroïne par exemple ; elles sont effroyables, à moins qu'ils ne puissent retrouver très rapidement une nouvelle dose. Or, ici, les suites sont absolument différentes, signalées par tous les patients : leur vie est complètement changée ; ils deviennent plus altruistes ; sortent de leur ancienne personnalité qui présentait souvent des côtés bien fâcheux. Ce changement est remarqué par tout le monde. Et le souvenir de leur « visite au paradis », ils ne l'oublient jamais ; la crainte de la mort a disparu et ils aspirent à retourner au plus vite dans le beau jardin, pareil à celui qu'Ève habita peut-être, avec notre père Adam…

En l'honneur de Soma
(hymne du Rig Veda)

Répands-toi bien pressé, ô Soma, pour Indra, que s'enfuie la maladie avec son démon… Tu es l'intelligence des dieux… tu es l'âme d'Indra, l'élixir suprême… grondant dans ta cuve tu te laisses oindre de lait, tu coules à travers le tamis de laine… elles coulent ensemble les coulées du grand Soma… on te clarifie par la formule, ô blond liquide… là où est la lumière inaltérable, le monde qu'habite le Soleil ; porte-moi, ô clarifié, dans ce monde impérissable… là où l'on marche à son gré, dans le triple firmament, au troisième ciel du ciel, là où sont les mondes lumineux, fais de moi un immortel…

Bon ! eh bien, mettons tout cela sur le compte des endorphines ! Mais ne comprenez-vous pas que, si l'humanité disposait à volonté d'une drogue aux effets comparables et très prolongés, sans aucune nocivité, tout le monde en prendrait ? C'est ni plus ni moins que le « soma » du *Meilleur des mondes* d'Huxley [1]. Que cette drogue changerait toute l'humanité, comme l'avait prévu le génial romancier, mais sans l'abrutissement final que dispensait son « soma ». Au contraire, les rescapés de la mort ont en quelque sorte gagné en humanité.

---

1. Je ne dis pas par là, bien sûr, que le cerveau n'a rien à voir avec les voyages hors du corps, et quand je parle du cerveau, je veux dire évidemment ses mécanismes ! S'ils ne jouaient pas au cours du voyage, c'est que le patient serait mort : la mort peut correspondre, en effet, non pas à la perte de la conscience, mais à l'impossibilité pour autrui de communiquer avec celle du mort. Nous reviendrons sur ce point important. Le soma était la boisson sacrée de l'Inde védique ; il semble qu'il se composait d'amanite, champignon mortel écrasé ou bouilli dans le lait, puis filtré ; le lait ferait disparaître sa toxicité, mais sans doute pas son pouvoir hallucinogène. Les Aryas, venus de Sibérie, l'avaient sans doute emprunté aux chamans toungouses, qui se servent de l'amanite panthère comme hallucinogène, après l'avoir sans doute traitée de la même façon que le soma des hindous.

Ajoutons à cela un autre phénomène, peut-être plus intéressant encore, car il témoignerait que les patients sont bien réellement « hors de leur corps ». Les sujets rapportent à peu près tous qu'ils ont vu les médecins autour de leur corps ; l'un des internes avait oublié de lacer une de ses chaussures, une infirmière fredonnait une petite chanson dans sa tête : les sujets se croyaient alors capables de lire les pensées.

Les données cliniques

Évidemment, dans le cas d'accidents subits et rapides, le sujet n'a guère le loisir de noter des signes prémonitoires. Mais dans certains accidents opératoires ou préopératoires, lorsque par exemple la tension artérielle tombe aux environs de 2, l'expérience hors du corps peut se déclencher. Une des premières sensations souvent constatée par le sujet, et dont il se souvient très bien, est le froid glacial, à quoi rien ne peut être comparé, qui envahit le corps en partant des extrémités inférieures.

Une autre caractéristique fréquente est le calme du sujet, le « lâcher prise », l'absence de peur (contrairement à ce que l'on pourrait attendre).

Ce que rapportent les sujets à propos de leur perception de l'environnement hors du corps est assez variable et peut même englober des épisodes hallucinatoires, ce dont certains médecins se servent pour affirmer que « tout » est hallucinatoire en cette affaire. Mais, dans un grand nombre de cas, le voyageur observe ce qui arrive à son propre corps couché sur la table d'opération, mais sans rien ressentir, « comme s'il l'observait du plafond »; et ce qu'il rapporte est très précis, comme des lectures de cadran, des gestes des chirurgiens, correspondant par exemple à un certain degré d'agacement ; des accidents comme la chute d'un instrument, etc. Ces perceptions sont extrêmement intéressantes, parce que somme toute assez fréquentes ; elles signalent l'apparition d'un état hautement anormal : le sujet ne pouvait vraiment pas, quelles que soient les hypothèses, voir la table d'opération dans la perspective où il la décrit. Il s'est très certainement passé quelque chose.

Le docteur Sabom, cardiologue, a résumé dans un livre, *Souvenirs de la mort,* en 1982, une série de cas où les malades en état de voyage ont vu des choses qu'ils ne pouvaient matériellement percevoir au moment de l'opération…

L'univers du voyageur est très particulier, mais, à ce qu'il me semble, assez cohérent… On se trouve hors du corps, tout d'un coup ; mais quelquefois, le sujet ressent comme une aspiration violente qui « l'extrait » de son corps. La rentrée se fait en général par la tête mais, les pieds devant (!) et inspire à peu près toujours au sujet une vive répugnance.

Comment le sujet exerce-t-il les sens qu'il a ou qu'il prétend avoir conservés ? Il semble que tous les sujets mentionnent la vue (il existe des récits de voyages hors du corps chez les aveugles nés et ils voient alors normalement). Mais que voient ils ? Leur propre corps ? C'est le cas de peu de sujets, semble-t-il. La plupart du temps ils se rendent compte qu'ils n'ont pas de corps visible (personne ne leur a demandé, à ma connaissance, s'ils avaient des impressions cénesthésiques : lourdeur (l'absence de lourdeur, la grande légèreté, est très fréquemment mentionnée), chaleur ou froid, plaisir physique (ils se sentent très heureux, mais sont incapables de dire si c'est un plaisir physique ou mental, puisque la plupart ne « sentent pas leur corps »). Beaucoup sont surpris de ne pas se voir dans la glace et s'aperçoivent alors de l'état particulier où ils sont (en effet on ne réalise pas toujours très clairement qu'on est hors de son corps).

Lorsqu'ils guettent le lieu où leur corps charnel repose, ils découvrent généralement un paysage enchanteur, une lumière resplendissante mais qui n'éblouit pas ; quelquefois c'est un merveilleux jardin aux couleurs moins vives que sur la terre, mais où ils voudraient rester toujours ; la rentrée dans le corps, qui correspond à la sortie du jardin, est très pénible pour eux.

L'audition peut être présente ou absente. Un sujet m'a dit qu'il pouvait entendre sa propre voix mais que les vivants ne l'entendaient pas malgré tous les efforts qu'il faisait pour leur parler, ce qui en exaspère beaucoup (on trouve déjà cette remarque dans Platon à propos d'Er de Pamphylie). Le toucher est absent ainsi que l'odorat ; les sujets sont très frappés du fait que leur main passe au travers des objets qu'ils veulent saisir (il y a là quelque contradiction, car la plupart n'ayant pas de corps, comment peuvent-ils sentir qu'ils ont des mains ?). Mais surtout, tous peuvent passer à travers les murs et les portes, qui leur apparaissent comme une sorte de brume stable qui se laisse pénétrer sans difficulté. Évidemment, cela est très voisin des expériences hors du corps chez un homme en bonne santé.

Le voyageur communique d'une manière particulière, mais pas au moyen de la parole, pas généralement en tout cas. Il a l'impression d'être le Tout, de partager une immense somme de connaissances (il ne s'en souvient plus guère lors du retour). Il revit en tout cas son passé et il semble, au moins dans certains cas, qu'il ait accès à son avenir ; mais passé, présent et avenir n'ont guère de sens, le sujet se trouve dans un éternel présent. Il semble que certains voyageurs ont eu connaissance de l'avenir de l'humanité, mais ils n'en parlent qu'avec beaucoup de réticence : il semble assez triste, d'après le peu qu'ils en disent, ce qui ne nous étonnera, hélas ! pas beaucoup…

La coloration religieuse des messages n'est pas très marquée, tout au moins ce n'est pas un message chrétien très net. Le Christ est mentionné néanmoins, mais ce qui est le plus souvent rencontré, c'est l'Être de lumière, aux traits assez indistincts, si j'ai bien compris, mais qui émet une lumière extraordinaire : on se sent en la présence même de l'Amour qui surpasse tout amour terrestre.

L'impression globale qu'en retirent les témoins est bouleversante, ils n'oublieront jamais cela ; c'est le monde présent qui leur paraît irréel. Tous les sujets affirment avec force qu'ils n'ont pas vécu un simple rêve. Un rêve, d'ailleurs, n'exerce que peu d'influence sur la destinée future du rêveur, alors que le voyage hors du corps transforme la vie de celui qui a vécu cette expérience. En particulier, la peur de la mort est supprimée. La moralité devient une affaire sérieuse, non pas dans le cadre d'une religion mais par la volonté d'exercer pleinement ses responsabilités, d'apporter amour et dévouement. Sarah Mercier note également l'apparition de pouvoirs paranormaux « ou des augmentations de la sensibilité normale… concentration, relaxation, mémoire, détachement, médiumnité, prémonition… télépathie… clairaudience, rêves particuliers, contacts avec l'invisible ».

Le tableau n'est pas entièrement idyllique ; on relève des difficultés qui suivent le retour, que certains n'arrivent pas à intégrer, parfois au point de se refuser à toute action terrestre. Le regret du paradis perdu peut devenir pathologique, surtout parce qu'on ressent très vivement l'incompréhension des autres. Assez rarement cela peut aller jusqu'à une grande aigreur dans les rapports sociaux, de la malveillance, un repli sur soi-même. C'est heureusement rare.

L'expérience de Jung

Le fameux psychologue C.G. Jung, homme de génie étrange s'il en fut, souffrit d'une attaque cardiaque à l'âge de soixante-neuf ans… Il eut immédiatement après des visions d'une exceptionnelle beauté, et même l'infirmière remarqua que son corps émettait une lueur diffuse, une sorte d'aura, qu'elle avait déjà observée chez les mourants. Il fut conscient qu'il était en train de quitter son corps : il vit la Terre de très haut avec ses continents et ses océans, comme Er de Pamphylie, « la chose la plus merveilleuse et magique dont j'aie jamais eu l'expérience ». Il se trouva ensuite aux portes d'un temple, semblable à ceux qu'il avait vus à Ceylan ; tout ce qui était terrestre en lui le quitta et tout ce qui lui resta fut le sentiment de l'Être, « un sentiment d'extrême dénuement, et en même temps d'une grande réplétion… J'existais au sens objectif ; je fus ce que j'avais été, tout ce que j'avais vécu… ». Puis survint la certitude qu'il se trouvait dans le monde auquel il appartenait réellement, et que sa vie passée n'était qu'un fragment d'un contexte plus large dont il ne connaissait rien dans son incarnation terrestre habituelle.

Cette expérience laissa Jung en quelque sorte « submergé » dans une sensation de bénédiction, avec la conviction et dans le sentiment d'avoir participé au type le plus élevé de l'union à Dieu ; il fut assuré que la mort était le plus grand sacrement sur la route de la liberté éternelle (Fontana).

Les hypothèses pharmacologiques

Il y a eu de nombreuses hypothèses expliquant les voyages par des intoxications complexes, supposant par exemple que le cerveau manque d'oxygène, etc. On s'est demandé d'abord si différentes drogues ne pourraient donner des résultats analogues, notamment celles qui se trouvent dans les anesthésiques. Notons tout de suite que cela n'expliquerait pas grand-chose car beaucoup de voyages se réalisent sans intervention médico-chirurgicales. Toutefois, la kétamine est connue comme donnant des sensations de quitter son corps très analogues à celles des NDE, et provoquant même la rencontre avec des êtres supérieurs. Le LSD donne des visions assez analogues.

L'épilepsie offre une série de symptômes assez voisins de ceux du voyage avec toutes sortes d'hallucinations visuelles ou auditives, qui sont fortement anxiogènes, à la différence du voyage.

Qu'en est-il de l'hypothèse suivant laquelle la privation d'oxygène serait à la base des « hallucinations » du voyage ? En fait, beaucoup de sorties du corps se déroulent sans qu'il y ait de troubles provenant du manque d'oxygène ; de plus, ce manque, chez des sujets volontaires, provoque des convulsions, le délabrement de la conscience et un arrêt de la respiration. Enfin, chez les alpinistes, on observe souvent des difficultés de concentration et du raisonnement, avec des troubles de la mémoire.

Sabom rapporte les expériences de Meduna qui a fait respirer à des sujets un mélange (mortel à court terme) de trente pour cent de gaz carbonique dans l'oxygène : on observe des hallucinations qui peuvent présenter un certain rapport avec celles du voyage, mais à contenu souvent effrayant, avec des troubles neurologiques graves, absents dans les sorties du corps. En fait, si certaines hallucinations se rapprochent de ce qu'on ressent dans la sortie du corps, on n'observe pas forcément cette augmentation du gaz carbonique dans le sang lors de ces sorties. Sabom a mesuré les taux de CO_2 et d'oxygène dans le sang d'un malade pendant un arrêt cardiaque, alors qu'il vivait une sortie du corps. Le patient l'a « vu » depuis le plafond pratiquer une ponction de l'artère fémorale (ce qui ne s'invente pas, car si on fantasme une prise de sang, on l'imagine plutôt au pli du coude)... L'analyse a montré une augmentation du taux d'oxygène et une diminution du gaz carbonique, ce qui se comprend puisque le malade était sous oxygène avec massage cardiaque et ventilation artificielle. Une étude comparée des taux de gaz carbonique dans des circonstances identiques, chez des malades présentant ou non une sortie du corps, a montré les mêmes taux dans les deux groupes (Jourdan, *in* Sarah Mercier).

Une autre hypothèse a été émise : celle des neuromédiateurs. On sait que les neurones ne se touchent pas mais qu'ils communiquent par des substances appelées neuromédiateurs, comme la sérotonine. Or le « LSD » agit sur ces neuromédiateurs et en particulier sur la sérotonine. Certaines zones du lobe temporal du cerveau stimulées électriquement par Penfield donnent lieu à des hallucinations des plus singulières ressemblant vraiment aux sorties du corps, y compris la sensation de décorporation avec audition de musiques célestes, etc. On suppose donc qu'au cours de stress très violents, des perturbations de la sérotonine pourraient influencer le lobe temporal et y induire les hallucinations étudiées par Penfield. D'autres auteurs supposent que d'autres substances cérébrales comme les endorphines qui induisent une insensibilité à la douleur (caractéristique des voyages) pourraient également être impliquées, mais dans ce cas l'anesthésie devrait être durable, alors qu'elle cesse au bout de très peu de temps, lorsque le malade rentre dans son corps et ressent à nouveau la douleur.

Je ne puis entrer plus avant dans la discussion de Jourdan sur l'influence des neuromédiateurs, très intéressante mais d'un niveau technique assez difficile. Je voudrais pourtant en venir à une objection de poids contre ces théories neurophysiologiques, peut-être un peu simplistes.

Si, en effet, il est bien difficile d'inscrire par exemple un électroencéphalogramme dans les états de stress aigus qui accompagnent les états proches de la mort, on peut le faire aisément dans d'autres états très voisins : il s'agit des expériences que les Américains désignent sous le nom d'OBE (« Out of the Body Experiments ») où les sujets ne sont nullement en état de stress, mais endormis ou en état de demi-sommeil, certains pouvant même déclencher cet état à volonté. Or, il apparaît, suivant Palmer, une modification caractéristique de l'encéphalogramme dans les OBE, c'est l'augmentation des ondes thêta ; mais Twemlow et Gabbard trouvent au contraire qu'il n'y a pas de corrélation entre OBE et un encéphalogramme précis.

Comme le remarque Jourdan, tous ceux qui ont essayé de trouver une base physiologique ou plutôt pathologique aux voyages laissent tomber sans s'en apercevoir quelques-unes des caractéristiques essentielles de cet état : ce sont la parfaite clarté de la conscience, l'agilité du raisonnement, la mémorisation très précise et enfin les phénomènes paranormaux où le sujet acquiert des informations qu'il ne peut avoir acquises normalement.

D'autre part, continue Jourdan, on n'a pu arriver à corréler nettement les voyages avec un état particulier du cerveau : de ce fait « ils ont l'apparence d'une expérience indépendante de l'état fonctionnel du cerveau ». C'est une conclusion qui me semble hardie, vu la grossièreté relative de nos moyens d'investigation ; mais le développement de ces moyens est encore très récent : a-t-on vraiment appliqué, par exemple, la caméra positronique à l'étude des OBE ? Il ne me semble pas, ou alors on ne l'a pas fait très souvent... Une autre remarque de Jourdan me paraît plus intéressante : il remarque que le cerveau a besoin d'énormément d'oxygène par rapport au reste du corps, et il lui faut aussi beaucoup de glucose : la privation de ces agents pendant seulement trois minutes entraîne des dégâts irrémédiables : or, dans les voyages, le cerveau semble fonctionner mieux qu'à l'habitude. N'existerait-il pas, demande Jourdan, une zone cérébrale beaucoup moins sensible que les autres à de fâcheuses conditions ? Nos moyens perfectionnés d'exploration cérébrale devraient nous la faire découvrir, si elle existe.

Les critiques de Susan Blackmore

Une intéressante critique de la théorie selon laquelle les expériences paramortelles seraient dues à des altérations simples du cerveau vient de paraître dans le *Psi Researcher,* organe annexe du célèbre *JSPR (Journal of the Society for Psychical Research).*

Il faut savoir qu'une tendance bien connue, représentée dans le cas qui nous occupe par Susan Blackmore, ne voit dans le cerveau rien de plus que des connexions neuronales ; la conscience (dont on ne peut tout de même nier l'existence (!) ne posséderait aucun pouvoir explicatif dans les expériences paramortelles ; notons tout de suite qu'on se met alors dans l'impossibilité d'expliquer la genèse de la science du cerveau elle-même : car à quoi est-elle due, si ce n'est au désir de savoir de l'expérimentateur ? Et d'où vient le désir si ce n'est de la conscience ? Nous y reviendrons, mais une autre tendance, la « dualiste », opposée à la tendance « moniste », estime que la conscience dépend certes du cerveau, tout au moins pour se manifester à l'extérieur, mais qu'elle le transcende de diverses manières.

Or, les monistes pensent que le syndrome paramortel est dû simplement à la mort du cerveau, en train de se produire à cause de la privation d'oxygène, ce qui entraîne diverses conséquences. La théorie s'appuie sur les arguments suivants :

1. l'expérience du tunnel noir dans lequel le mourant s'engouffre et au bout duquel il voit de la lumière serait une conséquence directe de l'anoxie, c'est-à-dire de la privation d'oxygène.

2. Quand le cerveau n'est pas mourant et qu'il n'y a pas d'anoxie, l'expérience du tunnel peut être due à la libération d'endorphines (substances voisines de la morphine, mais sécrétées par le cerveau pour apaiser la douleur ; elles sont responsables en particulier de la sensation spéciale éprouvée par les coureurs en fin de course : une vive sensation de bien-être). Ces substances pourraient être en même temps responsables de la « revue générale de la vie » qui s'effectue chez certains sujets avec une rapidité foudroyante : sans doute un effet des endorphines sur le lobe temporal du cerveau. On évoque ici les fameuses expériences de Penfield qui, en stimulant électriquement le lobe temporal, a provoqué chez des sujets des réminiscences d'une extraordinaire précision, même si elles remontaient à bien des années.

3. Les expériences paramortelles semblent réelles au sujet parce qu'il manque tout à coup de l'image du corps et des afflux sensoriels qui nous permettent de construire notre réalité ; le cerveau s'arrange pour en fabriquer une autre à partir de la mémoire et de l'imagination : par manque de contexte, elles paraissent tout à fait réelles.

À cela le psychologue Fontana oppose quelques remarques. D'abord, l'expérience du tunnel, qu'on cite toujours parce qu'elle est frappante, est bien loin de se produire chez tous les sujets : on ne la rencontre que chez trente pour cent d'entre eux. Par ailleurs, elle peut se produire aussi bien au début de la situation paramortelle, qu'à la fin, quand le sujet va en sortir : si l'expérience est due à l'anoxie, comment se déclenche-t-elle à la fin, quand le cerveau est en train de revenir à son fonctionnement normal et que le sujet va bientôt reprendre connaissance ? De plus le sujet ne se contente pas de rapporter l'expérience du tunnel : il dit aussi qu'il a séjourné dans un endroit merveilleux où il aurait bien voulu rester. Comment concilier cela avec l'état d'un cerveau mourant ? Ce qu'il raconte est long, détaillé et cohérent ; c'est fort étonnant pour un cerveau malade et cela ne se concilie guère avec l'hypothèse de cellules nerveuses se déchargeant au hasard dans un cerveau mourant, ce qui devrait déclencher des crises épileptoïdes, qui ne se produisent pas.

Par ailleurs, on cite de nombreuses expériences paramortelles quand la vie n'est pas menacée (mais le sujet croit qu'il va mourir). Il ne saurait être question d'anoxie dans ces cas-là... Quant aux coureurs en fin de course, en admettant qu'ils présentent alors une décharge d'endorphines, ils n'ont point pour cela d'expériences paramortelles.

Si Blackmore cite les stimulations de Penfield sur le lobe temporal qui ont donné des réminiscences très singulières, on doit noter que, sur un millier de stimulations de ce type, Penfield n'a observé de réminiscence que dans quarante cas ; encore n'a-t-il pas vérifié qu'il s'agissait de véritables réminiscences…

Un autre phénomène très singulier et inexplicable pour l'instant est la vision par le malade de son propre corps avec les chirurgiens autour et la perception très nette des détails de l'opération. Ces cas sont bien attestés et on en compte un bon nombre. Blackmore n'a d'autre solution pour s'en sortir que d'objecter l'absence d'un compte rendu fait par d'autres témoins de l'événement (en oubliant, j'insiste beaucoup là-dessus, les cas nombreux où le malade sorti de son corps voit les chirurgiens comme s'il les regardait de haut, au niveau du plafond)… Il faudrait beaucoup d'endorphines ou de je ne sais quelle drogue pour expliquer ces perceptions étranges.

C'est sur ce point que je voudrais conclure. Il est certainement important de chercher à expliquer un phénomène psychologique en s'intéressant à ses bases physiologiques éventuelles ; ce n'est pas un droit, c'est un devoir. Il faut aussi avoir le courage de reconnaître qu'on a échoué dans cette tâche, provisoirement peut-être, et ne pas vouloir faire rentrer à toute force un de ces phénomènes dans le lit de Procuste de la physiologie où il ne peut manifestement se caser…

À la fin de cette discussion très approfondie et très intéressante, Blackmore livre le fond de sa pensée : elle est moniste ; certains peuvent imaginer que la conscience est importante, et que les mécanismes cérébraux n'expliquent pas la pensée se pensant elle-même ; d'autres ne le peuvent pas, dit Blackmore, et je suis de ceux-là… Il ne reste plus qu'à approfondir les raisons de cette négation : on ne peut pas ou on ne veut pas admettre un fait qui paraît si évident aux autres hommes ? Ce n'est point le rôle de la conscience qu'il faudrait éclaircir, c'est la raison pour laquelle certains nient si farouchement qu'elle ait un rôle… Il s'agit de positions métaphysiques *a priori* que l'on a transformées en vérités scientifiques… Cela me rappelle la parole de Whitehead à propos de la notion de but ou de dessein dans le monde : « Le chercheur qui poursuit le but de démontrer que la nature n'a pas de but me paraît constituer lui-même un objet d'étude intéressant. »

D'autres phénomènes extraordinaires

Il n'est pas surprenant que je traite dans ce livre de la sortie hors du corps et des phénomènes observés lors d'une NDE. Ils concernent directement la transcommunication parce qu'ils tendent à prouver que l'esprit, libéré du corps, peut agir et s'exprimer selon une vie qui lui est propre. Mais, je l'ai dit, il n'est pas possible d'ignorer certains phénomènes paranormaux qui, apparemment, ne semblent avoir aucun lien avec notre étude mais qui, en fait, s'inscrivent dans une tentative d'explication d'un autre univers qui, pour le moment, nous demeure secret.

En tout premier lieu, je voudrais rappeler les phénomènes physiques du mysticisme.

Les phénomènes physiques du mysticisme

De la très riche et souvent très savante littérature consacrée aux innombrables phénomènes extraordinaires qui jalonnent vingt siècles de christianisme, on ne peut tirer que des conclusions fort étranges et inattendues.

1. D'abord tout est arrivé, surtout l'impossible ; ce qui serait absurde si ce n'était attesté par des centaines de témoignages et même parfois des actes notariés ! Non pas des racontars fondés sur de vieilles histoires, mais des récits de témoins oculaires. Des malades qui survivent sans manger ni boire pendant des dizaines d'années (Marthe Robin), et non pas au Moyen Âge, mais de nos jours (dans ce dernier cas la malade avait tout simplement une paralysie du mécanisme de la déglutition). Des lévitations prolongées ; des bilocations multiples et bien attestées. L'insensibilité au feu, c'est-à-dire que les chairs exposées au feu ne brûlent pas… Des cadavres qui ne se décomposent pas, et cela pendant des années. La fameuse odeur de sainteté, qui est une odeur de violette très forte imprégnant tous les objets que l'on amène à toucher le corps saint [1].

---

1. Là-dessus on dispose peut-être d'un embryon d'explication : les tissus gras des ascètes, très réduits, ne se décomposeraient pas suivant la voie habituelle et donneraient naissance notamment à un composé très aromatique, la bêta-ionone, à la très forte odeur de violette.

J'en donnerai un peu plus loin quelques exemples détaillés, empruntés pour l'essentiel à Bouflet.

2. S'il n'est pas raisonnablement possible de nier en bloc ces phénomènes extraordinaires, il ne l'est pas non plus d'en nier d'autres, tout aussi bien attestés, mais d'une tout autre veine : les adjectifs absurde, bizarre, parfois ridicule, ou dénué de tout sens leur conviennent ; mais ils sont souvent mélangés aux premiers phénomènes et il me paraît bien difficile d'admettre qu'ils proviennent de la même source. Par exemple l'Église fit les plus grandes difficultés à Bernadette Soubirous quand elle prétendit voir la Vierge à Lourdes : en la personne du curé Peyramale, elle fut reçue fort fraîchement. On a sévèrement blâmé le malheureux curé : mais sait-on qu'avant la vision de Bernadette, il y en avait eu d'autres, notamment celle de bergers qui avaient vu un petit vieillard à longue barbe se balançant sur une branche en disant « je suis le petit bon dieu »? À la dixième ou quinzième reprise, un curé pyrénéen est excusable de perdre quelque peu son sang-froid. Il paraît que ces phénomènes étranges et déviants accompagnent souvent les visions d'un tout autre aloi : je ne puis m'empêcher de penser que les visions solaires de Fatima (que je crois parfaitement réelles, vues par de nombreux témoins et qui ressemblent de près aux visions d'ovnis) ne correspondent guère à l'image que nous nous faisions de la majesté divine…

3. Les saints ont honte de tout cela ; sans aucune exception ils dissimulent ce qui leur arrive, et défendent aux rares témoins d'en parler. Sainte Thérèse d'Avila qui était une maîtresse femme, nul ne l'a jamais nié, trouvait que ses lévitations étaient « une faiblesse du corps », demandait à Dieu de l'en débarrasser et à ses filles, les religieuses, de n'en pas parler. Je rappellerai une fois de plus l'opinion des yogis suivant lesquels les « siddhis », les pouvoirs, ne sont que des obstacles sur la voie de la réalisation : tout cela vient d'ailleurs, du corps ou d'autre chose, non point de la source divine.

Avant de pousser la discussion plus loin, je voudrais citer deux cas, l'un ancien et l'autre très récent, choisis parmi les plus extraordinaires. Ceux de saint Joseph de Cupertino et de Yvonne Aimée de Malestroit.

Ce fut en 1630 que Joseph, âgé alors de vingt-sept ans, connut sa première lévitation, lors des vêpres ; elle fut suivie de centaines d'autres, qui plongeaient le pauvre moine dans la plus grande confusion ; revenu à terre, soit spontanément, soit sur l'ordre de ses supérieurs, il s'enfuyait ensuite dans sa cellule pour y pleurer… Le « scandale » était public : Joseph poussait toujours un cri terrible, puis il était arraché du sol et projeté parfois vers la sortie de l'église au-dessus des têtes de l'assistance ; je ne sais combien de témoins le virent. On accourut de toute l'Europe pour assister au spectacle, à vrai dire très fréquent : l'assistance compta une fois dans ses rangs le célèbre Huygens ; et tant d'autres… « En 1645, l'ambassadeur d'Espagne à la cour papale, le grand Amiral de Castille, vint saluer Joseph dans sa cellule. Après s'être entretenu avec lui, il retourna à l'église et dit à sa femme : j'ai vu un nouveau saint François… Son épouse éprouva le désir de jouir du même privilège. Le père Gardien donna à Joseph l'ordre de descendre à l'église et de converser avec Son Excellence. À cela il répondit : J'obéirai, mais je ne sais si je pourrai lui parler. » En réalité, dès qu'il pénétra dans l'église, son regard se posa sur une statue de Marie Immaculée qui se dressait sur l'autel : il s'éleva à l'instant d'une douzaine de pieds au-dessus de la tête de personnes présentes au pied de la statue. Après lui avoir rendu hommage pendant un moment, il poussa son cri habituel, vola en arrière et retourna tout droit dans sa cellule, laissant l'Amiral, sa femme et la brillante suite qui l'accompagnait muets d'étonnement (Thurston).

Ce qui est intéressant dans ce cas, ce sont les dépositions des nombreux témoins oculaires, sous serment, très peu de temps après la mort du saint qui survint en 1663. Le *Defensor Fidei* de la cause fut le cardinal Prosper Lambertini qui devait devenir pape peu après, et qui avait personnellement étudié tous les détails de son cas. C'est lui, par conséquent, qui adressa par trois fois aux témoins les *admonitiones* très sévères, les conjurant de rappeler leurs souvenirs et de ne pas exagérer, en ajouter ou en retrancher… J'ai oublié un détail : les ennuis que ses lévitations causèrent à Joseph ; il lui fut interdit de se montrer en public pendant des années et on l'exila dans un petit couvent à Osimo, où d'ailleurs les lévitations continuèrent.

Avec Yvonne Aimée de Malestroit, nous abordons cette fois un cas tout à fait moderne (1941). Voici l'incroyable relation des témoins oculaires d'après Laurentin et Bouflet : « Yvonne Aimée est sur son lit et semble souffrir beaucoup. Elle a écarté sa chemise, à l'endroit du cœur ; j'ai vu un petit bout de tige qui sortait de la plaie du cœur avec peine. Alors notre Mère a tiré un peu pour arracher littéralement un gros œillet splendide, rouge sang. Elle l'a tiré et déposé sur la table de nuit en disant : "Ah, ça va mieux, il m'étouffait…" » (déposition de sœur Marie de la Croix, 1956).

Mais ce récit a été rédigé quinze ans après les faits. En voici un autre, contemporain, dû au père Labutte, diaire du 8 juillet 1941 : « Mère Yvonne Aimée est au lit. Elle est oppressée… Son cœur bondit… Un œillet rouge lui sort du cœur. Il me semble que j'entends craquer la chair… Puis quand l'œillet est sorti, la plaie du cœur se referme, sans cicatrice…»

Autres détails dus à sœur Marie de la Croix (1958) : « J'ai vu, le 9 juillet 1941, une fleur sortir de la cicatrice de son côté. Elle sortait par la queue. Il s'agissait d'un œillet rouge ; celui que j'ai vu était sanglant. Pour les autres fleurs, sorties de son côté ou de sa bouche, je le tiens de Mère Marie Anne. Elles avaient environ quinze à vingt centimètres de tige. »

Ces phénomènes abracadabrants se sont produits bien avant 1941, ainsi que le témoigne un témoin oculaire, Yvonne Augris, en date du 29 mars 1926, le lundi saint : « Son cœur lui faisait très mal. Nous regardâmes, car souvent son cœur se trouvait percé : en ouvrant sa chemise, nous aperçûmes, à l'ouverture d'une blessure, une rose splendide, et qui embaumait. »

Bouflet signale bien d'autres exemples de l'émission de fleurs ou de pétales chez d'autres mystiques.

Les conclusions que l'on pourrait en tirer sont graves : il existe des cas où l'hypnose ou un processus analogue peut être induit instantanément, sur une foule prise au hasard… Ce qui expliquerait peut-être toute une série de récits merveilleux que l'on trouve dans les annales de tous les peuples. Naturellement, le fait en lui-même est connu en Occident, et l'hypnose a été étudiée depuis longtemps [1], mais jamais l'hypnose d'un groupe entier. Nous ne savons rien là-dessus. J'ai imaginé que la mère de Malestroit, sans le savoir ni le

1. Mais trop peu à cause de l'interdiction stupide des psychanalystes qui ont discrédité ce type de phénomènes.

vouloir, pouvait hypnotiser les personnes qui la fréquentaient ; par ailleurs il existe dans les annales de la métapsychique de multiples cas où des fleurs et notamment des roses se matérialisèrent auprès des assistants, mais rien de comparable aux scènes que nous rapportent les biographies de la mère de Malestroit. De toute façon, du point de vue scientifique, comme les phénomènes décrits sont physiologiquement impossibles, je suis forcé de me rabattre sur des matérialisations (dont nous avons des exemples par ailleurs) liées sans doute à des phénomènes d'hypnose.

À ce sujet François Brune fait remarquer que lorsque Joseph de Cupertino, à la suite de son vol, aboutissait dans un arbre, il fallait ensuite le chercher avec une échelle. Il ne pouvait s'agir d'une simple hallucination. Quant aux fleurs qui sortaient des plaies de mère Yvonne Aimée, elles ne disparaissaient pas ensuite comme par enchantement. Elles demeuraient présentes. Il s'agissait donc d'une matérialisation et non d'une hallucination.

Les « pouvoirs » physiques des médiums

Il y a eu sur les pouvoirs des médiums des recherches menées par des hommes de science incontestables. Dingwall, qui fut très critique (et parfois hypercritique, aux dépens du bon sens), a rédigé sur les expériences les plus anciennes, celles du XIXe siècle, quatre tomes de discussions extrêmement instructives, dont il tire des conclusions fort étonnantes pour les jeunes parapsychologues d'aujourd'hui.

En bref, les médiums, sous hypnose ou à l'état normal, peuvent au minimum lire la pensée d'autrui, même si la personne est absente ; franchir l'espace et le temps en arrière, et parfois en avant (précognition). Aucun obstacle matériel ne les empêche de percevoir ce qu'ils désirent (clairvoyance), que ce soit des messages, des pensées (télépathie) ou la nature de certains corps chimiques. Ajoutons que l'état hypnotique permet la guérison de nombreuses maladies.

Les médiums lisent la pensée et (ou) se déplacent à travers l'espace et le temps. Ce qui a intéressé particulièrement nos grands-pères était la clairvoyance ambulatoire (*travelling clairvoyance*) où l'on demandait au médium de se déplacer « par la pensée » à une grande distance, dans une région inconnue de lui, et souvent de visiter une maison tout à fait inconnue (celle d'un membre de l'assistance en général). Dans ces expériences, je tiens à préciser qu'il ne s'agit pas forcément d'un « voyage hors du corps », comme on dit à présent, mais peut-être tout simplement d'une lecture de pensée ; et même dans ce dernier cas, le phénomène reste fort étonnant et tout à fait inexplicable dans l'état actuel de nos connaissances.

Parmi ces expériences nous accorderons un intérêt particulier aux pouvoirs physiques des médiums, surtout s'il est prouvé qu'ils peuvent agir sur des mécanismes comme dans le cas des transcommunications modernes.

Nous n'allons pas trouver grand-chose dans les archives de la métapsychique quant à l'action sur des mécanismes, mais nous sommes au contraire submergés par les récits d'actions sur la matière physique ou biologique maintes fois observées chez les fameux médiums à effets physiques célèbres pour leurs prouesses : Eusapia Palladino, les médiums de Crookes, Rudi Schneider, Dunglas Home, etc.

La littérature à ce sujet est énorme ; car les effets physiques ont passionné nos grands-pères… Il y a eu des milliers d'expériences et souvent très bien contrôlées. C'est là qu'il faut nous arrêter, car les sceptiques objectent tout de suite les fraudes, qui ont été bel et bien constatées et dans de nombreux cas. Donc, se hâtent-ils de conclure, on ne peut attacher aucune importance à tout ce qu'on raconte là-dessus.

C'est une conclusion bien hâtive ! Le plus grand fraudeur du monde peut posséder aussi des capacités paranormales, ce n'est pas contradictoire ; et dans de nombreux cas où intervenaient des expérimentateurs qualifiés et où les sujets émettaient par exemple des « ectoplasmes », on prenait soin de faire déshabiller le sujet, de lui fournir de nouveaux vêtements, après lui avoir visité, dans le cas d'Eusapia Palladino, toutes les cavités naturelles y compris les plus intimes ; Eusapia, il est vrai, trichait dès qu'elle le pouvait et tout le monde le savait. Mais que conclure, quand elle émettait des ectoplasmes abondants et incolores par la bouche, alors qu'on lui avait fait prendre auparavant un émétique, ou qu'on lui avait fait absorber du café ou du sirop de groseilles ?

Les ectoplasmes émis par Eusapia et bien d'autres étaient couramment observés en ce temps-là et photographiés. C'étaient des sortes de fumées consistantes qui s'échappaient de la bouche ou du nez du médium ou quelquefois de son nombril. Peu à peu ces fumées se densifiaient et prenaient l'apparence d'un visage humain ; ou encore elles formaient des mains qui pouvaient toucher les assistants ; certains saisissaient ces mains dans leurs propres mains, pour constater qu'alors elles étaient chaudes puis fondaient presque instantanément et disparaissaient.

Les lévitations étaient aussi monnaie courante, même quand il s'agissait de lourdes tables, qui s'élevaient parfois à plus d'un mètre et refusaient de redescendre même lorsque des assistants se cramponnaient à elles pour les y contraindre. Elles furent également maintes fois photographiées (et même dans l'infrarouge par Batcheldor il y a une dizaine d'années). À ce propos, rappelons que Batcheldor avait aussi muni la table de toute une série de pièges électroniques destinés à dépister les tricheurs qui auraient voulu soulever activement la table.

Par ailleurs, quand la table lévitait, le poids d'Eusapia augmentait du même poids que celui de la table. Et à la fin de la séance qui l'épuisait, son propre poids avait diminué de plusieurs kilos… On cite d'ailleurs un phénomène curieux : au cours des séances, à la suite peut-être de ses violents efforts, elle eut un indubitable orgasme…

Il existe chez les médiums d'autres effets physiques qui ont été jusqu'à présent mal ou peu étudiés. Le premier est l'incombustibilité. Home paraissait insensible aux brûlures, il prenait dans sa main des charbons ardents ou plongeait sa figure dans le feu du foyer sans aucun dommage. Mais le plus frappant est qu'il semblait conférer l'incombustibilité à d'autres objets comme un mouchoir qui ne s'enflammait pas au contact des braises ; ou encore il transférait à plusieurs personnes son insensibilité au feu, et elles pouvaient à leur tour prendre des charbons à pleines mains.

Le second fait des plus étranges est la baisse de température parfois accompagnée d'un vent glacé qui se produisait chez quelques médiums au moment des « grands phénomènes » comme la lévitation ; les expérimentateurs eurent soin de placer des thermomètres autour d'eux et enregistrèrent, c'est incroyable, des baisses brutales de plus de quinze degrés parfois ! Comme si de l'énergie était empruntée au milieu ambiant, ce qui ne pourrait en effet que faire baisser sa température…

Enfin, une odeur très prononcée d'ozone a été notée par les observateurs allemands et polonais pendant leurs séances.

Tous ces faits, que l'on n'a pu interpréter jusqu'ici, ne nous fourniraient-ils point quelques bases pour une théorie physique de la fonction psi ?

Nous sommes forcés de constater une grosse différence avec les phénomènes de transcommunication instrumentale : l'énergie qui suffit à mettre en action un ordinateur ou un magnétophone est bien moins grande que celle qui brise une table en mille morceaux ; mais c'est une énergie modulée, qui a l'air de savoir ce qu'elle veut, dont nous n'avons pas d'exemple chez les médiums à effets physiques (sauf peut-être quand les instruments de musique comme un violon ou un accordéon se mettent à jouer d'eux-mêmes ?).

Les ovnis

J'en viens à des faits étranges qui, à première vue, ne paraissent avoir aucun lien avec la transcommunication. Je veux parler des ovnis, objets volants non identifiés, parfois qualifiés de soucoupes volantes. Cependant, plusieurs particularités les rapprochent étrangement [1].

Dans les deux cas, il s'agit de problèmes impliquant une technologie avancée (ordinateurs, magnétophones, ovnis) dont les uns se mettent soudain en marche comme d'eux-mêmes, et les autres semblent les œuvres de mécanismes avancés que nous ne comprenons pas…

Dans les deux cas, il y a des messages ambigus, parfois au point d'être incompréhensibles, plus généralement insignifiants et quelquefois absurdes. En aucun cas (je ne connais pas tous les messages mais j'en connais suffisamment pour oser m'avancer ainsi) on n'a pu trouver la moindre indication scientifique ou technique digne d'intérêt. En revanche, on y découvre de pleines charretées d'exhortations pieuses du genre « nous sommes les frères de l'espace, nous venons pour vous aider, etc. ».

---

1. Je vais faire appel ici aux excellents ouvrages de mon ami Jacques Vallée sur les ovnis, dont le dernier, *Révélations,* vient de paraître chez Robert Laffont (1992).

Les « contactés », qui prétendent avoir été enlevés par une soucoupe volante et s'être entretenus avec les occupants, tiennent ensuite, librement ou sous hypnose, des discours d'une extrême indigence. Du point de vue technique, si les « petits gris », les nains qui habitent la soucoupe, veulent bien leur parler, les indications techniques qu'ils donnent sont ou absurdes ou incompréhensibles. Ils se livrent quelquefois à des opérations, comme enfoncer une longue aiguille dans le nombril des femmes pour faire des « prélèvements », d'une manière dépourvue de tout sens du point de vue biologique. Bref, ce sont des discours et des techniques d'une débilité effarante.

Nous voilà donc à nouveau devant le même problème que dans les pages précédentes : pourquoi ces absurdités ?

Naturellement il en est beaucoup qui s'étonneront de mon étonnement : eh quoi ! ne manqueront-ils pas de dire, vous savez bien qu'il s'agit d'hallucinations dans de pauvres cerveaux et que les ovnis ne sont que billevesées !

Malheureusement pour eux, l'événement profondément énigmatique qu'on désigne sous le nom facétieux de soucoupes volantes n'est pas une billevesée, c'est au contraire un phénomène très commun... Les statistiques de Vallée et de bien d'autres auteurs portent sur des milliers d'observations bien établies ; et en tenant compte des observateurs nombreux qui n'ont pas osé en parler, sans doute sur des dizaines de milliers, et cela dans toutes les parties du monde. Quant aux fameux « contactés », il est vrai qu'ils débitent des absurdités ! Mais, dans beaucoup de cas, on découvre effectivement des traces sur le sol, précisément à l'endroit où ils prétendent avoir rencontré le vaisseau spatial. Ces traces consistent généralement en quelques trous assez profonds montrant qu'un objet lourd, pesant plusieurs tonnes et porté sur trois ou quatre pieds assez minces, s'est posé à cet endroit. Dans d'autres cas, plusieurs témoins fort émus, cela va sans dire, ont assisté à l'atterrissage de l'ovni et corroborent les dires du premier.

La conclusion minimale (je suis ici étroitement les conclusions de Vallée) est donc qu'il s'est passé quelque chose. Mais quoi exactement ? C'est très difficile à dire. Il en est résulté un choc mental très violent pour le témoin dont il mettra des semaines ou des mois à se remettre. Ce qu'on lui aurait dit est à peu près ininterprétable. On pourrait admettre que ce sont de faux souvenirs injectés sous hypnose par exemple, ou qu'il s'agit de messages véritables mais sans doute en grande partie fallacieux, délivrés au témoin on ne sait pourquoi.

Le problème est exactement le même qu'à propos de certains longs messages par transcommunication.

Pourquoi ces messages ?

Vallée émet là-dessus une très intéressante hypothèse. D'abord il n'affirme pas qu'il ne puisse s'agir en aucun cas de messagers issus d'une autre planète ; le phénomène est vraisemblablement polymorphe, et il faut se garder d'être trop catégorique. Mais l'hypothèse lui apparaît inutile dans bien des cas ; le hiatus énorme entre la technologie raffinée dont paraissent user les pilotes d'ovnis, et la pauvreté des explications qu'ils donnent fait penser souvent qu'il s'agissait en réalité de robots très sommairement programmés pour répondre n'importe quoi… Mais la multiplicité des atterrissages (je répète qu'il s'agit de milliers de cas) exclut formellement l'idée qu'une civilisation extraterrestre, forcément très développée, ait besoin de tant d'atterrissages pour étudier notre planète ; et surtout d'expédier par des robots ou autrement tant de messages qui ne signifient rien…

Alors Vallée pense qu'il s'agit, suivant ses propres termes, d'un « système de contrôle », c'est-à-dire d'une intelligence extraterrestre ou même terrestre, qui cherche à nous influencer globalement, à changer nos idées sur le monde et l'univers, à nous déstabiliser en quelque sorte… Ce qui peut paraître une hypothèse exorbitante…

Mais examinons un peu les changements de mentalité qui sont survenus après trente années d'ovnis ; les gens, et spécialement la jeunesse, pensent-ils exactement de la même façon qu'en 1920 par exemple ?

Sur certains points qui touchent à la métaphysique pratique, c'est-à-dire aux croyances courantes bien que brumeuses sur le sens de l'univers et de la vie, sûrement pas… Il est apparu, et cela est tout à fait nouveau, des dizaines de sectes qui vivent sur des révélations ou prétendues telles des ovnis, ou des médiums ou des messages collectés d'Ailleurs par n'importe quel moyen [1].

1. On m'objectera qu'il est excessif de rapprocher les histoires d'ovnis de la transcommunication. Eh non ! puisque justement les messages ont la même tonalité ; nous n'aurions qu'un petit pas à faire pour admettre que c'est le même agent qui s'exprime avec tous les moyens techniques à sa disposition.

Dans quelle mesure les messages absurdes ne servent-ils pas à détourner l'attention du problème véritable, c'est-à-dire d'une Intelligence qui manipule l'espace et le temps, par des moyens inimaginables, et trouble ainsi, peut-être même sans le vouloir expressément, le fonctionnement normal de l'encéphale humain ? Et qui sait si cette Intelligence s'en aperçoit ? Le trouble de l'esprit et les messages absurdes ne seraient-ils qu'un sous-produit de la communication ?

Je me demande jusqu'à quel point on ne devrait pas étendre ces conclusions, bien rudimentaires, à la transcommunication en général. Évidemment, ceux qui observent un message en train de se former sur un écran de télévision ne sont nullement sortis de leur état normal, tout au moins il ne le semble pas. Le phénomène n'a pas du tout le caractère stressant de l'ovni, surtout quand celui-ci vous accepte à son bord (bien que la peur énorme éprouvée par tous les contactés dans cette situation ait quelque chose d'énigmatique).

J'en viendrais à croire que, de même que l'ovni induit un champ de force autour des témoins qui provoque des hallucinations, de même autour du téléviseur existe peut-être un champ bizarre qui en même temps met l'ordinateur ou le téléviseur en marche, et déclenche chez les témoins le pouvoir psychocinétique d'imprimer des messages… Hypothèse dont je ne suis pas particulièrement fier, mais qui expliquerait pourquoi les messages ne dépassent pas le niveau mental des témoins… Les messages ne seraient que la face visible de l'iceberg, un sous-produit de la communication…

On a peut-être des indices que ces suppositions ne sont pas aussi folles qu'il y paraît. Dans le cas des contactés on voit souvent se développer postérieurement à la Rencontre des capacités psychocinétiques, de la clairvoyance, bref des dons paranormaux…

Le message, c'est peut-être cela…

L'ange du bizarre

À travers les problèmes de la transcommunication, j'ai senti la nécessité de revenir en des terres jadis explorées. Mais les phénomènes étudiés manquent de la cohérence nécessaire aux conclusions que l'on pourrait en tirer à propos de la transcommunication. L'ange du bizarre semble brouiller à plaisir les pistes que l'on s'efforce de tracer dans les territoires du mystère.

Il se manifeste ainsi dans les poltergeists, force parfois énorme, totalement incontrôlée et en quelque sorte « décérébrée » ; dans les phénomènes qui ont trait aux ovnis, zone où la bizarrerie est la plus évidente ; dans les phénomènes métapsychiques où une force, la même sans doute que celle des poltergeists, peut briser en petits morceaux une lourde table ; dans les transcommunications, bien sûr, où l'énergie qui actionne nos instruments est sans doute plus policée, puisqu'elle nous transmet des messages compréhensibles ; et enfin dans la nature… où cent dispositifs aberrants, inutiles en apparence et même contradictoires, foisonnent littéralement, éternels défis que nos théories n'arrivent pas à embrasser.

De quoi l'homme ou l'esprit humain est-il capable en définitive ? Mais se poser la question conduit à situer l'homme dans la vaste magie de la nature.

Les mystères de la nature

Je vais être forcé d'évoquer une série d'hypothèses sur l'évolution que j'ai déjà traitées en d'autres textes. En bref, les explications de l'évolution par une théorie passe-partout, celle de la sélection naturelle, rencontrent de plus en plus de sceptiques. Par leur caractère tautologique d'abord : la sélection laisse survivre le plus apte. Mais qu'est-ce que le plus apte ? Comme nous n'avons pas de critères indépendants de la capacité de survivre, qui est globale, nous sommes forcé d'admettre que c'est celui qui survit ; d'où il faut conclure, comme on dit, plaisamment, mais avec justesse, que la théorie postule la survivance des survivants. C'est sous une forme ramassée et ironique, le boulet de la tautologie dont le darwinisme n'a jamais réussi à se débarrasser ; parce qu'on ne sait pas de quoi dépend la survie, parce qu'elle dépend toujours non pas d'un facteur, mais d'un grand nombre de caractères, parce qu'elle ne dépend pas seulement des gènes mais aussi des circonstances (*Bad genes or bad luck ?* comme a dit un auteur anglais : « De mauvais gènes ou bien pas de chance ? »). Elle n'explique surtout pas la coévolution, c'est-à-dire les cas si nombreux où deux animaux, très différents ou encore un insecte et une plante sont, clairement cette fois, si bien adaptés l'un à l'autre qu'ils ne peuvent vivre indépendamment.

Pour échapper à ces difficultés, je me suis d'abord demandé s'il existait de la volonté et de l'intelligence dans la nature. Il faut évidemment répondre oui, puisque l'homme fait partie de la nature et qu'il est doué d'intelligence et de volonté... Mais ces deux caractéristiques n'existent-elles que chez l'homme ? Tous les naturalistes et spécialement les éthologistes se récrieront. Or, indépendamment du mystère des instincts parfois merveilleux, on trouve dans la physiologie et la biologie générale des mécanismes d'une finesse et d'une complication extrêmes, qui semblent bien dus à l'intervention d'une intelligence et d'une volonté.

Doit-on alors parler de Dieu ? Certes non, parce que, même si c'est justifié en dernière analyse, c'est une hypothèse inutile dans la pratique parce qu'elle stérilise la recherche.

Notre travail consiste à démonter des mécanismes ou, comme le diraient les philosophes, à analyser des causes secondes, non point à nous occuper de la cause première ; nos techniques ne sont pas appropriées à cette dernière tâche. Mais il nous semble bien, tout au moins en première hypothèse très vraisemblable, qu'il y a dans la nature quelque intelligence et quelque volonté... Mais comment travaille alors l'évolution si nous adoptons au moins provisoirement cette manière de voir ?

Il me semble que, pour pousser le raisonnement plus loin, il nous suffit de rechercher comment travaille notre propre volonté... D'abord elle est inconsciente des mécanismes qu'elle met en branle : elle est une chose qui veut, c'est tout ; nous voulons lever le bras et ne savons pas du tout comment il faut faire, c'est-à-dire quels mécanismes doivent entrer en jeu ; le vouloir nous suffit, et notre bras se lève. La volonté est aussi programmante, car l'acte même de vouloir met en jeu des mécanismes très compliqués, des programmes qui ne sont pas quelconques : la volonté choisit, trie, met en action des programmes. Mais les programmes en eux-mêmes ne l'intéressent pas, seul le but compte ; ce que nous ne pouvons pas faire avec notre bras droit, nous le ferons avec le gauche, ou en cas de besoin en mettant en action les pieds si les bras sont paralysés (certains peintres paralysés des deux bras peignent avec les pieds et fort bien).

Retrouvons-nous dans la nature ces divers caractères ? Certes ! par exemple dans l'acte de voler. Il est sûr que la nature « a voulu » le vol dans bien des embranchements animaux, chez les oiseaux, les insectes, les chauves-souris et même certains poissons, et l'a réalisé chaque fois par des mécanismes très différents (qu'y a-t-il de commun entre une aile d'oiseau et une aile d'insecte ?). Elle a voulu le développement du cerveau : chez les singes, puis chez les hommes ; mais, bien avant les primates, chez les dauphins, à l'énorme cerveau aussi gros par rapport au corps que celui de l'homme ; chez les oiseaux, dont les comportements sont, on ne le sait pas assez, aussi complexes que ceux des singes supérieurs. Chez les insectes enfin, mais là, l'espace disponible est vraiment très petit, aussi la nature esquive la difficulté en créant les insectes sociaux qui combinent ensemble leurs petits cerveaux, ce qui leur confère une étonnante efficacité (n'oublions pas que seuls deux types d'êtres vivants pratiquent l'agriculture, les hommes et les fourmis champignonnistes). La nature a voulu l'œil enfin dans toutes les familles animales depuis l'insecte jusqu'à la pieuvre en passant par les crustacés, sans oublier les animaux supérieurs [1].

Je soutiens donc que s'observent, dans la nature, pour un esprit impartial et non prévenu, des mécanismes qui évoquent de très près notre volonté et notre propre intelligence.

Mais il y a plus étonnant dans les interactions entre animaux ou entre animaux et plantes ; là aussi je ne fais que citer quelques cas choisis parmi les plus étonnants.

D'abord les guêpes paralysantes. Elles nourrissent leurs jeunes avec d'autres insectes bien déterminés, par exemple des chenilles ou des criquets, qu'elles ne tuent pas mais se bornent à paralyser en leur injectant une dose de venin très précisément à l'emplacement de leurs ganglions nerveux qui gouvernent les pattes ou les mandibules ; le tout avec une extrême précision au demi-millimètre près. Le problème est qu'on ne voit pas comment l'insecte a pu apprendre cet emplacement puisqu'il éclot lorsque sa mère est morte depuis longtemps ; et il n'existe pas de zone particulière qui lui permette de repérer un ganglion de l'extérieur.

---

1. Et avec quelle précision ! Sait-on que l'œil de la pieuvre et l'œil des vertébrés sont étonnamment semblables par leur anatomie et leur physiologie ?

Les fourmis champignonnistes sont végétariennes, mais elles ne peuvent digérer la cellulose : alors elles emmagasinent dans la fourmilière souterraine des dizaines de kilos de feuilles broyées, sur lesquelles elles ensemencent, en culture pure, un certain champignon : le champignon transforme la cellulose des feuilles en une sorte de chitine que la fourmi peut digérer… C'est même la raison pour laquelle elle est champignonniste : il y a très peu de temps qu'on le sait…

Je pourrais continuer ainsi indéfiniment [1].

Le plus étonnant est le chapitre des relations des insectes avec les fleurs. Ces rapports subtils se tissent entre insectes dont la souche est bien plus vieille que cent millions d'années et les plantes à fleurs qui ne sont guère apparues qu'il y a soixante-dix millions d'années. Et pourtant les adaptations morphologiques se font jour, par exemple dans le cas du Blastophage, petit hyménoptère sans lequel le figuier n'aurait pas de fruits… Ou en ce qui concerne le satyre puant, *Phallus apudicus,* qui sent aussi mauvais que son nom l'indique, il est couvert d'une pellicule gluante, noire et malodorante, qui attire les mouches. Elles lèchent avec avidité la sécrétion du champignon et en avalent ainsi les spores : mais ces spores, justement, ne peuvent germer que si elles sont passées au travers de l'intestin des mouches !

Donc tout n'est qu'ordre et beauté, et on peut parler, comme nos pères, des merveilles de la nature… Eh non, car c'est justement ici qu'intervient l'ange du bizarre ! Je ne citerai que trois cas, mais on pourrait en trouver bien d'autres (peut-être pas aussi nombreux, il faut en convenir, que les exemples de merveilleuses adaptations).

Quand l'orchidée « veut » se fabriquer des graines, elle doit conjoindre, comme toutes les plantes supérieures, son pollen avec les ovules à la base du pistil… Mais elle ne le peut pas, parce que le pollen, aggloméré en « pollinies » gluantes, est bien trop loin du pistil. On dira sans doute que les abeilles, ces éminentes pollinisatrices, vont s'en charger, comme elles le font pour les fleurs de pommier par exemple ? Eh non ! car les abeilles ne viennent vers les

---

1. Les personnes intéressées peuvent se reporter à mon livre *La Biologie de l'Esprit,* Éditions du Rocher, 1990.

fleurs qu'à cause du nectar qu'elles peuvent y récolter (ou alors à cause du pollen seul, comme dans les fleurs de coquelicot, mais le pollen de l'orchidée ne les intéresse pas)... Alors voilà le mécanisme abracadabrant qu'a imaginé l'orchidée : elle fabrique une substance odorante, qui est la même que celle dont les femelles d'une guêpe solitaire, le gorytes, se servent pour attirer leur mâle à distance ; de plus, elle dessine sur ses corolles une sorte de schéma qui ressemble assez à un insecte et, pourquoi pas, à une guêpe posée sur la corolle ; mais le mâle qui arrive, attiré par l'odeur, n'y regarde pas de si près : il est en état de manque sexuel, car ses femelles n'éclosent qu'un mois après lui, et de plus il est très myope comme tous les insectes. Aussi se précipite-t-il sur la fleur dans laquelle il enfonce ses pièces génitales, en s'agitant jusqu'à l'éjaculation ; ce faisant, il a fatalement et sans le vouloir détaché les masses polliniques et les a collées sur le pistil, assurant ainsi la fécondation de la fleur. Et s'il n'y a pas de guêpes, la fécondation sera quand même assurée : l'orchidée finira par se flétrir. Dès lors la partie de la corolle qui porte les masses polliniques va s'incliner jusqu'à toucher le pistil et la fleur pourra former ses graines.

Voici maintenant le mimétisme, c'est-à-dire la propriété qu'ont certains papillons d'imiter un autre insecte immangeable. On sait qu'il est immangeable parce que, si on le réduit en bouillie et qu'on le dépose dans le bec d'un oiseau, celui-ci le recrache et se frotte le bec contre la terre plusieurs fois, signe de dégoût. D'autres papillons parfaitement comestibles imitent alors le premier d'une manière si parfaite que les entomologistes les plus experts s'y trompent ; et ainsi déguisés, ils se trouvent protégés de leurs prédateurs. Quelle admirable adaptation due à la sélection naturelle, diront les faux prophètes ! Car n'est-il point évident qu'un jour une mutation rapprocha quelque peu les couleurs du papillon mangeable dans la direction du papillon immangeable : il s'est trouvé alors un peu plus protégé des oiseaux que ses congénères ; après un million d'années ou deux, sans doute d'autres mutations l'ont encore rapproché du modèle idéal, jusqu'à la parfaite identité qui le protège intégralement... Hélas ! ce n'est pas si simple, car on connaît d'autres cas où des papillons comestibles imitent à la perfection d'autres papillons également comestibles, ce qui repose tout le problème...

Citons enfin le cas absurde d'un horrible ver plat, la douve, qui représente l'ordre des Trématodes, vecteur de toutes sortes de maladies plus graves les unes que les autres. Une espèce vit dans l'intestin et les organes du mouton et libère ses œufs dans l'intestin : elle en pond quinze millions rejetés avec les excréments : l'œuf éclot aussitôt et donne une petite larve très mobile qui doit trouver un hôte sans lequel elle ne peut poursuivre son développement : c'est un escargot et pas n'importe lequel, un « escargot à douve » dans lequel elle va pénétrer et franchir deux ou trois stades. Dans certaines espèces, cela ne s'arrête pas là ; il faut que l'escargot soit mangé par un poisson dans lequel la larve va franchir encore plusieurs stades. Puis, si les excréments du poisson ou le poisson lui-même sont rejetés sur le rivage, ils vont en se décomposant souiller les herbes de la rive, qui pourront être mangées par un mouton : c'est alors que la larve achèvera son cycle et redonnera une douve adulte qui va à nouveau pondre ses quinze millions d'œufs. Or, seulement une dizaine de larves auront accompli tout le cycle jusqu'au stade adulte ; il est évident que pareil mode de reproduction révolte l'esprit : n'importe quel autre mode moins compliqué fonctionnerait mieux. Il est impossible de croire que la sélection naturelle, qui élimine, paraît-il, les moins aptes, ait laissé subsister une sottise pareille… Et pourtant elle dure, depuis des millions d'années, en dépit de son inadaptahon radicale.

L'Ange du bizarre nous a plusieurs fois frôlés de son aile. On dirait que l'énergie fabricatrice de la nature s'amuse à compliquer les choses au hasard et sans nécessité (!). Par exemple, dans la panse des termites coexistent depuis plus de cent millions d'années deux types d'infusoires qui digèrent le bois : les uns très compliqués, les plus compliqués de tous les infusoires ; ils possèdent même des sortes de cils épais dont ils se servent comme de pattes ; d'autres qui vivent à côté dans ce milieu rigoureusement clos sont au contraire très simples et se développent aussi bien que les premiers. L'énergie de la nature paraît dépourvue d'utilité, gratuite ou ludique, comme on voudra. Et n'oublions pas que les dispositifs absurdes et compliqués fonctionnent comme les plus simples…

La transcommunication instrumentale

Expériences personnelles

Il est indispensable pour l'homme de science de ne pas croire aveuglément ce qu'on lui dit, mais d'en avoir autant que possible une expérience personnelle. C'est pour cette raison que je prends au sérieux la parapsychologie. Il y a bien des années, je fis un stage de trois mois chez Rhine, à Duke University, et je recommençai ses expériences une fois de retour en France. Elles donnèrent un résultat positif, ce qui m'a convaincu (après trois ans de travail toutefois) ; je crois pouvoir affirmer qu'en France personne n'a fait un tel effort de vérification… et pourtant nombreux sont ceux qui se mêlent de parler à tort et à travers des expériences de Rhine…

Or, désirant m'intéresser à la transcommunication, je me munis d'un magnétophone à ralentisseur, je branchai dessus un microphone éloigné de deux mètres (ce sont les techniques qu'on m'avait conseillées) ; j'enregistrai sur la cassette un bruit de fond (une radio réglée entre deux stations) sur lequel, paraît-il, les voix de l'au-delà se produisent plus facilement ; et deux fois par jour, à heure fixe et pendant trois mois, j'essayai d'appeler mon ami Aimé Michel, mort récemment. Nous nous étions promis que celui qui passerait le premier les Sombres Portes tâcherait d'en prévenir l'autre… Cela dura deux mois et demi sans succès appréciable ; je n'entendais rigoureusement rien. Sauf un certain soir, le 29 décembre 1992, à 18 heures 30. J'enregistrais comme d'habitude : « J'appelle Aimé Michel ; ici Rémy Chauvin, Michel réponds-moi », et j'écoutais ensuite ce qui pouvait venir du microphone à deux mètres de là. J'entendis avec une parfaite netteté une réponse bizarre : « Je m'appelle moi-même, Rémy réponds-moi. » Ce n'était pas la voix de

Michel, et je ne sais ce que veut dire « Je m'appelle moi-même »... Je n'obtins rien d'autre dans le mois qui suivit, ni de Michel ni d'autres défunts que j'avais appelés, et j'abandonnai.

Le microphone est important sans doute, mais la personne qui l'écoute l'est plus encore. Il faut sans doute être « un peu médium ». Je ne l'étais pas.

Puis, vient le jour où je me décide à aller plus loin dans mes investigations et en compagnie d'un spécialiste de la question : François Brune. Dans le gros avion qui va dans très peu de temps nous déposer à Francfort, je me prends à rêver. Tout de même, si c'était vrai ? Des centaines de personnes s'occupent de cela maintenant, parmi lesquelles des scientifiques. Or, si absurdes (eu égard à nos critères d'à présent) que soient les phénomènes, je suis à peu près persuadé que la fraude est bien rare ou tout au moins que la vaste majorité des expériences est honnête... Un seul moyen de sortir de ces perplexités, je le répète : voir par moi-même comment le phénomène se présente.

De l'énorme aéroport de Francfort nous sautons dans le train pour Mayence, en goûtant le plaisir délicat pour un Français de voyager sans billet, en dehors de tous les règlements, dans un chemin de fer allemand. Ils se sont, c'est à peine croyable, mis en grève... mais les trains roulent tout de même par manque de technique de la grève ; sur ce chapitre, nous pourrons leur apprendre beaucoup...

À Mayence, nous sommes reçus par un personnage extraordinaire, le docteur Senkowski : pour la volubilité il pourrait être italien, mais c'est pourtant un Allemand bon teint. Dans son laboratoire, le bric-à-brac habituel des électroniciens. Rien de particulier à noter. L'expérience consiste à écouter les « voix de Jürgenson » qu'on appelle quelquefois « voix de Raudive », mais c'est Jürgenson qui en est le véritable initiateur. C'est à partir de ce moment, amis lecteurs, qu'il vous faut attacher vos ceintures...

Jürgenson a donc remarqué, il y a une vingtaine d'années, que des magnétophones, enfermés dans une chambre sourde, avec une bobine vierge, laissent entendre des mots et parfois des phrases entières. Dans de nombreux cas il s'agirait de défunts qui émettent ainsi des messages compréhensibles... En bref, nous voilà replacés dans les phénomènes du début du siècle où les tables tournantes et l'écriture automatique transmettaient les messages des défunts, ou soi-disant tels. Mais cette fois-ci ces messages emprunteraient les techniques modernes comme le magnétophone (et nous verrons tout à l'heure qu'ils en utilisent quelques autres). Jürgenson, Raudive et plusieurs autres ont essayé de perfectionner le procédé : ils ont remarqué qu'un bruit de fond comme une émission de radio enregistrée puis débitée à l'envers semble faciliter le phénomène ; d'autres soutiennent que le bruit de l'eau qui coule marche aussi bien ; je crois que d'autres utilisent un « bruit blanc » électronique, autrement dit le bruit d'un poste de télévision allumé, mais qui n'est pas branché sur une chaîne.

Il faut, paraît-il, poser une question et écouter ensuite le déroulement de la bobine. Je pense à mon ami Konrad Lorenz, mort il y a quelques années, et qui s'est déjà, paraît-il, manifesté de cette façon.

– Konrad, c'est moi, Rémy Chauvin, est-ce que tu m'entends ? Te souviens-tu de mes visites à Altenberg ?

Nous sommes penchés sur le microphone ; j'entends très nettement une série de paroles lointaines ; impossible d'y rien comprendre ; puis à la troisième répétition de la question, François Brune et Senkowski prétendent qu'ils ont entendu d'abord « Altenberg ».

Je n'ai entendu rien d'aussi distinct, mais il est vrai que mon ouïe est très mauvaise, et que lorsque je m'entends moi-même après avoir enregistré quelque chose en anglais au magnétophone, je ne me comprends pas ! À ce degré-là, disent les amis et connaissances, ça relève de la psychanalyse ! Mais il est vrai que Brune m'a fait entendre des enregistrements bien meilleurs, où le doute n'était pas possible ; reste que la présente audition ne m'a pas convaincu ; on promet de m'en faire entendre d'autres et la discussion va bon train.

Pendant ce temps, Senkowski a été appelé au téléphone, il nous fait signe de nous taire ; il est pâle ; couvrant le récepteur d'une main il nous dit dans un souffle : « C'est Jürgenson. »

Sa stupeur émerveillée est pour le moins compréhensible : Jürgenson est mort plusieurs années auparavant. Ce qu'il avait dit était d'ailleurs assez banal. La phrase commence en français et se poursuit en allemand : « Je remercie les amis français *und wir werden… Sie werden…*» En traduction : « Je remercie les amis fançais et nous allons… vous allez recevoir plus ample information à travers les collègues Homes et Harsch…», le tout très distinctement.

Je réalise que personne ne nous croira… Une supercherie ? arrangée par Senkowski ? Elle est possible, toujours possible, mais invraisemblable, car les cas de ce type sont nombreux, je le répète… C'est un très joli phénomène… Je ne sais qu'en faire…

Voyage à Rivenich et à Reims (juin 1992)

Nous voilà repartis en Allemagne avec François Brune et notre équipe de cinéastes. Le dernier déplacement a été marqué tout de même par le coup de téléphone posthume de Jürgenson, qui a été enregistré… Une hypothèse possible est celle d'un mauvais tour que des plaisantins auraient voulu jouer à Senkowski ; mais le mystérieux correspondant faisait allusion à des visiteurs français, et qui pouvait savoir que nous serions à cet endroit à cette heure justement ?… Nous verrons bien s'il se produit des faits de cet ordre chez Homes où nous allons, ou chez Mme Simonet, de Reims, que nous verrons au retour.

Nous passons près de la Porta Nigra à Trèves, la plus vieille ville d'Allemagne à ce qu'il paraît. Rien n'est plus charmant que ces vieilles villes allemandes. Quand je pense que tout ou presque tout a dû être reconstruit après la guerre (c'est peut-être pour cela que les vieilles maisons sont en si bon état…).

Rivenich est un petit village dans la douce campagne rhénane, impeccablemcnt propre comme toujours dans ce pays. Je songe à nos nombreux villages français, souvent superbes, magnifiquement situés… et crasseux. Homes est énormément grand et énormément gros ; il étouffe à moitié François Brune dans ses bras de gorille… « Pater Franz » a l'air de connaître tout le monde ici. Nous voudrions travailler tout de suite, mais l'hospitalité allemande a ses lois. Il faut se mettre à table : un seul plat absolument succulent d'ailleurs, mais nous avons hâte de passer dans la salle des expériences…

Et zut ! Voilà un second coup de téléphone du royaume des morts. Première surprise, plutôt désagréable. Homes vient d'être averti qu'on a reçu à Luxembourg une communication du « Jenseits » (l'au-delà) de la part du « Techniker », technicien de l'Autre Côté, qui paraît effectivement avoir des compétences techniques étendues : il semblait au courant de notre visite ; cela ne marchera pas : « Il n'y a pas assez d'énergie », dit-il.

Je n'aime pas beaucoup cela ; ça ressemble furieusement à une échappatoire. Mais François, qui connaît bien Homes, soutient que ce désagrément ne peut venir de lui… En tout cas, nous nous attablons devant le magnétophone, pour le cérémonial auquel je commence à être habitué. On pose des questions au « Jenseits », et tout de suite après on écoute pour savoir s'il y a réponse.

Ce n'est pas très clair en moyenne ; la réponse suit immédiatement la demande : elle est très basse, presque chuchotée, et assez courte. J'essaie de jouer le jeu en appelant, à nouveau, dans l'autre monde mon ami Konrad Lorenz.

Rien. Rien de rien… Homes a joint à son appareil un écran de télévision monté spécialement de manière à former une boucle de Larsen (voir plus loin). En principe il doit se former des nuages sur l'écran, qui se déforment, s'écartent et laissent parfois apparaître une figure humaine tout à fait reconnaissable. Je regarde fixement l'écran : la « neige » qu'on y voit a d'ailleurs un léger effet hypnotique ; mais pas de nuages et pas la moindre figure humaine.

Ce sacré Techniker nous aurait-il vraiment joué un mauvais tour ? Nous sommes déçus, franchement ; nous savions que les phénomènes de ce type ne se produisent pas à volonté, mais tout de même… Allons nous coucher. Demain nous partirons de bonne heure pour Reims où nous attend Mme Simonet.

Voyage à Reims

Mme Simonet est très connue dans le cercle de la « transcommunication » car elle a obtenu de beaux succès en contactant des défunts qu'elle n'identifie pas toujours… En en parlant à ses amis, il arrive quelquefois qu'ils reconnaissent des tournures de phrase d'un de leurs proches, disparu depuis peu. Cela s'est su, et Monique Simonet a une clientèle étendue de personnes qui veulent communiquer avec leurs morts… Elle essaie volontiers de les satisfaire et, à première vue, je crois deviner qu'elle est bonne ; ma foi, j'en suis content, la bonté n'est pas si commune.

Une petite maison dans les faubourgs de Reims : dans la salle à manger, après la coupe de champagne de rigueur, nous nous penchons sur l'inévitable magnétophone. Et, cette fois-ci…

Je repose ma question : « Konrad, m'entends-tu ? Où es-tu ? Es-tu heureux ? Réponds, c'est ton ami, Rémy Chauvin… »

Il y a quelque chose… D'abord un mot chuchoté : « Rémy », et tout de suite après : « Rémy, *du bist mein Freund* » (tu es mon ami).

Telle est la réponse très faible encore une fois, mais que les techniciens vont traiter pour mieux la séparer du bruit de fond… Ils le feront plus tard ; hélas, ils ne confirment pas ce que j'ai cru entendre.

Intéressant… mais le phénomène est encore bien faible. Il est vrai, me dit François, que l'on a déjà obtenu des signaux beaucoup plus forts.

Une remarque essentielle

Mais ce n'est pas ce qui me frappe pour l'instant : c'est une remarque de notre cinéaste qui, à propos de je ne sais plus quoi, parle des « boucles de Larsen ».

– Répétez ce que vous venez de dire avec les boucles de Larsen !

– Mais je vous en avais déjà parlé : vous n'y aviez pas prêté attention.

J'y suis ! Quelque chose s'agitait dans mon subconscient pendant le voyage. J'avais envoyé à un de mes amis et ancien élève une copie des plans des nombreux appareils dont se servent les transcommunicateurs, pour améliorer, tout au moins le croient-ils, la communication avec les morts. Et j'eus la réponse de l'électronicien :

– Écoutez, il semble que l'auteur ou les auteurs de ces schémas semblent s'être dit : pourquoi faire simple, alors qu'on peut faire compliqué ? Mais tout de même, dans tous les schémas, il y a profusion de boucles de Larsen…

Sur le moment cela m'avait étonné mais je n'y avais pas attaché d'importance. Je sais vaguement ce que sont ces boucles : il s'agit en très gros de deux téléviseurs qui se font face et dont l'un enregistre les images de l'autre. Ils sont, comme s'expriment les électroniciens, « asservis » l'un à l'autre. Il se produit alors des images bizarres, des nuages qui se déforment, etc., et parfois, disent les transcommunicateurs, on y décèle un visage humain reconnaissable.

Somme toute, il s'agit d'un appareil bien connu des parapsychologues, un générateur aléatoire ; ou, si l'on veut, d'une sorte de test des taches d'encre, le test de Rohrschach, mais dont les taches seraient indéfiniment déformables.

Et c'est après la remarque du cinéaste qui remettait à nouveau la question sur le tapis, que, tout à coup, l'illumination, m'est venue !

Ce qu'ils voient sur l'écran, c'est probablement une projection de leur subconscient, une sorte de psychocinèse… Ce qui ne veut pas dire, bien sûr, que des projections du « Jenseits » n'y soient pas mêlées. Ou, mieux encore, ne serait-ce point par l'intermédiaire de la psychocinèse des observateurs que les morts parviendraient à former des images sur l'écran ?

Bien que je ne sois pas du tout le premier à évoquer une influence des expérimentateurs sur la transcommunication, il ne semble pas que le problème jusqu'ici ait été envisagé sous ce jour-là. Cela tient à ce que les transcommunicateurs ne sont pas, m'a-t-il semblé, très au fait de la parapsychologie.

Le seul moyen de tester mon hypothèse serait de se livrer justement à des expériences de psychocinèse sur un écran à boucle de Larsen : c'est-à-dire à essayer consciemment d'y former des images. Très jolie expérience… Il paraît qu'on l'aurait tentée…

Le voyage à Luxembourg (septembre 1992)

Nous voilà repartis à Luxembourg, le père Brune, des cinéastes et moi-même ; nous devons assister à un congrès de l'Association pour l'étude de la transcommunication… Ambiance sympathique, dans le magnifique hôtel Pullman, qui, malgré son nom américain, est aussi luxembourgeois que possible : à preuve les noms des suites, comme on dit, qui s'appellent non seulement Thérèse, Monique ou Jeanne, mais aussi Sigefroi ou Jean l'Aveugle ! parfum de Moyen Âge luxembourgeois dans un hôtel ultra-moderne, voilà qui n'est pas courant.

L'audience nombreuse, deux cents personnes environ, m'a surpris par son calme et le sérieux des débats. Dans un sujet pareil, on pouvait s'attendre à ce que le fou de service soit venu, au pluriel ! mais pas du tout : pas de déclarations fracassantes, pas de prophètes ou prétendus tels qui vous assomment avec des insipidités ; on s'écoute les uns les autres et surtout on écoute les pionniers de la transcommunication, Maggy et Jules Harsch-Fischbach qui méritent qu'on les décrive un peu. Ils ne sont pas riches et ce ne sont pas de grands savants. Ce sont, et c'est mieux, d'honnêtes gens. Ils ont mis toutes leurs forces et toute leur fortune, qui n'est pas grosse, au service de la transcommunication, se sont procuré les appareils qu'il faut et travaillent là-dessus jour et nuit depuis de nombreuses années ; ils ne sont naturellement pas reconnus par le monde scientifique, et se sont fait de nombreuses fois injurier par des concurrents ou par des hommes de science qui ne peuvent évidemment pas supporter qu'on soutienne de telles choses. Si j'insiste là-dessus, c'est parce qu'en ces matières, la fraude est toujours suspectée ; dans le cas qui nous occupe, tout ce remue-ménage n'a rien apporté aux Harsch-Fischbach, que les pires ennuis ; et ils persévèrent pourtant depuis bien des années. Ajoutons enfin qu'ils ne sont pas les seuls et que des centaines de personnes travaillent maintenant dans cette direction.

Je fus frappé par la dissemblance de « l'Ehepaar » Harsch-Fischbach comme disent les Allemands ; lui, très grand, de forte corpulence ; elle, menue, avec un visage singulier, très jeune, qui semble consumé par une flamme intérieure… Quelle vie que la leur ! Ils ont dépensé toutes leurs forces et toute leur fortune à rassembler des appareils pour la transcommunication. Ils ont obtenu une masse énorme de messages qui présentent une grande cohérence interne, mais n'en sont pas moins très inquiétants, je dirai pourquoi tout à l'heure. D'abord, ils ont fait la connaissance d'un personnage d'outre-tombe, « der Techniker », le Technicien, qui paraît versé aussi bien en mathématiques qu'en biologie et déclare n'être pas un homme mais un être responsable de la planète Terre ; les Harsch entretiennent avec lui de véritables rapports d'amitié. Le Technicien n'est pas du tout le seul à leur tenir de longs discours ; Raudive est là aussi et il n'est pas moins prolixe… Quant à la teneur des messages, parfaitement cohérents et bien construits, c'est un long exposé sur l'homme, ses possibilités, le mal qu'il doit combattre, la force de l'Amour, etc., toutes notions, certes, fort estimables, mais pas très originales. Bien d'autres personnalités viennent chez les Harsch-Fischbach ; par exemple, Nelson Rockefeller qui ne dit rien d'important ; Henri Sainte-Claire Deville, le fameux physicien du siècle passé, dont certains messages ont une tonalité singulière : l'univers est le fruit d'un rêve du vide, par exemple, ce qui est résolument moderne, et il est constitué de fibres d'existence virtuelle, ce qui évoque les « cordes », la dernière hypothèse des cosmologistes.

Parfois une note cocasse : quand on demande au Technicien ce qu'il est advenu du pape Jean XXIII : « Il est chargé ici d'une mission extrêmement simple, il administre une oliveraie. C'est un homme bien (!). »

Plus tard (1987) pour la première fois, le Technicien fait allusion aux hommes qui débarquent dans l'autre monde au bord du Fleuve de l'Éternité (*Fluss der Ewigkeit*)… Nous allons voir ce que c'est, mais il faut auparavant faire la connaissance de Swejen Salter, entité de l'autre monde, qui fait son apparition en 1988, d'une manière bien étrange : l'ordinateur des Harsch-Fischbach se met en marche tout seul un jour et Swejen Salter déclare qu'elle a un laboratoire sur les bords du Fleuve de l'Éternité, sur la planète Marduk où elle réside avec son compagnon Richard Francis Burton (1821-1880), le découvreur du lac Tanganyika. Sur le Fleuve de l'Éternité atterrissent soixante milliards de défunts qui viennent de la planète Terre ou d'ailleurs et se stabilisent tous à l'âge de trente ans, quel que soit leur âge d'arrivée. Le Fleuve de l'Éternité, long de plusieurs millions de kilomètres (il est vrai que la planète Marduk est grosse comme Saturne) et profond par endroits de 17 kilomètres (!) ressemble assez au fleuve Okeanos qui entourait la Terre suivant les Grecs anciens ; il n'y en a point d'autre sur Marduk mais on est discret sur sa source et son embouchure. Voilà qui est bien merveilleux, en vérité !

Un peu trop… Car tous ces derniers détails se retrouvent dans un roman de Philip José Farmer, paru en 1970 (traduction Robert Laffont) ! Tout est dans le roman : Burton (mais pas Salter), le Fleuve de l'Éternité, les milliards d'hommes sur ses bords, etc. Or, connaissant l'intégrité des Harsch-Fischbach, je suis persuadé qu'ils ne mentent pas quand ils assurent avoir relevé ces messages sur leur ordinateur.

Mais il y a plus fort encore. Voilà ce que rapporte Hildegard Schäfer :

« En octobre 1988, Senkowski découvre un livre intitulé *Dialogue avec l'au-delà,* de K H. Jackel, Neugra Verlag, Munich, 1984… Aux pages 82-83 se trouve un texte qui correspond pour l'essentiel à un message du Technicien… Certaines parties sont l'œuvre de Jäckel, d'autres proviendraient d'un être de l'au-delà baptisé Rabbi Élysée, par l'intermédiaire d'un médium nommé Peter von Egloffstein. Voici les deux textes :

Technicien : “La peur de la mort est une des idées les plus oppressantes de l'histoire de l'humanité. Elle repose sur la spéculation de la conscience humaine qui ne conçoit ni la vie ni la certitude d'exister qu'elle souhaiterait ne jamais perdre, en dehors de la forme corporelle. La peur de la mort est donc la preuve d'un esprit privé de racines, d'un être spirituel qui s'est fortement éloigné de la source de son existence, de son soi supérieur.” »

Jackel nous fournit le même galimatias : « La peur de la mort est une des idées les plus oppressantes de notre culture. Elle repose sur la sécularisation de notre conscience qui ne conçoit ni la vie ni la certitude d'exister qu'elle souhaiterait ne jamais perdre, en dehors de la forme corporelle. La peur de la mort est donc la preuve d'un esprit privé de racines, d'un être spirituel qui s'est fortement éloigné de la source de son existence, de son Soi supérieur...»

Je ne reproduirai pas d'autres exemples de transmission quasiment littérale de textes de Jäckel, ils sont tout aussi saisissants.

Indépendamment de cela, d'autres « copies » sont un peu différentes mais tout aussi troublantes ; je les cite aussi d'après Schäfer, tout en les abrégeant.

Le 23 septembre 1988, Koberle affirme qu'une des images obtenues sur l'écran de télévision par Schreiber est extraite d'un film de Romy Schneider, *La Jeune Fille et le Commissaire,* et qu'il s'agirait donc d'une retransmission d'une séquence de la télévision ; toutefois l'étude comparative reprise à Vienne montre que l'image reçue par Klaus Schreiber n'est pas identique, et de plus, Schreiber l'a vue se former lentement sur son écran.

Le 24 juillet 1987, une séquence des Harsch-Fischbach représente plusieurs personnages ; mais deux motifs, un masque et deux mains, correspondent à des détails de statues de la place du Théâtre, à Luxembourg... On pose la question au Technicien : d'où vient donc cette ressemblance ? On appréciera la réponse : ces statues existent dans un monde parallèle et facilitent aux hommes qui vivent dans cet univers l'adaptation au monde terrestre (!).

Je dois dire qu'il existe tout de même un embryon d'explication de ces coïncidences qui nous posent, avouons-le, un sérieux problème. Elle nous est proposée par Swejen Salter, elle-même, la scientifique de la planète Marduk. Senkowski rapporte (*in* Schäfer) qu'il demanda, par l'intermédiaire des Harsch-Fischbach, des explications sur les multiples coïncidences, soit de textes, soit d'images, correspondant visiblement à certains films [1].

1. Image d'une jeune femme dans l'eau jusqu'aux hanches et qui met sa main devant sa bouche ; image que l'on retrouverait dans un film, *Bikini Story* ; image très reconnaissable de Romy Schneider, elle aussi correspondant à un film ; image tout à fait reconnaissable de mon ami Konrad Lorenz à trente ans, correspondant à une vieille photo, etc.

Et voici, d'après Schäfer, ce que Swejen Salter répondit : « Notre univers est différent du vôtre et nous ne pouvons vous montrer qu'une copie de ce qui existe dans votre monde pour vous informer de ce que vous verriez si vous étiez ici de notre côté… Seules des choses existant dans votre univers réel peuvent vous être montrées, puisque, dans le cas contraire, vous ne sauriez ni les reconnaître ni y voir chaque élément que nous voulons respectivement vous indiquer. Nous choisissons donc un morceau de texte particulièrement important et nous paraissant typique et nous le proposons à plusieurs reprises, un peu comme on présente une balle à un enfant en lui répétant le mot "balle" pour qu'il identifie le vocable à l'objet. Il n'est pas question dans le premier stade de savoir si la balle est grosse ou petite, rouge ou bleue, mais seulement de comprendre qu'il s'agit d'une balle. Les différences de taille, de couleur, etc., seront introduites ultérieurement. »

Je mentirais si je disais que cette explication me satisfait complètement ; car les gens de l'au-delà maîtrisent parfaitement toutes nos langues, ils l'ont montré dans les transcommunications. Alors pourquoi ne pas arriver à exprimer clairement tout ce qu'ils veulent puisque, par ailleurs, ils nous disent, et à plusieurs reprises, que leur monde est voisin du nôtre ? D'autant plus qu'il existe d'autres explications : Determeyer s'inquiète, à son tour, de ces répétitions de textes, souvent mot à mot ; et que lui répond-on ? Qu'il s'agit de pannes provoquées par des impulsions de mort qui troublent tout, ou par des ondes de choc venues des dimensions supérieures et intervenant dans le champ énergétique vital de la terre (?).

Tout cela est véritablement ahurissant ; mais, je tiens à le souligner encore une fois, l'intégrité des Harsch-Fischbach n'est absolument pas en cause ; ils ne se souciaient guère de se mettre des complications pareilles sur les bras… Alors, existe-t-il une hypothèse qui nous permette de sortir de la perplexité où nous nous trouvons ?

Je pense qu'il y en a une : Swejen Salter ne sait probablement pas clairement où elle est, elle a trouvé un « laboratoire » sur la planète Marduk et semble admettre que tous les habitants sont l'objet d'une expérience entreprise par quelqu'un d'autre (?). Il en est de même au cours de diverses transcommunications et c'est pour cela que les demandes pressantes de renseignements plus précis suscitent de l'irritation. « Si vous ne nous croyez pas, nous cesserons de communiquer », etc. Brune me suggère que les questions des scientifiques mettent Swejen Salter au supplice comme si elles allaient déchirer la trame du rêve dont elle sent peut-être elle-même l'incohérence... Je dois dire que les Luxembourgeois m'ont transmis le texte d'une lettre, à moi envoyée par Swejen Salter, et qui s'est inscrite elle-même sur leur ordinateur ; texte fort aimable, mais fort vague, et qui illustre la perplexité où elle se trouve... Quant à Philip José Farmer, d'après elle, il aurait été inspiré lorsqu'il écrivait le *Peuple du Fleuve*.

Il existe vraiment plusieurs autres mondes ou plusieurs façons d'aborder le même, qui sait ? Dans le cas de la planète Marduk et de ses étranges habitants, on dirait un rêve qui aurait acquis une vie indépendante et se développerait de lui-même... Les Harsch-Fischbach savent bien à quel point tout cela est embarrassant.

Quelques cas probants

Je vais maintenant citer quelques cas observés par des chercheurs sérieux comme Rogo et Bender qui me paraissent assez probants. Ils mettent en évidence certaines lois concernant les appels de l'autre monde.

1. Il semble qu'au moins certains appels viennent de loin et sont normalement acheminés par les réseaux téléphoniques à longue distance. En effet, dans certains cas tout au moins, tous les postes téléphoniques d'une même maison sonnent à la fois. Quand on vous appelle de loin, le central expédie un courant altematif spécial de 50-60 cycles par seconde ; si la force PK agissait seulement à l'intérieur de votre maison, il lui faudrait faire osciller les deux petits timbres à l'intérieur de l'appareil, et exactement à la même fréquence caractéristique ; autrement, la sonnerie aurait un son particulier qu'on ne pourrait pas ne pas remarquer : mais si cela n'a pas été remarqué d'abord, des cas plus récents notent justement cette tonalité anormale.

2. Un point très singulier est l'utilisation d'opérateurs longue distance dans ce type d'appel.

3. À la fin d'une communication, quand votre interlocuteur raccroche, vous entendez un clic particulier, puis le son de la ligne

qui est rouverte. Certains témoignages mentionnent ce clic et d'autres non. Dans le cas où le clic est perçu, il semble bien que l'effet ne soit pas limité à votre maison, mais qu'il passe par les circuits « normaux » (!).

4. Mais plus récemment, Rogo mentionne des appels précédés d'une sonnerie anormale, ce qui suggère, au contraire de ce qu'il avait d'abord cru, un effet local.

Bender rapporte un cas assez récent (un lundi, 1978) où un jeune homme et sa femme ont tous deux entendu une sonnerie tout à fait anormale, au point qu'ils se demandaient s'il s'agissait d'un appel ou non. Le jeune homme décroche et entend distinctement la voix de son père mort quatre ans auparavant. « Je suis là... ici papa... Comment va maman, comment va maman ? »

Et la communication que la femme avait suivie intégralement prit fin brusquement.

5. Dans les cas anciens où le téléphone automatique n'était pas installé, il arriva que l'opératrice déclara ne vous avoir passé aucun appel ; un cas très ancien, le cas Lupino, remonte à 1929. Mlle Lupino reçoit un appel d'un ami qu'elle appelait d'habitude « Oncle Andy »; appel très faible, qui se renforce peu à peu. Le message répété deux fois est le suivant : « Où est Stanley ? (le père de Mlle Lupino). Je dois lui parler, c'est très important...»

Puis la communication s'interrompt ; la jeune fille n'apprendra que plus tard qu'Andy s'est pendu trois jours auparavant. Or l'opératrice consultée déclara qu'elle n'avait passé aucun appel durant l'heure écoulée...

Dans un autre cas, un homme dans un hôtel reçoit un appel de sa tante qui lui dit quelques mots avant que la communication ne soit coupée. Il se plaint au standard qui déclare n'avoir passé aucune communication depuis cinq heures. La tante était morte à 5 h 30, juste au moment de l'appel. Or, normalement, un appel passe forcément par le standard de l'hôtel : nous sommes donc amenés à conclure à un effet local sur le téléphone de la chambre.

L'histoire d'Elsie Pendleton

Cette personne était une actrice de Palos Verde en Californie ; très liée avec sa mère qu'elle appelait Mimi et qui habitait assez loin d'elle, elle avait l'habitude de lui téléphoner très souvent. Peu avant sa mort, Mimi eut une attaque qui la rendit impotente et elle vint habiter dans le même immeuble que sa fille ; elle mourut quelques mois plus tard, et Mme Pendleton téléphona alors à sa mère tous les matins pour s'enquérir de la façon dont elle avait passé la nuit. Mais elle eut d'autres soucis, à cause de son fils Scott, âgé de dix-sept ans, qui devint littéralement intraitable ; jadis, seule sa grand-mère pouvait lui faire entendre raison. La mort de Mimi le frappa vivement, il devint tout à fait impossible, et ni sa sœur Connie, ni son beau-père ne purent le raisonner. Connie et son mari décidèrent alors de l'envoyer à Hawaii auprès de son père. Or voilà ce que raconta Mme Pendleton. « J'étais couchée un soir de 1977, avec le téléphone auprès de mon lit, car mon mari, qui était en mer, avait l'habitude de me téléphoner de tous les ports du monde, à n'importe quelle heure. Le téléphone sonna et je me réveillai instantanément. Je reconnus tout de suite la voix de ma mère qui disait :

– Elsie, je ne peux pas trouver Connie… »

Au début, Mme Pendleton ne réalisa pas que sa mère était morte, mais demanda simplement :

– Mimi, pourquoi me téléphoner à cette heure de la nuit ?

– Je ne peux pas trouver Connie, cela fait trois ou quatre jours que je la cherche. Je ne peux pas trouver Connie…

– Qu'y a-t-il ? demanda Mme Pendleton.

– C'est Scott ; il faut que je parle à Connie. Dis à Scott : non ! Écris cela de manière à ne pas l'oublier quand tu verras Connie. Dis à Scott : non… »

Et la ligne redevint libre. Le plus étonnant, c'est que Mme Pendleton parvint à se rendormir. Mais en se réveillant le matin elle trouva écrit sur un bloc-notes près du téléphone :

« Dis à Scott : non », de l'écriture de sa mère qui était gauchère, alors qu'elle-même écrivait de la main droite.

L'histoire de Patricia Adams (Rogo et Bayless, 1979)

Patricia Adams demanda à Rogo de ne pas donner son véritable nom (c'est une actrice connue de la télévision) avant de lui révéler un secret de famille. Quand elle avait huit ans, la fille d'une amie de sa mère, qui était en pension pour ses études, venait régulièrement voir sa mère le premier de l'an. La troisième année, elle mourut dans un accident d'automobile. Environ deux ans plus tard, Patricia était chez l'amie de sa mère pour Thanksgiving Day, période où la défunte venait jadis régulièrement en vacances. Le téléphone sonne, et, les adultes étant absents, la petite Patricia saisit l'écouteur. L'opératrice dit qu'il y a un appel longue distance : elle mentionne le nom de la fille de l'amie de sa mère. Cela surprend évidemment la petite fille, qui va chercher la mère de la défunte ; celle-ci saisit l'écouteur, pâlit et s'évanouit… Elle avait entendu sa fille morte dire : « Maman, il me faut vingt dollars pour rentrer à la maison. » C'était une plaisanterie qu'elle faisait d'habitude chaque fois qu'elle voulait rentrer chez elle, et sa mère envoyait de bonne grâce les vingt dollars. L'opératrice longue distance affirma qu'elle n'avait reçu aucun appel de ce genre.

L'histoire d'Alessio (Rogo et Bayless)

(Rapporté par le docteur Schwarz, psychiatre à New Jersey, 1975.) Mme d'Alessio révèle ce qui lui est arrivé plusieurs années auparavant (année non précisée). Mme d'Alessio fait un rêve horrible où elle voit Lana, une amie d'enfance, baignant dans son sang. Une fois réveillée, elle pense à quelque chose qui a dû arriver à Lana, et lui téléphone. À partir de ce moment, son mari est témoin de ce qui va suivre.

Lana répond aussitôt qu'elle a été malade, en effet, et a été hospitalisée, mais qu'elle est sortie de l'hôpital provisoirement : elle doit bientôt y retourner. À son amie qui lui annonce qu'elle va aller la voir à l'hôpital, Lana dit de n'en rien faire et qu'elle la rappellera dans peu de temps. Plusieurs jours plus tard, comme Lana ne s'est pas manifestée, Mme d'Alessio téléphone elle-même : pas de réponse… Un voisin, consulté, lui dit non sans stupeur, que Lana est morte, il ne peut indiquer à quelle date. Le mari de Lana, plus tard, précise que Lana est morte six mois avant l'appel de Mme d'Alessio.

Un prestidigitateur, M. Dunninger, qui s'efforçait de démasquer les charlatans prétendument parapsychologues, a certifié au docteur Schwarz la parfaite honnêteté de Mme d'Alessio.

L'histoire des Mac Connell

L'une des plus extraordinaires histoires que je connaisse est celle des Mac Connell. Ces personnes de Tucson (Arizona) en ont fourni un récit certifié par-devant notaire.

Les Mac Connell étaient fort liés avec une romancière que nous appellerons Enid Johnson ; fort généreuse, elle avait dilapidé toute sa fortune entre différentes œuvres philanthropiques, si bien qu'elle se trouva dépourvue de tout sur ses vieux jours. Les gens qu'elle avait aidés la laissèrent tomber, ce qui est banal, et elle en fut réduite à cause de sa mauvaise santé à dériver d'hôpital en hospice, si bien que les Mac Connell la perdirent de vue. Elle devait écrire un nouveau livre pour rétablir ses finances mais n'en eut pas le courage… Tous les ans, à Noël, les Mac Connell lui expédiaient une bouteille de vin, et ils regrettèrent vivement d'avoir perdu son adresse. Un dimanche soir, en mai 1971, ils reçurent un appel téléphonique qui leur fit grand plaisir. C'était Enid, mais avec sa voix claire de personne bien portante, ce qu'elle n'était plus depuis bien des années. Mme Mac Connell et Enid parlèrent plus d'une demi-heure.

« Je regrettai, dit Mme Mac Connell que nous n'ayons pu la joindre à l'hôpital de Tucson où elle venait de nous dire qu'elle avait été transférée. Je me souvins que dimanche prochain était son anniversaire et je lui dis :

– Enid, je vous dois une bouteille de liqueur. Je vous l'apporterai dimanche,

– Oh, je n'en ai pas besoin maintenant…

Je lui dis que je l'apporterais néanmoins. Elle ajouta :

– On ne m'a jamais si bien soignée.

Mon mari, qui écoutait sur le poste de la chambre, remarqua : “On dirait Enid il y a vingt ans”… Je demandai :

– Avez-vous un téléphone près de votre lit ?

– Non !

– Voulez-vous dire que vous vous levez et allez au téléphone ?

– Oh, je me promène facilement.

Et comme je lui disais qu'elle semblait heureuse :

– Je n'ai jamais été plus heureuse.

Et nous avons bavardé pendant une demi-heure…»

La même semaine, le vendredi dans la soirée, Mme Mac Connell appela l'hôpital dont Enid lui avait donné le nom et demanda à la standardiste de lui passer son amie.

« Mais, répondit l'autre, abasourdie, Mme Johnson est morte dimanche matin ! »

Elle était morte en effet vers 10 h 30, plusieurs heures avant l'appel téléphonique, et c'était l'unique dimanche qu'Enid avait passé à cet hôpital…

Une hypothèse

Il est difficile d'être tout à fait sûr que c'est un défunt qui nous parle à partir de l'autre monde… ou simplement un vivant, même très éloigné.

Je comparerai la réception des messages à celle d'un poste de radio dont le cadran serait effacé : nous ne saurions pas d'où parle l'orateur… Il existe tout de même, objectera-t-on, un moyen de savoir si l'on nous parle de l'au-delà : lorsque le message se rapporte à des faits que le récepteur est absolument seul à connaître. Cela ne manque pas : ainsi lorsqu'un des époux parle de l'au-delà, l'époux survivant serait parfaitement à même de le reconnaître s'il fait allusion à des faits précis de leur intimité, par exemple à une conversation qu'il a eue, seul à seul, avec son conjoint. Dans ce cas l'explication par une télépathie avec un vivant devient plus difficile : il faudrait admettre qu'un absent pêche dans le cerveau de l'époux vivant quelques souvenirs et les retransmet ensuite par écriture automatique ou au magnétophone. Recourons à une analogie : les cerveaux vivants ressembleraient à des émetteurs radio qui diffusent en permanence des idées et des sentiments ; mais ils seraient aussi des récepteurs qui pourraient rediffuser une information vers sa source… Voyons ce qu'il en est d'après le peu que nous savons, c'est-à-dire poussons l'analogie un peu plus loin.

a) Est-ce que les cerveaux sont comparables à des émetteurs qui diffusent en permanence ? C'est possible, ainsi que le prouvent les expériences des « fantômes de vivants ».

b) Seraient-ils aussi des récepteurs qui enregistreraient tout ce qu'émettent les autres cerveaux ? C'est possible également et même probable pour deux raisons, dont la télépathie dont nous possédons des cas bien établis, mais il est vrai qu'ils se rapportent à des circonstances émotionnelles particulièrement violentes. Cette réception s'exerce-t-elle aussi dans les périodes de calme ? Oui encore, si nous nous en rapportons une fois de plus aux fantômes de vivants.

c) L'hypothèse « télépathie indirecte » impliquerait-elle que dans certains cas un cerveau vivant puisse enregistrer, puis rediffuser ? Je n'y vois pas d'impossibilité, et il ressort de là que l'origine des messages de l'autre monde est vérifiée s'ils se rapportent à des faits que seul le défunt connaissait, et personne d'autre.

d) Mais il reste encore une hypothèse, celle dite de la psychométrie. Certains sujets peuvent en effet lire dans un objet toutes sortes de circonstances se rapportant aux personnes qui l'ont possédé ou aux événements auxquels il a été indirectement mêlé, comme s'il s'agissait d'une cassette gardant la mémoire de tout ce qui s'est passé près d'elle. Or nous connaissons de nombreux cas de prospection sur cartes dans lesquels un voyant décrit un objet dans un site inconnu de lui, parfois avec une précision étonnante. Ce serait de la psychométrie à distance.

Les pouvoirs de l'« esprit »

Admettons que, dans certains cas, c'est ni plus ni moins que le psychisme des sujets vivants qui inscrit de longs messages sur nos ordinateurs… S'il s'agit de psychocinèse, alors ce terme innocent, qui ne désignait jusqu'à présent que des phénomènes bien minuscules, prend tout à coup une signification redoutable… Pour être franc, nous observons alors la totale domination de l'esprit (un bien mauvais mot) sur la matière (terme qui ne veut pas dire grand-chose). La fonction psi se joue des rouages secrets de l'ordinateur, ou plutôt ne s'en soucie pas du tout et le message passe quand même. Où s'arrête le pouvoir de psi ? Il soulève le corps humain, transporte les objets même très lourds (cas des poltergeist), ignore la distance, se joue des mécanismes… Si bien que, si ce ne sont pas les morts qui nous parlent, nous nous trouvons confrontés à un phénomène inquiétant. Nos cerveaux sont bien plus que nos cerveaux. Ils semblent disposer parfois d'un pouvoir tout-puissant qui ne s'exerçait jusqu'à présent que sur notre organisme. Mais la volonté, à ce que nous croyions, ne niait les mécanismes que dans notre corps, et voici qu'une sorte de volonté agit sur l'univers en transcendant de la même façon les intermédiaires matériels.

Mais s'agit-il d'une volonté humaine ? La question a été posée il n'y a pas longtemps par John Beloff, un des piliers de la parapsychologie. Il constate lui aussi le pouvoir total de la faculté psi : nous sommes amenés à postuler une énergie suprahumaine, tout à fait consciente ou demi-consciente, et parfois folle, comme dans les poltergeist, qui paraît se brancher dans certains cas sur le cerveau humain et le rendre capable de prouesses déconcertantes. *Mens agitat molem,* comme disait Virgile, « l'esprit mène la matière... ».

Quel serait donc ce suresprit aux contours si flous et aux actions si puissantes et si déconcertantes ? C'est un vieux fantôme, magique et très ancien que nous nous sommes toujours efforcés de définir et de connaître.

La leçon de la science

L'étrange est partout, dès qu'on gratte un peu la surface rassurante des choses. Est-ce que le paranormal ne serait autre que du normal qu'on ne veut pas voir parce qu'il dérange énormément ?

Je me suis posé ces questions et bien d'autres au cours de cette quête inquiétante et peut-être dangereuse dans des domaines que l'Église avait jadis interdits, non sans bon sens : car elle craint par-dessus tout l'illuminisme qui dérange la belle ordonnance des « canons » romains.

Elle avait peut-être raison, et les rationalistes aussi, quand ils jettent l'anathème sur tout cela… Leur rage tient de la crainte inavouée qui les tenaille. Si tout cela était vrai, la science bascule et notre univers familier avec elle… C'est pourquoi ils se réfugient dans la malédiction peureuse, au point souvent de nier l'évidence.

Ils ont tort, sûrement, mais encore une fois je les comprends ; nous sommes sur un terrain dangereux où l'on risque son équilibre mental.

Cependant, je ne crois pas que cette attitude de refus soit celle qui convient. D'abord, à quoi cela sert-il de refuser les faits ? Ils auront raison de vous, tôt ou tard : n'est-ce point la leçon même de la science, la plus belle conquête de l'esprit humain, à laquelle j'adhère toujours fermement. L'atome aussi est dangereux, mais il peut servir à autre chose qu'à exterminer les gens ; il peut même mettre à leur disposition, par la fusion contrôlée, et sans danger, une énergie inépuisable ; il peut supprimer la misère sur la terre, si seulement les hommes le veulent vraiment. Toutes les découvertes hunaines, depuis la hache de pierre taillée, ont un côté noir, la guerre par exemple, et un côté bénéfique ; notre univers est comme cela et l'homme fonctionne de cette façon.

Donc avoir peur des faits ne les supprime nullement ; ils ressortent tôt ou tard.

L'égrégore

On peut expliquer certains phénomènes par l'égrégore, cet être collectif auquel croyaient les magiciens et qu'ils prétendaient susciter à volonté. L'égrégore qui serait, en fait, l'inconscient collectif cher à Jung. En ce qui concerne la transcommunication, je crois qu'il faut à nouveau distinguer les messages courts et les messages longs. Dans le premier cas, je ne crois pas raisonnable de se servir de l'égrégore comme une solution passe-partout ; spécialement lorsque les indications du magnétophone ou du téléphone correspondent à des faits complètement ignorés du sujet. De plus l'expérimentateur est seul et ne ressent aucune émotion violente.

Mais dans les messages longs, en revanche, nous rencontrons toutes les conditions où l'égrégore peut se former. J'ai été vivement frappé du fait que ce que dit l'entité qui émet le message correspond très généralement et très précisément au niveau d'information dont dispose l'auditoire. S'ils émanent de l'auditoire, on peut comprendre pourquoi les messages présentent une telle banalité. Si les messages sont inscrits sur l'écran de l'ordinateur ou sur l'écran de la télévision, il faudrait évidemment à l'égrégore une certaine habileté technique pour manipuler ces instruments compliqués. Avons-nous quelques indices que cette habileté pourrait exister ?

Oui, certes : dans les anciennes expériences métapsychiques où des ectoplasmes jouent de plusieurs instruments ; et surtout dans le cas abracadabrant et incompréhensible où l'égrégore s'arrange pour passer sous une cloche hermétique et appuyer sur un levier au centre d'une vessie d'air comprimé, le tout sans crever la vessie ! On pourrait en conclure que l'égrégore manifeste ici les propriétés de la volonté humaine qui ignore les obstacles et ne s'occupe que du but à atteindre !

Dans le cas des ovnis, la formation de l'égrégore, émanation d'une névrose collective, est très vraisemblable (mais il ne s'agit pas du tout de nier l'existence réelle des ovnis : des vaisseaux extraterrestres pourraient parfaitement donner lieu secondairement à la formation d'un égrégore : ce n'est nullement contradictoire).

En ce qui concerne l'hagiographie, le cas est plus délicat. Les émotions mystiques, d'une violence exceptionnelle, le monoïdéisme et la volonté tendue inflexiblement vers un seul but, pourraient parfaitement donner lieu à la formation secondaire d'un égrégore générateur de diverses absurdités, comme toujours : les roses sortant du cœur des mystiques ne sont pas plus étonnantes que les poltergeists ; rappelons sainte Thérèse d'Avila pour laquelle ces prodiges comme la lévitation ne sont que des « faiblesses du corps », et il convient de demander à Dieu de les faire cesser ; malgré leur caractère impressionnant, ce ne seraient que des phénomènes secondaires…

Les propriétés de l'égrégore

Quoi qu'il en soit, essayons de déterminer maintenant ce que seraient les propriétés d'un égrégore ainsi formé… Ce n'est pas difficile, il a toutes celles de la volonté humaine, sauf qu'il s'exerce en dehors du corps. Il paraît pouvoir être généré plus facilement par certaines personnes, les médiums, les mystiques, les grands sujets psi…; mais sa formation peut provenir aussi d'une émotion ou d'une volonté collective (et si nous parlions des étranges phénomènes de foule, où lorsqu'une émotion violente est produite, elle submerge brutalement les comportements individuels ?). Son mode d'action est multiple, mais il est tendu vers un but et ne se soucie pas des moyens pour l'atteindre, comme la volonté humaine, encore une fois. Sa vie n'est pas très longue en général en ce sens qu'il peut disparaître au bout de peu de temps (sauf le cas des maisons hantées qui peuvent le rester très longtemps comme si la hantise s'attachait à certains objets, ce qui évoque la psychométrie). Il disparaît dans certains cas totalement mais momentanément, s'il existe par exemple des « anti-psi » dans l'assistance ; et aussi lorsque la collectivité ne s'intéresse plus à lui (prana). Enfin, peut-on le déceler à l'aide d'instruments ? Certes, des essais ont été faits non sans succès, mais malheureusement n'ont pas été poussés suffisamment loin. Les plus anciens montraient que, lors des déplacements d'objets par psychocinèse, un faisceau infrarouge entre le médium et l'objet se trouvait coupé. Les Chinois, pour leur part, au cours d'essais de psychocinèse à longue distance, prétendent déceler à l'aide de divers appareils comme un électroscope une perturbation très nette près de l'objet qui va être affecté.

Ce qui nous amène à constater que l'égrégore peut se déplacer à grande distance, plusieurs kilomètres dans les expériences de Jahn et Dunne sur la psychocinèse (ou peut-être le terme de déplacement ne convient-il pas, car anthropomorphique ? Peut-être faut-il se contenter de parler d'action à distance sans évoquer un déplacement dans l'espace tel que nous le connaissons dans le langage courant ?).

L'énergie déployée peut être considérable : rappelons la lourde table qui se fend en deux sous les yeux stupéfaits de Jung ; et les projections d'objets qui, dans certains cas de poltergeists, ont même tué diverses personnes. Mais elle peut être aussi finement modulée, c'est-à-dire qu'elle met en marche des dispositifs électroniques très élaborés, sans effets énergétiques brutaux : je me souviens de mes expériences de jadis lorsque mes jeunes sujets agissaient sur un compteur de Geiger et donnaient l'image d'une accélération ou d'un ralentissement de la désintégration atomique [1].

Rappelons également les très nombreuses expériences réalisées beaucoup plus tard avec le générateur aléatoire de Schmidt : il se compose du générateur proprement dit, par exemple un « bruit blanc » électronique, source d'impulsion la plus aléatoire qu'on connaisse ; un dispositif annexe y « prélève des impulsions » qui, suivant leurs taux, allument par exemple une lampe à droite ou à gauche. Les sujets doivent provoquer plus d'allumages d'un seul côté ; mais l'on peut varier beaucoup la nature du test, le générateur restant le même. Or, Jahn, après d'autres, obtient des résultats parfaitement constants.

Peut-être pouvons-nous aller un peu plus loin. Nous savons ce que peut faire l'égrégore, et peut-être aussi ce qu'il ne peut pas faire ; il ne peut actionner des machines très compliquées de manière à former des messages. Sans doute des messages sont-ils transmis par l'écriture automatique, mais ici le système nerveux se trouve impliqué, et cela se passe à l'intérieur du corps humain… À l'extérieur du corps, on observe quelque chose de tout à fait nouveau : la mise en marche de machines comme le magnétophone ou l'ordinateur de manière à transmettre de longs messages cohérents. Cela ne s'était jamais produit pour la bonne raison que ces machines n'existaient pas. Or, dans ce cas-là, les messages prétendent venir des morts sans exception que je connaisse.

---

1. Du moins est-ce ainsi que j'interprète ces expériences ; il m'est plus facile de supposer que les sujets agissaient sur le compteur de Geiger plutôt que sur le taux de désintégration atomique lui-même.

Il me semble donc que, dans l'état actuel de nos connaissances, l'hypothèse que les messages viennent des morts paraît la plus adaptée à certains phénomènes.

Les lois de la nature et l'égrégore

Que reste-t-il alors des lois de la nature ? L'égrégore en fait partie sans doute, s'il n'y a pas d'ambiguïté sur le mot « nature ». Ce n'est point celle dont nous avions l'habitude, semble-t-il, bien que ce type de phénomènes n'ait jamais été ignoré de l'humanité, sans doute depuis les origines. Mais pourrions-nous classer ces phénomènes et les diriger comme la science nous a appris à le faire ? Nous ferions alors rentrer les égrégores dans le rassurant bercail de la science ?…

La magie prétendait le faire et peut-être y réussissait-elle parfois : cela tenait sans doute non point tellement à un rituel souvent absurde, mais à la personnalité même du magicien, qui se trouvait être un grand sujet psi… Mais pour harnacher cette force inconnue qui émane en grande partie de nous-mêmes, la difficulté, c'est son caractère capricieux : c'est un cheval sauvage sans frein et plein d'ardeur. Toutefois, s'il vient de nous-mêmes, nous devrions deviner comment l'apprivoiser. Qui donc se comporte comme l'égrégore capricieux et fou dans la personnalité humaine ?

Le fou justement, ou encore le jeune enfant naïf et cruel qui ne se soumettent ni l'un ni l'autre aux lois de la raison. Et qui les amène à se mieux conduire ? Le médecin et le pédagogue. Or, nous avons des exemples dans l'histoire et la légende de personnes qui dissipaient les « enchantements » ou sur lesquelles les mauvais sorts n'avaient point de prise : pas seulement les soi-disant magiciens, mais surtout des sages ou des saints, tous remarquables par leur sainteté et la force de leur caractère [1].

C'est dire que la volonté peut dresser l'égrégore, si seulement elle est assez forte… Ou encore l'égrégore inverse, lorsqu'une assemblée incrédule paralyse complètement l'apparition des phénomènes psychocinétiques. Tous les parapsychologues conséquents

1. Ou encore, tradition très curieuse, l'influence d'une jeune vierge qui chasse les démons ou prétendus tels. Qui sait ? Les traditions ont très souvent du bon, mais il faut savoir les interpréter.

connaissent l'effet anti-psi et c'est pour cela qu'ils se gardent bien de répondre aux défis publics lancés par les rationalistes : ils iraient au-devant d'un échec certain.

Si bien qu'au terme d'une discussion parfois inquiétante, nous arrivons peut-être à imaginer une défense contre les assauts de la sauvagerie à laquelle rien d'autre que notre inconscient ne donne naissance.

L'égrégore biologique

Je veux terminer sur une suggestion dont je me rends bien compte qu'elle est fort audacieuse. Prenez-la si vous voulez comme une sorte de rêverie, dans laquelle je me complais, en attendant mieux…

Ces réalisations démentes des instincts et des structures, ces orchidées, ces douves, ces papillons mimétiques et tant d'autres que je n'ai pas le temps de citer… Je les ai jadis, en désespoir de cause, attribuées à une sorte de démiurge quelque peu facétieux ; il me semblait impossible qu'un Dieu créateur ait mis en marche une évolution qui s'amuse de la sorte…

… Et maintenant il me semble qu'on pourrait plutôt étendre cette hypothèse de l'égrégore psychique. Pas plus que le psychisme de l'homme ne semble se limiter à son cerveau [1] et pas davantage le psychisme répandu dans la nature ne se limiterait aux cerveaux innombrables des animaux ; sans compter le mystère de l'âme diffuse des végétaux auxquels on ne pense jamais, sauf mon ami Pelt qui y fait si magnifiquement et si mystérieusement allusion dans ses livres… L'orchidée n'a pas imité la guêpe, ou la guêpe l'orchidée : il est sûr qu'une copie aussi subtile dépasserait infiniment les capacités de l'une et de l'autre. Mais la *vis fabricatrix naturae* a peut-être une existence objective, et sort du cadre métaphorique.

Il existerait un vaste océan psychoïde d'où émergent de place en place tantôt les cerveaux humains, tantôt la guêpe et son orchidée, et tantôt les papillons et leurs mimes.

Et si tous n'étaient pas des accidents du même océan psychoïde ? C'est pour cela sans doute qu'ils nous paraissent évoluer de concert…

1. Rappelons ici la métaphore magnifique de sir John Eccles, suivant lequel le cerveau serait un organe qui ferait communiquer le corps avec l'esprit…

Seconde partie

François Brune

L'EMPREINTE DE L'INVISIBLE

Introduction

Depuis plusieurs années déjà, je m'étais intéressé aux Expériences aux Frontières de la Mort. J'avais dépouillé aussi une bonne part de la littérature considérable des messages de l'au-delà transmis par écriture dite « automatique » ou « intuitive ».

Dans un livre de Jean Prieur, j'avais découvert encore plus fantastique : la possibilité d'entendre, et même, parfois, de voir ceux qui avaient quitté ce monde. Il me restait à en faire l'expérience. Lors d'un de mes voyages en Allemagne, j'étais tombé sur le premier livre de Hildegard Schäfer sur ce sujet. Après lecture attentive, je pris la décision de tenter ma chance et de la rencontrer. Nos dates ne coïncidaient pas. Elle me mit alors en contact avec une autre équipe de recherche en m'assurant que je n'y perdrais pas, d'abord parce qu'ils parlaient ma langue, ce qui est toujours plus agréable, ensuite parce qu'ils avaient des résultats extraordinaires. Je n'allais pas tarder à m'en rendre compte personnellement.

Le 22 juin 1987, je me trouvais à Luxembourg où je faisais la connaissance de Jules et Maggy Harsch-Fischbach. Après une assez longue conversation au cours de laquelle ils me racontèrent un peu leur aventure, ils me conduisirent dans leur laboratoire. C'était une petite pièce, remplie essentiellement de leurs appareils et d'étagères chargées de livres et de cassettes. C'est là que nous avions rendez-vous avec l'au-delà. Car, avant de me recevoir, mes hôtes luxembourgeois avaient demandé pour moi le feu vert à leurs… correspondants permanents ! J'avais été agréé et on leur avait même recommandé de me remettre, à la fin, une copie de l'enregistrement qui serait obtenu.

Nous n'étions que quatre dans cette petite pièce : Jules et Maggy, un ingénieur de leurs amis et moi-même. Maggy était au pupitre d'un appareil pour enregistrer. Jules était debout près d'un poste de radio posé sur une étagère, à mi-hauteur, et l'ingénieur s'occupait de régler la position de diverses lampes et appareils sonores. Il s'agissait ainsi, m'a-t-on expliqué, de fournir à nos trépassés des ondes de différentes longueurs. Il leur est plus facile de modifier des ondes qui existent déjà que de les créer complètement. C'est ce que les spécialistes de ces recherches appellent un « support ».

Tout cela faisait un tel bruit que je me disais que je ne pourrais jamais rien entendre si, par chance, quelque chose venait effectivement à se produire. Mes craintes étaient vaines, car j'allais bientôt le constater, chaque fois qu'un son de l'au-delà nous parvenait, ce bruit de fond disparaissait presque complètement.

Jules avait réglé le poste de radio entre deux émetteurs, de telle façon que nous n'avions qu'une sorte de bruit de souffle. Maggy appelait, alternativement, en français et en allemand, une quantité d'interlocuteurs qui étaient pour moi complètement inconnus : « Cher Technicien [1], cher Constantin Raudive, nous vous prions de nous parler, s'il est possible ; lieber Techniker… »

Peu à peu, sur le bruit de fond, d'autres sons commencèrent à se faire entendre, d'abord très indistincts. La phrase qui venait était déjà commencée. Le début en était incompréhensible, mais, soudain, les mots résonnèrent nettement. En voici le texte, publié pour la première fois intégralement, du moins pour la partie française : « … un substrat immatériel, quel que soit le nom que vous lui donniez, “principe, âme, esprit”, une parcelle d'éternité échappe à la destruction. Le malheur est, aujourd'hui, (que) les gens ont peur de la mort. Or, la mort n'est pas à craindre, mais bien la maladie et ce qui précède la mort.

« Les Anciens étaient exempts de cette peur panique concernant la mort. Elle correspondait pour eux à l'ordonnance logique d'un cycle qui se répétait, immuablement, entre deux extrêmes, la naissance et le trépas.

« La mort, chers amis, aboutit à une éternité radieuse, à une libération qui met un terme à vos tragédies. La mort est une autre vie. »

Les dernières paroles s'espaçaient peu à peu. On sentait un gros effort. L'énergie commençait à manquer. On m'expliqua plus tard

1. Le Technicien est à lui seul une énigme. Il ne s'agirait pas d'un mort mais d'une entité dont les conseils « techniques » se révèlent très utiles.

que c'était Constantin Raudive [1], mort en 1974, donc treize ans plus tôt, qui venait de parler.

Puis survint une petite voix un peu aigrelette, très métallique. C'était le Technicien, me dit-on. Il fit d'abord tout un discours en allemand, pour expliquer que chaque religion avait eu sa part de vérité, mais que le temps était venu maintenant de surmonter tout ce qui nous opposait et donc d'en arriver à une religion universelle. Puis, brusquement, il passa au français :

« Saint Paul, première épître aux Corinthiens, chapitre quinze, versets 35-45 : Mais quelqu'un dira : comment les morts ressuscitent-ils ? et avec quels corps reviennent-ils ? Insensé ! Ce que tu sèmes ne reprend pas vie si d'abord il ne meurt. Ce que tu sèmes n'est pas le corps, il n'est pas... mais un simple grain de blé peut-être ou peut-être une autre semence. Mais Dieu lui donne le corps qu'il a trouvé bon de lui donner, à chaque semence le corps qui lui est propre. Toute chair n'est pas la même chair, mais autre est la chair des hommes, autre celle des oiseaux, autre celle des poissons. Il y a aussi des corps célestes et des corps terrestres. Mais l'éclat des corps célestes est différent de celui des corps terrestres. Autre est l'éclat du soleil, autre l'éclat de la lune, autre l'éclat des étoiles. Et même, une étoile diffère en éclat d'une autre étoile. Il en est ainsi de la résurrection des morts. Le corps semé dans la corruption ressuscite dans l'incorruption. Il est semé dans le mépris, il ressuscite dans la gloire. Il est semé dans l'infirmité, il ressuscite dans la force. Il est semé corps animal, il ressuscite corps spirituel. S'il y a un corps animal, il y a aussi un corps spirituel. »

Le bruit de fond redevient plus fort. Jules remercie déjà : « Nous vous avons entendu... » Le Technicien l'interrompt :

« Mais j'ajouterai : saint Jacques 1, 12 : “Heureux l'homme qui endure la tentation, car, après qu'il aura été mis à l'épreuve, il recevra la couronne de vie que Dieu a promise à ceux qui l'aiment.” »

La voix plus grave et plus lente de Constantin Raudive reprend alors :

« Chers amis, quelle preuve pourrions-nous vous donner que nous ne cherchons pas à vous duper ? Aucune, sinon la certitude intime, absolue, d'un rapprochement, d'un échange, d'un toucher de l'âme.

1. Romancier et traducteur né en Lettonie en 1909.

« Chers amis, à moi-même, il m'a fallu de longues, voire de hautes luttes pour consentir à me mettre à l'unisson de cette présence que je sentais aux frontières de moi-même, à l'écoute de cette voix qui cherchait à pénétrer jusqu'à ma conscience. Alors, j'ai appelé et il m'a été répondu. Chers amis, vous entendez des voix, à vous… d'en faire… ce que vous jugez… nécessaire. »

Là encore, les mots s'espacent peu à peu. L'énergie semble manquer. Je n'avais pourtant rien remarqué de semblable avec celui qu'ils appellent le « Technicien ».

Celui-ci reprend, justement, mais simplement pour annoncer la fin de la communication : « *Kontakt Ende*. Fin de contact ! »

Les voix sont claires, les mots bien prononcés. Il n'y a nul besoin de se concerter pour s'assurer que nous avons bien tous compris la même chose. Nous verrons plus loin que ce n'est pas toujours le cas. Mes amis me précisent qu'étant eux-mêmes de langue allemande ou luxembourgeoise, on leur parle, de l'au-delà, plutôt dans ces langues. C'est en mon honneur, semble-t-il, qu'une aussi large partie du discours a été tenue en français.

Je viens donc d'assister à ma première expérience en direct. Depuis, bien d'autres ont suivi. En Allemagne, à Aschaffenburg, à Darmstadt, à Mayence, à Goldberg, à Aix-la-Chapelle, à Rivenich ; en Suisse, à Bâle, à Luxembourg, à nouveau et plusieurs fois, en Espagne (à Madrid et à Barcelone), au Brésil, en Italie…, en France également avec Mme Simonet. Expériences, congrès, rencontres, échanges de documents…

Le nombre de chercheurs a aussi sensiblement augmenté. Dans la seule région de Munich on les estimait, il y a quelques années, à plus d'un millier. Ils doivent être aujourd'hui dans le monde près de dix mille.

Et déjà, aussi, des accidents se sont produits. C'est qu'il est dangereux de s'engager dans ce genre d'aventures quand on ne jouit pas d'un solide équilibre ou lorsqu'on est fragilisé par un deuil trop récent. Deux ouvrages racontent déjà le calvaire de personnes qui se sont retrouvées dans des hôpitaux psychiatriques et qui n'ont pu échapper aux « esprits » et aux psychiatres (sans préciser lesquels étaient les pires) qu'au prix d'une lutte de plusieurs années. Il ne s'agit certainement pas là d'un jeu de société. Si pas sérieux et très solide, s'abstenir ! Il n'est d'ailleurs pas certain que chacun soit appelé à pratiquer ce genre d'expériences. Pour l'immense majorité d'entre nous, il devrait suffire de savoir que cela est possible, que cela existe.

Heureusement, pourtant, pour quelques accidents, combien de gens ont retrouvé, grâce à ces communications, la force de supporter la séparation qui avait brisé leur vie. L'important, cependant, n'est pas que chacun parvienne à communiquer ainsi avec ceux qu'il a aimés, mais c'est la vérité qui se dégage de cette découverte : la mort n'est pas la mort, la vie continue à travers la mort.

Mais partout, malgré bien des efforts, le phénomène reste assez circonscrit. Il est encore loin, très loin d'être assez connu et surtout reconnu pour accomplir le bouleversement qui devrait normalement en résulter. Marcher, sauter sur la Lune, c'est bien. Mais qu'est-ce que cela change dans notre vie ? La perspective de pouvoir un jour sauver notre espèce en évacuant la Terre, en cas de catastrophe cosmique ? De trouver de nouvelles sources d'énergie pour prolonger la vie de notre espèce si elles viennent à manquer sur Terre ? Tout cela est bien beau, sans doute, mais que m'importe à moi si depuis bien longtemps il ne reste plus rien de moi ni de tous ceux que j'ai aimés ? À quoi bon tant d'efforts, tant de recherches ? À quoi bon tant de souffrances sur cette Terre, pour tant de gens qui n'avaient rien demandé ?

Je sentais qu'il s'agissait là, au contraire, d'une découverte fantastique, qui changeait tout pour l'homme. Il est bien vrai qu'en principe la plupart des religions ouvraient quelques perspectives sur une vie éternelle. Mais le christianisme d'Occident paraissait, depuis quelques années, être devenu bien hésitant sur ce chapitre. Et certaines religions venues d'Extrême-Orient sembleraient plutôt chercher à nous amener à renoncer, le plus paisiblement possible, à une véritable survie personnelle.

Avec cette découverte, tout était changé. Il est vrai cependant que le phénomène de la survie, que le dialogue avec les morts ne commençait pas vraiment avec nos seuls appareils techniques. Depuis des millénaires, comme le professeur Chauvin vient de le rappeler, cette communication avait bien lieu. Mais elle restait marginale, contestée, douteuse. C'est qu'il n'existait guère de moyens pour la vérifier, la contrôler. Avec ces nouvelles voies, ouvertes par notre technique, une telle vérification commençait à devenir possible.

Les premières transmissions

Toute cette aventure – car c'est une véritable aventure pleine d'imprévus et de rebondissements – a commencé par des gens qui n'étaient pas du tout des chercheurs ou qui cherchaient tout autre chose. Je sais que, maintenant que le phénomène commence à être connu, sinon reconnu, on a tendance à trouver des précurseurs un peu partout. Il est difficile aujourd'hui de dire quand et avec qui le phénomène a été vraiment constaté pour la première fois.

Il semble qu'en réalité nos chers trépassés aient toujours eu grande envie de se manifester à nous. Ils le faisaient à chaque époque selon les moyens que nous pouvions avoir en commun ; à travers la voix de médiums, par l'écriture automatique, par les tables tournantes ou le oui-ja. Au fur et à mesure que nous avons, sur cette terre, développé des moyens techniques il semble bien qu'ils aient chaque fois essayé de les utiliser.

Ce serait probablement là l'origine de certains messages reçus en morse et dont la provenance est toujours restée inexpliquée.

Dès 1909, Augusto de Oliveira Cambraia, au Brésil, faisait enregistrer un appareil destiné à permettre les communications avec les « esprits » des morts. L'appareil a-t-il vraiment fonctionné ? Là, les Archives nationales de Rio ne nous le disent pas. Mais à partir de 1917 jusqu'en 1925 au moins, toujours à Rio de Janeiro, Oscar d'Argonnel eut de nombreuses conversations téléphoniques avec des trépassés qui firent l'objet d'un ouvrage très rigoureux, publié en 1925.

En février 1921, aux États-Unis, le grand Edison avait déjà construit un appareil pour communiquer avec les morts et le

London Magazine annonçait en Grande-Bretagne la réalisation d'autres appareils similaires, l'un à Glasgow, inventé par un certain George Garscadden, l'autre, appelé « Psychophone », œuvre de MacCreadie.

En 1923, Coelho Neto, un des fondateurs de l'Académie des lettres du Brésil et ennemi acharné du spiritisme, voyait s'effondrer tous ses préjugés en reconnaissant au téléphone la voix de sa petite fille décédée [1].

En décembre 1929, M. Vandermeulen, en Belgique, construisait un petit appareil permettant aux trépassés d'avertir quand ils voulaient communiquer. Depuis, l'appareil a été repris et perfectionné.

Dans les années trente, des rapports militaires en Scandinavie font état de messages restés toujours non identifiés. En 1947, Attila von Szalay, réalisant des enregistrements sur disques, remarquait des murmures d'origine incompréhensible. En 1950, John Otto, ingénieur travaillant avec des radio-amateurs, captait des signaux en plusieurs langues et n'arrivait pas à savoir d'où ils venaient. On sait que Guglielmo Marconi, lors de ses premières transmissions par radio, avait aussi remarqué des interférences inexplicables. Mais l'enregistrement de la voix des morts a ses pionniers et, pour mieux situer les cas que je vais rapporter dans ce livre, je vais reprendre brièvement ce que j'ai déjà relaté dans *Les morts nous parlent*.

Incident bizarre à l'université catholique de Milan

Il semble qu'en fait la première voix enregistrée, et identifiée comme provenant vraiment de l'au-delà, se soit manifestée à Milan, dans le laboratoire de physique expérimentale de l'Université catholique. Là, deux bons pères étaient en train de faire des expériences : le père Agostino Gemelli, physicien de renom, fondateur de cette université et alors président de l'Académie pontificale des sciences, et le père Pellegrino Ernetti, bénédictin, physicien lui aussi, et spécialiste de musique prépolyphonique. Ils essayaient de filtrer des chants grégoriens pour en éliminer les harmoniques. Il n'y avait pas

---

1. Pour le Brésil, je dois beaucoup de ces renseignements à l'excellent ouvrage de Sonia Rinaldi : *Transcommunicação instrumental, contatos com o além por vias técnicas,* São Paulo, FE, 2e édition 1997.

encore de magnétophones à bandes mais seulement à fil. Ce fil se rompait souvent et il fallait alors faire chaque fois un nœud, aussi fin que possible pour ne pas trop gêner l'écoute, et cependant assez solide.

Ce jour-là, c'était le 17 septembre 1952, le fil venait de se rompre, une fois de plus, et le père Gemelli venait de s'écrier « Oh ! papa, aide-moi ! » comme il en avait l'habitude depuis bien des années, depuis la mort de son père. Réparation faite, les deux prêtres écoutent à nouveau la bande – pardon, le fil – et, au lieu du chant grégorien attendu, ils entendent avec stupéfaction la voix du papa : « Mais bien sûr que je t'aide, je suis toujours avec toi ! »

Le père Ernetti, qui m'a raconté l'histoire, me disait que, sur le coup, le père Gemelli avait eu un choc terrible. Le père Ernetti l'encouragea quand même à continuer et à faire un nouvel essai. Ils obtinrent alors la même voix, parfaitement reconnaissable, qui disait sur un ton un peu ironique : « Mais oui, gros bêta *(zuccone),* tu ne vois donc pas que c'est bien moi ? » *Zuccone* veut dire « potiron, citrouille », c'est le terme affectueux que son père employait tout le temps quand, de son vivant, il s'adressait à lui.

L'événement leur parut assez important pour décider bientôt d'aller en parler au pape. C'était alors Pie XII. Le bon père Gemelli était si confus d'avoir à raconter une histoire pareille qu'en entrant dans le bureau du pape il laissa au père Ernetti le soin d'en faire le récit. Pie XII rassura le père Gemelli :

« Mon cher père, soyez tranquille, cela est un fait strictement scientifique et n'a rien à voir avec le spiritisme ; l'enregistreur est un appareil objectif qu'on ne peut pas suggestionner, il capte et enregistre les vibrations sonores d'où qu'elles viennent. Cette expérience pourra peut-être marquer le début d'une nouvelle étude scientifique pour confirmer la foi dans l'au-delà. »

Je suis certain de l'authenticité du texte que je cite car c'est le père Ernetti lui-même qui, après m'avoir raconté par le menu cette histoire, m'a fait parvenir le numéro de la revue *Astra* à laquelle je l'emprunte [1].

---

1. *Astra,* n° de juin 1990, p. 90-91.

Le grand pionnier : Friedrich Jürgenson

Mais ces deux ecclésiastiques ont été entraînés vers d'autres recherches et n'ont pas donné suite à cet incident. En fait, c'est un peu plus tard seulement que la découverte a vraiment éclaté. Cette fois encore elle est tombée sur quelqu'un qui ne s'y attendait pas du tout, qui ne recherchait rien de semblable. Friedrich Jürgenson n'avait même pas de formation scientifique. Il avait été chanteur d'opéra dans le temple du *bel canto,* à la Scala de Milan, mais des refroidissements chroniques et des ennuis avec sa vésicule biliaire ne lui permirent pas de continuer. Il entreprend une autre carrière artistique dans la peinture et la réalisation de films. C'est ainsi qu'en 1949 il va fixer sur ses toiles le souvenir des fouilles, alors entreprises sous la basilique Saint-Pierre, dans l'espoir de retrouver le tombeau de l'apôtre. Plus tard, il entreprendra des fouilles à Pompéi, de 1967 à 1969, et il réalisera divers documentaires sur Pompéi et sur le Vatican, dont un, particulièrement célèbre, était consacré à Paul VI qui le fit commandeur de l'ordre de Saint-Grégoire le Grand.

Mais auparavant, le 12 juin 1959, se trouvant dans les environs de Stockholm, alors qu'il enregistrait des chants d'oiseaux pour un nouveau film, quelle ne fut pas sa surprise de trouver sur la bande de son magnétophone, au milieu des chants d'oiseaux, un solo de trompette qui se terminait en fanfare.

Il pensa d'abord qu'on lui avait vendu pour neuve une bande mal effacée ; ou que son appareil pouvait, exceptionnellement, capter des ondes radio. Nouvel essai, nouvelle surprise : une voix, en norvégien, lui conseillait d'enregistrer des cris d'oiseaux de nuit en Norvège. Il crut même entendre le cri du butor.

Un mois plus tard, alors qu'il préparait une émission de radio sur la « princesse » Anastasia, des voix intervinrent en russe. À sa grande stupéfaction, elles l'appelèrent par son prénom. Puis, il y eut d'autres voix, s'exprimant en allemand, en italien... parmi elles, il crut reconnaître celle de sa mère, morte quatre ans plus tôt. Et, peu à peu, une évidence s'imposait, aussi invraisemblable qu'elle lui parut :

« Ce qui se produisait ici se répétait quotidiennement et se précisait lentement, avait la force explosive de la pure vérité qui s'appuie sur des faits. C'était la vérité, la réalité qui allait peut-être déchirer en mille lambeaux le rideau de l'au-delà et, du même coup, réconcilier ce monde-ci avec l'autre en jetant un pont au-dessus de l'abîme. Il ne s'agissait en aucun cas de sensationnel. J'étais seulement chargé de cette tâche, grande mais difficile, de la construction de ce pont entre l'ici-bas et l'au-delà. Si je me montrais à la hauteur, alors peut-être, l'énigme de la mort serait résolue, par la technique et la physique.

« C'est pourquoi je ne pouvais plus faire marche arrière, en dépit de tous les tableaux qui ne seraient pas peints ou des fouilles à Pompéi qui ne seraient pas réalisées. »

En 1967 paraît le premier ouvrage au monde sur ces phénomènes : *Sprechfunk mit Verstorbenen (Radiotéléphonie avec les morts)*.

Vers la fin de 1964, la même histoire se reproduit avec quelqu'un qui, lui non plus, ne l'avait pas cherché : Constantin Raudive. Alors qu'il était en train de faire un enregistrement, on l'appelle à l'extérieur. Il sort précipitamment, laissant le magnétophone en marche. Quand il revient, il est obligé de remettre la bande au début pour voir où il en était. Et c'est alors qu'après ses dernières paroles il a, lui aussi, la stupéfaction d'entendre une autre voix, celle de sa mère morte, qui l'appelait par son diminutif : « Kosti, Kosti ! »

Les voix s'étant rapidement multipliées, ce fut l'occasion d'un nouvel ouvrage : *Unhörbares wird hörbar (L'inaudible devient audible)*.

Les premières images

Il n'est pas facile non plus de dire où sont apparues vraiment les premières images paranormales. Il est assez probable que certaines personnes en reçurent sans qu'on puisse jamais le savoir. Elles ont seulement cru à un phénomène aberrant de parasitage et les premiers efforts de l'au-delà sont tombés dans l'oubli. Il y a aussi que chaque pays, tout naturellement, sait plus facilement ce qui s'est passé chez lui que chez le voisin.

C'est ainsi que, pour les Allemands, le grand pionnier, pour les images, est incontestablement Klaus Schreiber, à Aix-la-Chapelle, en 1985. Mais il semble bien qu'en réalité le phénomène se soit d'abord produit en Italie. Je me réfère ici à une conférence de Paolo

Presi, lors d'un congrès à Arezzo, en 1988. Je la résumerai en en citant les passages essentiels [1].

Les premières images auraient été obtenues par le professeur Mario Rebecchi, dès 1973, à Finale Emilia (près de Modène). Au mois d'août de cette année-là, le professeur Rebecchi remarqua que les voix commençaient à se faire entendre par le haut-parleur de son téléviseur noir et blanc. « Il se mit alors à passer des heures entières devant son écran dans l'attente de "quelque chose". Et le "quelque chose" ne tarda pas à se produire. Ce furent d'abord des images fixes : une inscription étrange "FINALE EMILIA (MODENA)". Puis, des zones de l'écran qui paraissaient curieusement colorées, des êtres bizarres qui voltigeaient à travers l'écran comme s'ils étaient en apesanteur. Il y a un témoin de ces images : Mme Marcella Carrara qui confirma ce que Rebecchi avait vu. Enfin, des visages de personnages célèbres apparurent successivement : le buste de Guglielmo Marconi qui s'avançait puis s'en allait, puis celui de Léonard de Vinci âgé, puis le visage de Galileo Galilei qui semblait plus jeune qu'on ne le représente traditionnellement. Ces personnages ne parlèrent pas. Mais des messages reçus sur magnétophone confirmèrent les images obtenues sur l'écran. Les résultats de ces expériences ont été publiés par le professeur Rebecchi en 1981 [2]. »

Le 14 octobre 1978, une autre Italienne, Mme Gigliola Della Bella, reçut sur son écran de télévision toute une série de visages. D'abord imprécis, ils se firent de plus en plus nets. Ils étaient presque en grandeur réelle mais immobiles, comme s'ils prenaient la pose pour une photo de famille. Ils apparaissaient à gauche de l'écran et glissaient progressivement vers la droite, laissant la place à d'autres visages. Les premiers étaient de profil, puis de trois quarts, enfin de face. Le tout dura environ quatre minutes. Puis apparut le fils de Mme Nanda Morelli, Bruno, mort à vingt-deux ans. Il portait à l'écran un petit foulard autour du cou et un blouson de cuir. Or, c'était exactement ainsi que sa mère l'avait habillé après sa mort. Pour finir, apparut un homme âgé qui fit un

---

1. Cette conférence a été publiée par Paola Giovetti dans les actes de ce congrès en un volume intitulé *Esperienze paranormali, fenomeni spontanei e ricerca scientifica in parapsicologia,* Edizioni Mediterranee, 1990, p. 139-164 ; traduction dans *Parasciences,* n° 27, p. 13-20.

2. Mario Rebecchi, *Psicovisione,* Tipolito Banzi, Finale Emilia, 1981.

petit salut de la main, tandis que Bruno souriait. Là encore il y eut des témoins. Le phénomène se reproduisit quinze jours plus tard, le 28 octobre 1978, en présence des parents de Bruno. Celui-ci avait auparavant annoncé sur magnétophone, dans l'après-midi, qu'il se manifesterait le soir même sur écran de télévision, mais dans une autre famille amie. Mme Della Bella et les parents Morelli se rendirent donc dans leur maison et c'est bien là qu'effectivement il se manifesta de nouveau. Tout cela fit l'objet d'une conférence, à Udine, en mai 1979.

Je ne reprendrai pas ici le récit des recherches de Klaus Schreiber. On peut le trouver facilement dans plusieurs autres livres.

D'autres chercheurs vont rapidement se joindre à ces pionniers, des équipes s'organiser, des congrès se tenir, des associations se fonder et des revues spécialisées paraître. Mais il est très remarquable que les pionniers de cette découverte aient été, finalement, des hommes qui ne le cherchaient pas et sans compétence scientifique particulière.

Aujourd'hui les choses ont déjà bien changé. Il ne m'est plus possible vraiment d'estimer le nombre de personnes qui reçoivent plus ou moins régulièrement des voix. La France est un peu tard venue dans ces recherches et pourtant les petits groupes se multiplient un peu partout. Les échos recueillis dans d'autres pays montrent que le phénomène commence même à être pris en compte par certaines autorités. Le changement d'attitude de l'Église en est bien une preuve. Dans un de mes voyages, on me parlait d'un groupe de chercheurs à Hong Kong. J'avais aussi été déjà contacté, à deux reprises, par des équipes de télévision japonaise. Mais ils n'avaient pas donné suite. Les temps n'étaient pas encore mûrs. Or, la « Folha Espirita » de São Paulo signalait en juillet 1997 que des Japonais venaient de leur demander le droit de publier quelques-unes des images de l'au-delà.

C'est qu'en effet il n'y a pas que les voix qui se répandent à travers le monde. Les apparitions d'images sur écran de téléviseur ou d'ordinateur se multiplient un peu dans tous les pays, parfois en mouvement, mais muettes, parfois avec le mouvement et la parole. La couleur commence à apparaître, souvent en monochromie, que ce soit chez Adolf Homes ou Hans Otto König et, tout récemment, lors d'un congrès de TCI à Trêves.

À entendre ou à lire ces récits, on ne peut s'empêcher d'avoir l'impression d'être en pleine folie. Tout naturellement, on fait le rapprochement avec certaines vagues de communications médiumniques qui ont fait le tour de la terre déjà au siècle dernier. Qu'en est-il résulté ? Finalement, pas grand-chose ! Tout cela n'a guère dépassé le niveau de Madame Irma. Non pas que je doute de l'authenticité du phénomène. J'ai eu trop souvent l'occasion de constater qu'il existait. Mais il s'agit sans nul doute d'un phénomène complexe. Les charlatans y pullulent. Les moyens de contrôle sont généralement inexistants. Quelques rares équipes de scientifiques osent enfreindre les consignes de silence, le plus souvent au péril de leur carrière.

La transcommunication instrumentale (TCI) donne certainement, par elle-même, plus de possibilités de contrôle. Encore faut-il y intéresser ceux qui disposeraient, à la fois, des instruments et des compétences nécessaires. C'est pour cela qu'il m'a paru indispensable, avant d'aller plus loin, de donner au lecteur un aperçu des recherches qui avaient déjà été entreprises. Elles sont certainement insuffisantes. Mais elles représentent déjà un ensemble assez considérable et qui devrait suffire à prouver qu'il s'agit de quelque chose de sérieux. Les faits sont là, innombrables, souvent incontestables.

Instruit par les innombrables questions adressées depuis que je fais des conférences sur ce sujet, nous commencerons par examiner les objections les plus évidentes.

Puis, nous retiendrons des hypothèses plus subtiles, plus inattendues peut-être, mais qu'il fallait aussi envisager. Nous verrons d'ailleurs que la plupart de celles-ci peuvent fort bien expliquer tel ou tel cas exceptionnel. Chacune d'elles ouvre d'ailleurs des perspectives passionnantes.

Enfin, nous en arriverons à l'« hypothèse » majeure, celle qui, pour moi, correspond à une véritable certitude, et j'essaierai de montrer pourquoi.

Les premiers appels téléphoniques

La première étude qui ait été faite sur ce phénomène fantastique semble bien avoir été réalisée à Rio de Janeiro, par tout un petit groupe spirite, autour d'Oscar d'Argonnel. L'ouvrage qui raconte par le menu toute cette aventure date de février 1925, mais on découvre, dans le cours du récit, que les premiers appels remontent au 10 décembre 1917 [1]. Malheureusement, l'heure n'était pas encore arrivée pour la diffusion de telles connaissances. L'ouvrage, épuisé depuis longtemps, était retombé dans l'oubli. Ce sont mes amis brésiliens qui, après avoir découvert tous ces phénomènes en Europe, l'ont retrouvé dans leurs archives.

Lors du premier appel de l'au-delà, Oscar se trouvait seul, sans témoin. À la séance spirite suivante de son petit groupe, Oscar tenta d'obtenir une confirmation et demanda aux esprits s'ils lui avaient parlé ce jour-là : « Oui ! – Comment ? – Par téléphone. – Comment est-ce possible ? – Nous avons fait des expériences et ça a réussi. »

À partir de ce moment-là, Oscar d'Argonnel établit tout un système très rigoureux afin d'éliminer toute autre hypothèse. Au début de chaque communication téléphonique venant de l'au-delà, les esprits devaient donner les noms de tous les membres du groupe et celui de la maîtresse de maison où se tenait ce jour-là la séance. Ensuite, les esprits devaient émettre un signal assez difficile à reproduire et que nulle personne étrangère au groupe ne pouvait connaître.

Pendant deux années entières, les esprits furent soumis à ce protocole avant de pouvoir engager la conversation. Mais ensuite, Oscar, définitivement convaincu, les en dispensa. Il pouvait d'ailleurs désormais reconnaître parfaitement les différents timbres de voix de ses interlocuteurs de l'au-delà.

Il insistait cependant encore pour obtenir une preuve qui lui paraissait devoir être absolue et susceptible de convaincre tout le monde. Il aurait voulu pouvoir réunir dans une salle des personnes socialement importantes. Chacune aurait prononcé à voix basse une phrase et les esprits auraient dû aussitôt la répéter au téléphone. Mais les esprits lui répondirent qu'ils n'avaient pas d'ordre supérieur les autorisant à nous donner une telle preuve. (Nous retrouvons souvent cette interdiction dans quantité de messages. Ils n'ont pas le droit de trop nous aider, de tout nous dire.)

En fait, beaucoup d'appels ne purent réussir que grâce à l'aide du frère d'Oscar et du fils de celui-ci, Abelardo, tous deux médiums plus doués qu'Oscar lui-même. Plusieurs fois, au cours d'une communication par téléphone, Oscar entendit l'esprit demander à une standardiste le contact avec la maison de son neveu, Abelardo.

---

1. Oscar d'Argonnel, *Vozes do além pelo telephone*, Rio de Janeiro, 1925, p. 47.

Tous les appels, à cette époque-là, passaient encore par une standardiste dans un bureau de poste central. Une fois, la voix ajouta ensuite, à son intention : « D'Argonnel, si la téléphoniste savait qu'elle vient d'entendre la voix d'un esprit, elle tomberait en syncope. »

La qualité des voix était très irrégulière. Elles lui expliquèrent qu'elles tiraient la force nécessaire du médium et que tout dépendait de son état. Mais, de toute façon, leurs voix auraient été trop faibles sans l'amplification permise par les instruments. Quand Oscar voulait parler avec un esprit, il commençait par demander à la standardiste de le mettre en communication avec la maison de son neveu Abelardo. Il demandait alors à celui-ci ou à son père (donc au frère d'Oscar) de rester près du téléphone, non pas « au téléphone », mais pas trop loin de l'appareil. Oscar appelait alors l'esprit au téléphone, par son nom. Si celui-ci pouvait se manifester, Oscar entendait alors une voix qui lui disait, avec le timbre de voix de son neveu ou de son frère : « Que la paix du Seigneur soit avec vous », et alors la conversation pouvait s'engager.

On pourrait facilement imaginer une simple mystification du frère et du neveu qui se seraient bien amusés de la crédulité d'Oscar. Mais pendant tant d'années ! De plus, Oscar d'Argonnel n'était pas si naïf et multipliait les observations ou même inventait certains montages pour éliminer toute supercherie ou illusion.

Voici, parmi beaucoup d'autres, un exemple de ces observations :

« Quand un esprit voulait parler avec moi, mon téléphone sonnait ; je décrochais. J'entendais un grincement dans l'appareil et, tout de suite, la voix de mon frère qui disait : “Que la paix de Dieu soit avec vous”, et la conversation pouvait commencer. Dans ce cas, mon téléphone n'était pas en communication avec celui de mon frère médium. Si, après le départ de l'esprit, je restais à l'écoute, j'entendais alors la voix de la standardiste qui me demandait : “Quel numéro demandez-vous, s'il vous plaît [1] ?” »

Voici maintenant, parmi beaucoup d'autres aussi, un exemple de ces montages.

Oscar venait de recevoir un appel de l'au-delà, provenant d'un certain Antonio. Il voulut alors vérifier une de ses hypothèses. Il voulait avoir la preuve que les esprits ne se servaient pas directement

1. Oscar d'Argonnel, *op. cit.*, p. 7.

des organes vocaux du médium mais se servaient seulement de son énergie pour former la leur. Il appela donc dix minutes plus tard et demanda à la standardiste de le mettre en communication avec son neveu. Il expliqua alors à Abelardo qu'il venait d'avoir Antonio au téléphone et lui demanda de se mettre à compter très rapidement : un, deux, trois, quatre, cinq, etc. Oscar se mit à faire de même. Chacun pouvait donc entendre l'autre compter, très rapidement. Arrivés à 7 ou 8, la voix forte et claire d'Antonio intervint : « C'est bien moi, Antonio, qui vous ai parlé. »

Enfin, voici un curieux exemple spontané qui jette quelque lumière sur ce curieux mécanisme.

Un jour qu'Oscar se trouvait dans son bureau, il reçut un coup de fil du père Manoel qui, lui, se trouvait dans l'au-delà. Ce n'était pas leur premier contact. Oscar d'Argonnel et le père Manoel se connaissaient bien. Oscar lui demanda alors d'où il appelait. Réponse : « D'un centre de tri postal, au sous-sol de la place Tiradentes. J'ai découvert dans un café un médium, d'Argonnel, dont je peux tirer la force nécessaire pour parler. Il a déjà voulu se lever pour s'en aller, mais je ne l'ai pas laissé faire [1]. » Là, il s'agit, bien évidemment, de cette possibilité qu'ont les trépassés de nous envoyer des suggestions, d'essayer d'influencer nos pensées. Le même père Manoel en donne dans cet ouvrage un autre exemple, encore plus explicite, puisqu'il le commente lui-même en se félicitant d'avoir réussi. Ce phénomène est d'ailleurs bien connu, grâce à quantité d'autres témoignages. J'en ai rapporté quelques-uns dans un de mes ouvrages [2].

Voici un autre cas assez révélateur de l'aide que la présence d'un médium peut apporter, sans même qu'il en soit conscient. Je laisse la parole à d'Argonnel :

« En janvier 1919, je me trouvais chez Abelardo, et celui-ci était en train de déjeuner. J'allai au téléphone, près de la salle à manger, et demandai la communication avec Figner. J'étais en train de parler avec lui, lorsque le téléphone se mit à grincer et la voix du père (Manoel) surgit et il commença à bavarder avec nous. Figner me dit alors : "C'est

1. Oscar d'Argonnel, *op. cit.*, p. 11.

2. François Brune, *Les morts nous parlent,* dernière édition, complétée, Philippe Lebaud, 1996.

la voix du père !" Je lui répondis affirmativement. Si quelqu'un était à côté de moi, il entendrait trois voix différentes : la mienne, celle de Figner et celle de l'esprit. De temps en temps je regardais du côté d'Abelardo, médium, pour voir s'il s'était aperçu qu'un esprit s'était mêlé à la conversation ; mais Abelardo mangeait avec une telle satisfaction qu'il ne regardait pas de mon côté. J'avertis le père que le médium était en train de manger et lui demandai s'il voulait que je l'appelle. Mais mon interlocuteur répondit : "Non, d'Argonnel, car je ne peux pas rester." Il parla avec nous encore un peu, puis il nous dit : "Adieu, d'Argonnel ! Adieu, Figner !" Figner et moi nous lui répondîmes : "Adieu, père !" Le téléphone grinça et l'interlocuteur se tut. Figner et moi, avant de prendre congé l'un de l'autre, nous échangeâmes encore quelques paroles à propos de cette communication inattendue.

Quand je vins m'asseoir à la table de la salle à manger, je racontai à Abelardo ce qui venait de se passer. »

Je ne peux ici rapporter tous les exemples exposés dans ce livre. Certains cas sont absolument spectaculaires. Un jour, pour son anniversaire, l'au-delà lui organise toute une petite fête qui va durer de 19 h 30 à 21 h. On lui récite un sonnet, une cantatrice nommée Esther lui chante l'*Ave Maria* de Gounod, on lui joue, à la flûte, l'hymne national, puis *La Marseillaise*. Le son est tellement fort qu'il doit, à plusieurs reprises, s'éloigner de l'écouteur. Sa famille, dans la salle à manger voisine, entendant tout cela, se lève et vient écouter.

Une autre fois, se trouvant chez des amis, le phénomène va se reproduire avec quelques variantes. Un esprit qu'Oscar n'avait encore jamais entendu au téléphone se présente et, après quelques paroles échangées, se met à siffler. D'Argonnel lui demande alors de lui siffler ainsi *La Marseillaise* et d'autres airs connus. La famille et les amis accourent autour du téléphone. Oscar, dans son enthousiasme, commence à tendre l'écouteur à quelques personnes. Aussitôt la voix de son interlocuteur de l'au-delà intervient dans l'écouteur : « Senhor d'Argonnel, ne passez l'appareil à personne ici. » Un peu plus tard, l'esprit lui propose de lui jouer quelque chose au violon. Oscar suggère alors que l'esprit aille chercher Esther pour lui chanter encore l'*Ave Maria* de Gounod pendant que l'esprit l'accompagnerait au violon. Le concert improvisé est si bien retransmis par le téléphone qu'un des assistants remarquera qu'un gramophone ne ferait pas mieux. On entend la musique jusqu'à 4, 50 mètres de l'appareil !

Hypothèses

Il est, en fait, impossible de séparer complètement les problèmes concernant les différentes manifestations de ce que l'on appelle aujourd'hui la « transcommunication instrumentale » (TCI) : interventions ou appels téléphoniques semblant venir de l'au-delà, voix enregistrées sur magnétophone ou reçues par haut-parleur radio, images apparaissant sur écrans de télévision ou moniteurs d'ordinateurs, messages reçus sur ordinateurs, que ce soit sur l'écran ou directement sur disquette. Certaines des hypothèses que nous allons envisager s'appliquent mieux à tel ou tel phénomène, car il semble bien qu'en fait il ne s'agisse pas d'un seul phénomène, mais plutôt d'un faisceau de phénomènes aux manifestations identiques ou semblables. D'où la difficulté de toute approche un peu sérieuse et l'impossibilité de se concentrer, *a priori,* sur ceux qui ne concerneraient que la communication avec nos trépassés. Force est, du moins pour le moment, de s'intéresser à un ensemble beaucoup plus vaste.

La fraude

Il est bien évident que je ne peux donner ma caution personnelle à toutes les expériences auxquelles je n'ai pas assisté ou faites par des chercheurs que je ne connais pas. Le lecteur devra toujours se tenir sur ses gardes lorsqu'on viendra lui présenter des résultats prétendument obtenus.

Je n'ai jamais été en état de pouvoir vérifier, personnellement, le déroulement d'un essai, pour la simple et bonne raison que je n'ai aucune compétence scientifique. Apporter moi-même une cassette vierge, l'engager moi-même directement dans l'appareil ne sont pas des garanties scientifiquement suffisantes, j'en suis parfaitement conscient. Un technicien compétent, sans même faire appel à un illusionniste professionnel, serait tout à fait capable de truquer un appareil sans que je puisse m'en rendre compte. Je le sais, et depuis le début de mes petites investigations dans le monde, si varié, des chercheurs en transcommunication (TCI). Il est donc entendu, d'avance, que j'ai très bien pu, à un moment ou l'autre, être victime d'un mystificateur. Rien ne me le laisse supposer jusqu'à maintenant, mais je n'ai pas le droit de l'exclure *a priori*.

Ma confiance dans l'authenticité du phénomène repose donc sur d'autres considérations.

L'extension du phénomène

D'abord, le nombre des chercheurs dans ce domaine. Ils sont, nous l'avons dit, actuellement des milliers à travers le monde. Je sais bien qu'à lui seul leur nombre ne signifierait rien. Il y a dans d'autres domaines réputés, eux aussi, « paranormaux », des milliers et même des dizaines de milliers de charlatans. Le nombre n'a donc ici d'intérêt que dans la mesure où il est lié à d'autres éléments d'appréciation.

Parmi tous ces chercheurs, il y a déjà, du moins hors de France, un assez grand nombre de scientifiques et de techniciens de haut niveau qui ont étudié ce phénomène de très près, en faisant toutes les hypothèses possibles, à commencer par les plus banales, et cela depuis maintenant près de trente ans. Je sais bien qu'en France le sujet est relativement neuf et que très peu de gens encore en ont entendu parler, surtout dans les milieux scientifiques « sérieux ». Les quelques ouvrages qui en ont traité sont vite catalogués dans le genre « ésotérique », « paranormal », et n'ont donc aucune chance d'être pris en considération. Mais, à l'étranger, des professeurs d'universités, d'écoles supérieures techniques, des scientifiques ont collaboré à ces expériences. Ils ont souvent travaillé par équipes réunissant des spécialistes de disciplines diverses. Des analyses de ces voix ont été réalisées en plusieurs endroits, nous le verrons plus loin. Ce sont des recherches qui durent depuis des années. Plusieurs de ces chercheurs ont fini par y consacrer non seulement leurs loisirs, mais tout leur temps. Et sans intention lucrative. Ils n'ont pas non plus cherché la gloire. Dans l'état des connaissances, surtout au début, ils risquaient plutôt de perdre leur réputation.

Mais ces expérimentateurs n'étaient pas non plus des scientifiques. Ce sont même parfois des gens fort simples qui ont obtenu les meilleurs résultats. Mais tous ceux que je connais personnellement, ou à travers des témoignages, n'ont jamais refusé le contrôle de scientifiques, bien au contraire ; et cela d'autant moins qu'ils étaient souvent bien en peine pour essayer d'améliorer leurs installations techniques.

Ma connaissance des chercheurs

Si je ne doute pas de l'authenticité de ces phénomènes, c'est que je connais personnellement un grand nombre de ces chercheurs, que je les ai suivis depuis des années, que j'ai vu comment ils réagissaient aux problèmes de tous ordres, que j'ai pu constater leur total désintéressement, admirer souvent le dévouement avec lequel ils cherchaient à aider les uns ou les autres, parfois jusqu'à la limite de leurs forces, et, généralement, sans même en retirer une grande reconnaissance de la part des bénéficiaires de leurs services. Ce sont vraiment des gens mus par la seule passion de la découverte et de la charité.

Je sais qu'employer ici le mot de « passion » est à double tranchant. Et il est vrai que la passion peut quelquefois entraîner à quelques bavures. C'est la grande tentation notamment de certains chercheurs auxquels on demande de faire une démonstration à jour et à heure fixes, comme s'il s'agissait d'une simple expérience de laboratoire. Tous ceux qui connaissent un peu les phénomènes dits « paranormaux » savent bien qu'ils dépendent, pour une bonne part, de conditions aléatoires. Plusieurs études récentes tendraient, par exemple, à prouver que ces phénomènes dépendraient du champ magnétique terrestre. Ce n'est pas ici le lieu de donner des détails sur ce sujet très particulier ; je me contenterai de renvoyer le lecteur à l'article bien documenté du docteur Vladimir Delavre [1].

---

1. Dr Vladimir Delavre : « Paraphänomene und Geomagnetismus », dans *Transkommunikation,* vol. II, n° 1, 1992, p. 4-9.

Mais d'autres études révéleraient peut-être aussi l'importance d'autres facteurs.

Il est donc bien vrai que lorsque rendez-vous a été pris avec un journaliste ou avec quelque homme de science, *a priori* un peu sceptique, l'expérimentateur a beau avoir prévenu qu'il ne pouvait rien promettre, que le phénomène était très fantaisiste, etc., sa déception, s'il y a échec, est encore plus grande que celle du visiteur occasionnel. Alors la tentation est grande non pas peut-être de frauder vraiment, mais de majorer l'importance de quelques murmures reçus.

Le cas de Marcello Bacci

Parmi les grands pionniers auxquels nous devons tant, il y en a tout de même un qui a fraudé, mais dans des circonstances et un état d'esprit particuliers. L'affaire vaut d'être contée. Il s'agit de Marcello Bacci de Grosseto, et l'épisode nous est rapporté en détail par Luciano Capitani et Silvana Pagnotta [1].

Il faut dire d'abord que le groupe de Grosseto a été un des premiers centres de recherche, et parmi les plus importants et que les résultats obtenus sont assez extraordinaires. Ce petit groupe comprenait un noyau de fidèles, dont précisément l'avocat L. Capitani, mais nombreux étaient aussi les visiteurs qui venaient chercher près d'eux réconfort ou conseils.

En 1989, il y avait déjà vingt ans que Marcello Bacci faisait des enregistrements, par magnétophone, par haut-parleur radio, parfois aussi en liaison avec la bonne vieille table tournante. Depuis quelque temps les phénomènes paranormaux périphériques s'étaient multipliés. M. Bacci espérait que, bientôt, il pourrait franchir une nouvelle étape. Il devenait même un peu impatient. Les messages ne progressaient guère et il menaçait parfois de tout abandonner pour passer ses soirées, comme tant d'autres, à jouer tranquillement aux cartes.

Le mardi 7 février 1989, une grande énergie s'était manifestée pendant la séance. Les membres du groupe qui formaient la chaîne autour de la table avaient ressenti sur leurs visages des caresses et

1. Luciano Capitani et Silvana Pagnotta, *Terre tuttora inviolate,* Edizioni Mediterranee, p. 158-169.

Bacci avait senti quelqu'un l'étreindre par-derrière. Il s'était alors vivement retourné, avait aperçu une forme au-dessus de lui et avait immédiatement déclenché, à distance, un appareil photographique tout préparé. La table avait alors exigé, avec des mouvements énergiques, qu'il retirât la pellicule de l'appareil et l'exposât à la lumière pour la détruire. M. Bacci s'était exécuté, mais non sans protester vivement qu'il ne comprenait plus rien. Tant de phénomènes s'étaient produits auparavant que tout cela lui semblait préluder, précisément, à une documentation photographique.

C'est alors qu'il conçut un plan malheureux pour tenter de forcer la main (si l'on peut dire) à ses interlocuteurs invisibles. Une nuit, avec l'aide d'un ami, il recomposa, par des trucages, quelques-uns des phénomènes paranormaux qui s'étaient réellement produits au cours de différentes séances. Le but étant, cette fois, de les photographier. Il présenta ces photos quelques jours plus tard aux membres du groupe, leur faisant croire que les phénomènes s'étaient reproduits chez lui, en leur absence, mais qu'il avait pu les photographier. Il reconnaissait d'ailleurs que ces documents n'avaient aucune valeur probatoire, puisque les photos avaient été réalisées sans témoins.

Cela déclencha une incroyable réaction des voix aussi bien que de la table pendant toute une période. Le pauvre Bacci essaya, bien malencontreusement, de se justifier en citant un passage de l'Évangile de saint Luc qui semble faire l'éloge de la ruse ; cela n'arrangea rien. Il se fit traiter d'« hypocrite », de « pharisien » de « faux, comme les photos ». Tout cela pendant plusieurs mois, jusqu'à ce qu'il eût non seulement regretté, mais tout avoué publiquement à ses compagnons de recherche.

Il faut tout de même ajouter qu'avant de relater l'incident, L. Capitani avait demandé à M. Bacci s'il lui semblait bon d'en parler. La réponse avait fusé : « Certainement ! C'est la vérité et donc il faut en parler ! »

Cependant, si la passion peut parfois entraîner le chercheur jusqu'à des manœuvres malheureuses, elle peut tout aussi bien submerger l'esprit du critique démystificateur. Il peut y avoir fraude dans les accusations de fraude. Le lecteur me pardonnera d'en parler un peu longuement. Il le faut, car les calomnies courent souvent plus vite que les démentis et il n'en va pas seulement de l'honneur des victimes, mais de l'avenir de la TCI.

Le cas Köberle

Il faut sans doute citer ici un cas pénible, même si ce genre de dénonciation n'est jamais agréable pour personne. Je le fais tout de même parce qu'à la longue les dégâts entraînés par un tel comportement finissent par être trop importants et pourraient freiner la recherche. Il s'agit d'un des pionniers mineurs de la TCI : Fidelio Köberle, président, depuis 1975, de la VTF (Verein für Tonbandstimmenforschung), à Dusseldorf.

N'ayant, apparemment, qu'assez peu de résultats, il s'efforce, par tous les moyens, de prouver que ceux des autres sont des trucages. Il a ainsi engagé un procès contre Klaus Schreiber, le premier des chercheurs à avoir obtenu des images paranormales. Au cours de ce procès, Klaus Schreiber a reconnu qu'il lui était arrivé de faire une retouche sur certaines photos, pour accentuer une ombre ou souligner un contour. Mais le tribunal a souligné que ce procédé était couramment admis en photographie et ne suffisait pas à constituer un faux. M. Köberle a donc perdu ce procès et s'est vu condamné aux dépens, le 17 novembre 1986. J'ai en ma possession la photocopie de sa condamnation [1].

Déjà auparavant, le 29 août 1985, il avait été condamné dans un procès que lui avait intenté M. Hans Otto König, pour diffamation.

À titre de curiosité, mais aussi d'information, voici quelques échantillons des accusations portées par M. Köberle contre M. König. Le lecteur pourra ainsi mieux apprécier le niveau des débats. M. Köberle prétend donc :

– que M. König ferait du porte-à-porte pour vendre son « generator » truqué ;

– que le trucage de ce « generator » aurait été prouvé de façon incontestable ;

– qu'il vendrait cet appareil à des prix « usuriers »;

– que M. König serait endetté jusqu'à la fin de ses jours et chercherait ainsi à se procurer de l'argent, etc.

1. Cet exemple doit rappeler à quel point de telles pratiques, parfaitement innocentes en elles-mêmes et à usage personnel, peuvent devenir terriblement dangereuses tant que l'existence du phénomène n'est pas pleinement établie scientifiquement et reconnue par tous. Mais il faut aussi souligner que K. Schreiber, précisément, ne prétendait nullement jouer au grand savant.

Dans son jugement, le tribunal précisait que, si M. Köberle venait à répéter ces accusations, il serait automatiquement passible d'une amende pouvant atteindre jusqu'à 500 000 DM.

Cela ne l'empêchera pas de se livrer à des attaques aussi personnelles qu'injustifiées contre mes amis du Luxembourg.

Je n'aurais pas insisté aussi lourdement sur une histoire aussi lamentable si je n'étais pas obligé de constater que certains esprits « critiques » continuent de se référer à ces accusations pour déconsidérer des découvertes auxquelles ils ont peine à croire.

Car les mêmes ragots continuent à traîner indéfiniment, et c'est bien pourquoi je me sens obligé d'en parler aussi longuement. Récemment, le *Journal of the Society for Psychical Research* de Londres, dans son numéro 826 de janvier 1992, reprenait ces calomnies (p. 162) en accordant toujours du crédit à ces prétendues démonstrations de fraude par M. Köberle. Cette célèbre société de recherche londonienne sera peut-être moins sceptique depuis que quelque-uns de ses membres ont pris part aux expériences de TCI avec le groupe de Scole [1].

La passion du démystificateur peut tout fausser. Se référant, précisément, à l'article de la célèbre revue de Londres, le professeur Yves Lignon de l'université de Toulouse-Le Mirail en félicite les auteurs « qui dégonflent définitivement la baudruche des morts apparaissant sur les écrans de télévision [2] ».

Sans commentaire…

L'illusion

Parmi tous les passionnés d'enregistrement que j'ai pu rencontrer, je n'en connais que très peu qui me semblent vivre une illusion. La passion me semble même plus souvent aveugler en sens inverse ; je veux dire qu'elle empêche souvent de s'intéresser au phénomène ou qu'elle amène à préférer les hypothèses les plus compliquées et les

1. Voir le supplément au n° 9 d'*Inf'init,* juillet 1998.
2. *Lire,* n° 19, Lettre d'information rapide et essentielle de l'ORP, juillet 1992. L'ORP est l'Organisation pour la recherche en psychotronique.

plus improbables plutôt que d'admettre qu'il puisse exister une véritable communication avec les morts.

Le désir qui fausse l'expérience

Je connais cependant quelques cas de personnes qui me paraissent sincères, qui croient réellement avoir capté des voix alors que, pour moi-même, il n'y a absolument rien sur leur magnétophone, rien que le bruit de l'appareil enrichi des bruissements ambiants, ou rien d'autre que le support qu'elles ont utilisé.

Par exemple, une femme, dont je tairai évidemment le nom, pensait recevoir des messages d'amour merveilleux de quelqu'un qu'elle n'avait jamais connu quand il vivait en ce monde. Elle a tenu à me faire entendre ces messages. De toute évidence, elle attendait de moi une confirmation. Elle pensait vivre une histoire d'amour merveilleuse et cela était très important pour elle. J'ai préféré lui dire clairement ce que j'en pensais.

Dans un autre cas, une femme désirant ardemment retrouver le contact avec un être cher a, semble-t-il, capté effectivement quelques mots significatifs. Mais ces « communications » ont pris pour elle une importance considérable ; elle en a publié déjà plusieurs livres entiers, fait des conférences, parlé à la radio ou à la télévision, le tout avec une joie et un enthousiasme très « communicatifs » (c'est le cas de le dire). Malheureusement, de ces fameux messages, on n'entend que le support, textes lus en allemand ou en français et réenregistrés à l'envers. Rien d'autre, rigoureusement rien. Ce n'est pas que la voix de l'au-delà soit trop faible ou que la prononciation des mots soit trop confuse ; non ! Il n'y a rien d'autre que le support. On a beau repasser le support à l'envers pour réobtenir le texte à l'endroit, la contre-épreuve ne pardonne pas. Le texte du support est parfaitement clair, sans aucun ajout, aucune altération.

Je dois insister sur le fait que dans ces deux cas il n'y a aucune tricherie, aucun trucage. Si ces personnes avaient voulu tromper, il y aurait eu des voix. Tant qu'il ne s'agit pas d'essai fait en direct et devant témoin, il est bien évident qu'il est très facile de préfabriquer un enregistrement de voix d'outre-tombe. Quand on en a entendu un certain nombre et qu'on a repéré un peu leurs caractéristiques les plus fréquentes, rien n'est plus facile que de les imiter. Aucune connaissance technique particulière n'est nécessaire. Donc, pour moi, il n'y a aucun doute, ces personnes sont honnêtes et sincères.

Cela nous amène à examiner d'un peu plus près ces risques d'illusion. Il faut sans cesse en revenir aux conseils donnés par les expérimentateurs chevronnés.

Précautions indispensables

Tout d'abord veiller, lors de l'enregistrement, à ce que personne ne parle ni ne murmure. Il peut arriver au bout d'un certain temps de tension que l'on se relâche un peu et qu'une exclamation brève ou à mi-voix vous échappe, à laquelle personne ne fera attention, sur le moment, mais que l'on prendra ensuite pour une authentique voix de l'au-delà. J'ai assisté personnellement à un cas de ce genre qu'aucun des expérimentateurs ou observateurs n'aurait jamais détecté si, par chance, toute la scène n'avait été filmée par une petite équipe de télévision. C'est à la projection que nos illusions s'évanouirent. La même erreur pourrait provenir de l'enregistrement d'un bruit extérieur que personne n'aurait remarqué.

Il faut ensuite, à l'audition, distinguer soigneusement entre les voix parfaitement nettes, que n'importe qui peut entendre directement, sans aucun problème d'interprétation (ce sont malheureusement les plus rares, mais, dans certains centres, par exemple à Luxembourg, elles sont au contraire courantes), et les voix faibles ou confuses qui sont les plus fréquentes. Il faut, alors, avoir le courage de s'astreindre à un protocole d'écoute rigoureux : écouter la bande, seul, et noter au fur et à mesure ce que l'on croit entendre ; faire écouter la même bande par plusieurs autres personnes, dans les mêmes conditions et sans leur avoir communiqué auparavant ce que l'on a soi-même cru percevoir. Si l'identification des mots est la même, alors il y a déjà beaucoup de chances pour que le déchiffrement soit correct.

Les dangers du support

Le processus cependant se complique lorsque, pour l'enregistrement, on a eu recours à un support. Si le fond sonore choisi est un poste de radio avec une émission de voix, le seul protocole sûr est de demander à quelqu'un d'enregistrer, au même moment, la même émission dans une autre pièce, afin de pouvoir comparer ensuite les deux enregistrements. On pourra ainsi vérifier que les mots présumés venir de l'au-delà ne provenaient pas de l'émission. Cette précaution est d'autant plus nécessaire que certains mots ou certaines sonorités peuvent se retrouver dans plusieurs langues, quelquefois avec le même sens, souvent aussi avec un sens différent. *Krug,* en allemand, désigne une cruche, mais le même mot en russe veut dire « cercle » ; *sad,* en anglais, signifie « triste », mais en russe désigne un jardin. *Agora,* en portugais, veut dire « maintenant », mais en grec, c'est une place publique, etc.

Pour éviter un protocole aussi lourd, le mieux est de prendre comme support une cassette préenregistrée, avec un mélange de voix de différentes langues, riches en consonnes, si possible. Les voix reçues, éventuellement, de l'au-delà pourront appartenir à deux types très distincts. Il peut s'agir d'une autre voix, très différente de celles du fond qui sert de support, avec vraiment un autre timbre. J'ai la copie de plusieurs exemples de ce type et je puis attester que la différence peut être extrêmement nette. Ce sont, évidemment, les plus fiables. Mais la voix paranormale peut aussi se former par simple altération des mots prononcés sur le support, et donc garder le même timbre. La distinction devient alors beaucoup plus délicate. Lors de l'essai d'enregistrement, la cassette vierge enregistre nécessairement le support avec, éventuellement, quelques altérations paranormales. Seule la comparaison des deux cassettes permet de déterminer si quelque chose s'est produit. Cependant, constate Mme Simonet, lorsque sur la cassette vierge le support s'enregistre, la modification éventuelle peut également altérer le support. Comme on le voit, tout cela est bien compliqué [1] !

Ces formalités sont cependant absolument nécessaires pour tenter d'établir « scientifiquement » l'authenticité du phénomène. Mais, très vite, pour la plupart des expérimentateurs, cette phase, à tort ou à raison, ne les intéresse plus. Une fois convaincus de la réalité de la communication avec l'au-delà, ils abandonnent toutes ces précautions pour ne plus se préoccuper que du contenu des messages.

---

1. J'emprunte la plupart de ces conseils au premier livre de Hildegard Schäfer : *Stimmen aus einer anderen Welt,* Hermann Bauer Verlag, 1983, p. 191-202.

Les voix trop faibles

Il faudrait pourtant, même alors, respecter un minimum de règles. Même s'il y a unanimité dans l'interprétation, il vaut mieux renoncer à tenir compte des voix enregistrées trop faiblement. Depuis notre enfance, depuis même le ventre de notre mère, notre oreille et notre cerveau se sont habitués à capter et à identifier plus particulièrement certains sons, nous entraînant par là même à en négliger d'autres ; d'où souvent, plus tard, notre difficulté à imiter les sons d'une autre langue, trop différente de la nôtre. Dans ces mélanges de voix, notre cerveau privilégie automatiquement tout ce qui ressemble, de près ou de loin, aux sons qui lui sont familiers. De même, lorsque nous essayons d'entrer en communication avec l'au-delà, et surtout si nous avons en tête quelqu'un de précis, nous nous attendons à certains schémas de réponse que nous aurons tendance, bien involontairement, à reconnaître, même lorsque les sons réellement enregistrés ne correspondront pas vraiment à notre attente.

Le problème ne porte d'ailleurs pas uniquement sur les sons, mais également sur l'accentuation des mots et sur le rythme éventuel de la phrase.

Il y a enfin un état psychologique particulier chez l'expérimentateur habituel que l'on ne retrouve pas chez le simple curieux généralement un peu sceptique. Là où le transcommunicateur chevronné croira distinguer nettement des mots alors que le simple visiteur ne distinguera rien, l'expérimentateur attribuera instinctivement sa perception à sa grande habitude et à l'entraînement de son oreille, alors que le visiteur n'y verra que désir excessif d'obtenir quelque chose et la preuve d'une autosuggestion [1].

---

1. Je dois ici beaucoup à l'étude très remarquable d'Alessandro Papo, à la fin de son récit, d'un cas tout à fait étrange de communication avec des Étrusques : *Il mistero dell'anfora parlante,* Edizioni Mediterranee, 1992, p. 83-101. Je regrette seulement que l'auteur, apparemment, n'ait guère eu connaissance que de voix très faibles et tende, en conséquence, à généraliser un peu trop les problèmes qu'il signale. Par ailleurs, sur cette histoire extraordinaire, voir, ici même, à propos des « coques » et des « égrégores ».

Perception médiumnique et vraie transcommunication

Les choses se compliquent encore si l'on tient compte du fait, souvent constaté, que les personnes qui pratiquent assez régulièrement les enregistrements de voix de l'au-delà finissent par devenir un peu médium. Plusieurs d'entre elles, à la longue, peuvent entendre les voix au moment même où elles s'inscrivent sur le magnétophone, qu'elles portent ou non à ce moment-là des écouteurs. Dans certains cas, elles finissent même par entendre des voix à n'importe quel moment de la journée, alors même qu'elles ne touchent pas au magnétophone. Je connais d'assez près plusieurs de ces personnes et je peux attester qu'elles ne présentent, par ailleurs, aucun trouble psychologique.

C'est peut-être, du moins en partie, ce qui s'est produit pour l'une de celles que j'ai mentionnées précédemment. Il se peut qu'il y ait là communication, mais de l'ordre de la télépathie et non de la TCI. La télépathie entre vivants est aujourd'hui un fait bien établi. Le même phénomène peut aussi bien se concevoir entre vivants sur terre et vivants dans l'au-delà. Mais dans le cas auquel je pense, le contenu même des messages me ferait plutôt croire, au moins pour une bonne part, à de l'autosuggestion pure et simple.

Le professeur Filippo Liverziani signale un cas semblable dans son bulletin [1]. Il s'agit de Mme Laura Paradiso que je connais bien. Là encore, il n'y a aucun doute pour moi sur son honnêteté. Elle crée elle-même le support avec le capuchon d'un stylobille qu'elle frotte sur une surface un peu rugueuse. Elle enregistre le bruit ainsi produit et, en le réécoutant, elle y distingue des paroles de son fils qui s'adressent à elle. Habituellement, nous dit le professeur Liverziani, d'autres personnes écoutant l'enregistrement y reconnaissent bien les mêmes mots. Mais, parfois, précise-t-il, elle est seule à les percevoir. Cependant, il lui arrive très souvent de recevoir, en écoutant les enregistrements qu'elle vient de faire, des informations qu'elle transmet ensuite aux personnes intéressées. Ces personnes ne la connaissaient pas. Elle ne pouvait pas elle-même les connaître. Mais les informations s'avèrent vérifiables. Paola

1. *I quaderni della speranza :* « Un messagio di speranza dall'altra dimensione », p. 10.

Giovetti qui la connaît bien, depuis des années, me l'a encore tout récemment confirmé. L'explication n'est donc pas à chercher dans une télépathie qui s'établirait entre elle-même et les personnes dans la peine qu'elle veut aider, ni davantage dans un phénomène de cryptomnésie. Il s'agirait bien d'une authentique communication avec l'au-delà. Mais ce serait quand même plutôt une communication médiumnique, sous forme de clairaudience, qu'une véritable transcommunication instrumentale. Les deux phénomènes ne présentant pas du tout le même caractère d'objectivité, il est important de les distinguer, mais, dans la réalité, il faut bien reconnaître que la transition de l'un à l'autre peut se faire en douceur et rendre la différence difficile.

Les appels téléphoniques

Le même problème se retrouve évidemment à propos du phénomène, plus rare, des communications avec l'au-delà par téléphone. Il y en a de deux types très différents. Il peut s'agir d'une intervention de l'au-delà au milieu d'une conversation déjà engagée entre deux correspondants. Il peut s'agir aussi d'un appel venant directement de l'au-delà. Dans ce cas, il faut que la sonnerie même du téléphone soit déclenchée par nos amis invisibles. La grande difficulté pour authentifier ces communications, c'est qu'elles ne laissent généralement aucune trace objective et que leur crédibilité repose donc tout entière sur l'autorité des témoins [1]. Il y a cependant un certain nombre d'exceptions. Le phénomène s'étant multiplié ces derniers temps et, plus particulièrement, chez quelques-uns des expérimentateurs en TCI, plusieurs d'entre eux ont pris les dispositions nécessaires pour pouvoir éventuellement enregistrer ces communications. C'est ainsi, nous l'avons vu, que le professeur Rémy Chauvin et moi-même avons été témoins d'un appel de Friedrich Jürgenson reçu par le professeur Senkowski, à Mayence, le 28 avril 1992.

1. Les études sur les communications par téléphone sont rares. La première a été réalisée à Rio de Janeiro en 1925. Plus récemment une autre enquête a été réalisée par D. Scott Rogo et Raymond Bayless, aux États-Unis.

Les images paranormales

On retrouve le même risque d'illusion pour les images que l'on peut recevoir sur écran de télévision. Notons toutefois que si l'on se contente d'allumer un téléviseur en choisissant un canal sans émission, avec un écran blanc, sans aucun montage d'autres appareils, les images, même floues, qui pourraient y apparaître présenteraient déjà un certain intérêt. Rien ne prouverait encore qu'elles viennent de l'au-delà, bien évidemment. Mais c'est là le sujet des autres hypothèses. Ce qui nous occupe ici, c'est de savoir si l'on peut se faire illusion en croyant reconnaître une image sur son téléviseur. Et ma première remarque, c'est que si l'écran cesse d'être blanc, avec le simple effet de neige qu'on lui connaît souvent en l'absence d'émission, s'il se couvre de taches sombres formant des dessins, même confus, on se trouve déjà devant un phénomène intéressant. Si de plus, comme c'était le cas chez Klaus Schreiber à Aix-la-Chapelle, ou à Luxembourg ou à Rivenich, ces images sont précédées ou suivies de commentaires reçus clairement par magnétophone ou radio, alors les chances qu'il s'agisse d'une authentique émission à partir de l'au-delà augmentent sérieusement.

Une enquête superficielle

La petite enquête menée par MM. Arthur Berger, Gerd Hövelmann et Walter von Lucadou pour le compte de la célèbre Society for Psychical Research de Londres n'est, à cet égard, pas très convaincante. Ils ont, en effet, restreint leur enquête aux images reçues habituellement par M. Martin Wenzel, ingénieur en électronique à Aix-la-Chapelle. Ils en ont conclu, non sans raison, que ces images ne différaient guère de celles que l'on utilise dans les tests de Rorschach. C'est-à-dire qu'il s'agit de simples taches confuses dans lesquelles chacun peut, selon son imagination, lire ce qu'il voudra, comme dans les formes changeantes des nuages ou dans les veinures d'un marbre [1].

---

1. Cf. *Journal of the Society for Psychical Research*, volume 58, n° 826, janvier 1992, p. 153-163.

Mais ils ont commis une erreur en imaginant que M. Wenzel ne connaissait pas le problème, qu'aucun des chercheurs en ce domaine n'y avait jamais pensé.

Je connais personnellement Martin Wenzel, je l'ai rencontré à plusieurs reprises à l'occasion de congrès ou d'émissions de télévision en Allemagne auxquelles nous participions tous les deux ; je suis allé le voir dans son petit laboratoire à Aix-la-Chapelle, bien avant le passage de ses visiteurs anglais, et il a fait également devant moi quelques démonstrations du petit procédé qu'il a mis au point mais qu'il est pratiquement seul à utiliser. On peut d'ailleurs s'en rendre compte facilement en lisant le second livre de Mme Schäfer consacré à la TCI, où il fait, précisément, l'objet d'un chapitre à part [1].

Il m'a expliqué que le procédé mis au point par Klaus Schreiber nécessite malheureusement énormément de temps. Klaus était à la retraite et pouvait consacrer à ses recherches des nuits entières. M. Wenzel travaille encore et ne peut se permettre d'y passer autant de temps. Mais il est le premier à connaître les faiblesses de son procédé. Il semble qu'il y ait eu un quiproquo entre lui et cette petite équipe anglaise. Ceux-ci s'imaginaient qu'il allait leur faire la démonstration du procédé de K. Schreiber. D'ordinaire les spécialistes des phénomènes paranormaux savent pourtant bien qu'en ce domaine chacun ne peut présenter que ce qu'il sait faire, une des grandes caractéristiques de tous ces phénomènes étant, précisément, que le succès des procédés mis en place pour les obtenir semble lié à la personnalité de l'expérimentateur. C'est d'ailleurs une des grandes raisons du scepticisme des milieux scientifiques, habitués à ce que, normalement, le même processus puisse se déclencher avec n'importe quel observateur, du moment qu'il aura été correctement mis en place.

Le procédé de Felice Masi

Ces enquêteurs anglais auraient pu, semble-t-il, faire les mêmes objections à propos des images reçues par un autre chercheur, italien cette fois, et qui opère selon un procédé encore différent. Il s'agit de Felice Masi, à Rome. Il eut un jour l'idée, pour recevoir plus facile-

1. Hildegard Schäfer, *Théorie et pratique de la transcommunication,* Robert Laffont, 1992.

ment des images de l'au-delà, d'utiliser des films comme support, de la même façon que l'on recourt souvent à des cassettes préenregistrées ou à des émissions de radio comme support pour obtenir des voix. Le premier film qui « lui tomba sous la main », raconte-t-il, ce furent les *Chroniques martiennes,* diffusées par la télévision au moment même où il commençait ses premiers essais. Il y vit un bel exemple de synchronicité !

Il enregistra donc le film sur une vidéocassette, puis il le repassa image par image sur son écran de télévision, avec chaque fois arrêt sur l'image. Il s'aperçut alors que certaines images comportaient des suppléments qu'il n'avait pas remarqués en visionnant le film : des visages, des silhouettes, des corps qui n'appartenaient pas au film. Le plus fantastique, c'est que ces images, reprojetées sur l'écran, avec arrêt sur l'image, continuaient à se modifier devant lui. Elles ne se formaient donc pas uniquement au moment de l'enregistrement, mais tout aussi bien au moment de la projection. Cependant, au dire de ceux qui les ont vues, ces images, bien que d'origine très probablement paranormale, restent assez floues et nos enquêteurs britanniques auraient eu certainement beau jeu de les comparer aux tests de Rorschach. C'est que les choses ne sont pas simples et qu'en ce domaine comme en bien d'autres il ne faut jamais se hâter de conclure [1].

Sans entrer dans les détails de ce cas précis, je peux assurer que tous ces problèmes sont parfaitement connus et pris en compte par tous ceux qui s'intéressent à ces phénomènes. Je voudrais ici signaler au lecteur l'excellente étude de Paolo Presi sur les dangers d'illusion dans l'interprétation de ces images [2]. Précisons que si l'auteur, dans ces quelques pages, ne mentionne pas les tests de Rorschach, il les avait bien évoqués dans la version orale que j'ai pu entendre au congrès de Riccione auquel je prenais part, en 1991.

Ajoutons que Paolo Presi illustre son propos par les images reçues par Mme Raffaela Gremese, à Udine, bien connues de tous les chercheurs. Certains visages, petits, s'inscrivent dans d'autres, plus grands. Certains peuvent se lire de face ou de profil. La tache

1. Felice Masi : « La psicovisione » dans *L'altra realtà,* Edizioni Mediterranee, 1990, p. 89-101.
2. Paolo Presi : « Percezioni illusorie in psicovisione », dans l'ouvrage collectif *Verso la scienza dello spirito,* Edizioni Mediterranee, 1991, p. 222-232.

qui semble former la bouche d'un visage peut aussi se lire comme l'œil d'un autre. Mais, là encore, le problème porte sur l'identification des personnages, non sur l'existence du phénomène, car la présence, à elle seule, de ces taches sur un écran qui, normalement, devrait être blanc, constitue déjà un fait troublant.

Il semble d'ailleurs qu'il y ait moyen d'échapper à la subjectivité des appréciations humaines. Le professeur Sinesio Darnell, à Barcelone, a soumis un certain nombre d'images paranormales à tout un processus d'analyse, à l'aide d'un scanner (modèle Hewlett-Packard Scanjet IIc). Malheureusement, il faut consacrer plusieurs heures de travail à chaque image. Le procédé permet à l'appareil, au terme de l'analyse, d'accepter ou de refuser l'image reçue. S'il ne s'agit que de taches sans signification, l'écran l'affiche par les mots : « Ce ne sont que des taches. » Si, au contraire, il s'agit vraiment d'un visage, l'appareil sait le détecter et commence aussitôt à le traiter [1]. Les images sont alors améliorées grâce à différents filtres. Les points et les taches qui ne font pas vraiment partie du visage sont éliminés. Celui-ci apparaît, alors, beaucoup plus nettement. On peut aussi lui donner un aspect de relief très étonnant. Après ce traitement par le scanner, les images sont introduites dans la mémoire du PC. Le programme de visualisation employé permet de les soumettre à toute une série d'observations. Citons, par exemple, l'inversion de négatif à positif ou inversement, balayages en 256 couleurs, en couleur de 24 bits, contrôler les reflets et souligner les contours, égaliser l'intensité, etc.

J'ai pu me rendre compte de l'intérêt de ce travail en voyant ce qu'était devenue l'image d'un visage, reçue en négatif, une fois transformée en positif et débarrassée des taches qui la parasitaient. Ajoutons qu'au moment même où le professeur Sinesio recevait cette image, un magnétophone, posé à côté du téléviseur, lui permettait d'engager un bref dialogue avec, très probablement, la femme qui lui apparaissait sur l'écran avec un visage un peu tourmenté :

Sinesio : « Puis-je faire quelque chose pour toi ? »

La voix : « Prie, prie ! »

Je ne crois pas que les images des tests de Rorschach puissent parler.

---

1. Les programmes informatiques utilisés sont les « PhotoFinish et Paintbrus » de l'entreprise américaine Zsoft Corporation.

Sans problème d'identification

Enfin il faut souligner, comme pour les voix, qu'il y a aussi un grand nombre de cas où l'image est suffisamment nette pour qu'il n'y ait aucun problème d'identification. Klaus Schreiber a pu reconnaître peu à peu tous ceux de sa famille qui l'avaient précédé dans l'au-delà. L'image qu'il a reçue de Romy Schneider, si elle pose d'autres problèmes que nous verrons le moment venu, n'en pose aucun quant à son identification. Celle où l'on croit reconnaître Albert Einstein est pour le moins très ressemblante, même si aucun message audio n'est venu confirmer cette identification, ni avant, ni après la réception de l'image. Celle de Heli Schäfer, que Klaus n'avait jamais connue, est particulièrement nette, surtout si l'on peut comparer, comme je l'ai fait, l'image vidéo et non imprimée, avec celles que l'on peut voir chez M. et Mme Schäfer. Parmi les images reçues à Luxembourg, mentionnons celle de Hanna Buschbeck que Ralf Determeyer m'a affirmé pouvoir reconnaître sans hésitation puisqu'il l'a bien connue. L'image de Henri Sainte-Claire Deville correspond bien à sa photo que l'on peut encore voir dans l'appartement de Louis Pasteur, dans l'Institut du même nom, à l'exception de la barbe. Les images reçues par Adolf Homes à Rivenich ou par Hans Otto König à Mönchengladbach sont d'une netteté étonnante. Enfin, plusieurs des images reçues par Mme Simonet, bien que de moins bonne qualité, sont encore parfaitement reconnaissables. Je pense, en particulier, à celles de sa tante Mary, de Madeleine, de la maman de Thérèse, à celle de Frank et même à celle de son petit-fils, Axel, même si le bas du visage est caché. Il ne faut d'ailleurs pas oublier que les images de Klaus Schreiber qui ont été publiées avaient été retravaillées (sans aucun trucage) en les rephotographiant pour accentuer les contrastes, augmenter ou diminuer la luminosité, etc. Les images publiées par Mme Simonet n'ont fait l'objet d'aucun travail de ce genre. Elles ont été publiées comme elles sont arrivées, et j'ajouterai que, forcément, les originaux sont tout de même meilleurs que les reproductions. Les images reçues à Luxembourg ou à Rivenich ont été reproduites telles qu'elles étaient arrivées.

Les interférences

Cette hypothèse a été évidemment une des toutes premières envisagées. Elle n'est jamais à exclure *a priori*. Il y a aujourd'hui tellement de sources d'émission : les radios nationales ou privées, les communications de gendarmerie, de police, de douane, d'hôpitaux, d'espionnage ou de contre-espionnage, les messages de radio-amateurs, etc. On pourrait toujours être victime d'une simple coïncidence et prendre pour réponse à une question posée ce qui viendrait tout simplement d'une de ces innombrables sources. Une enquête, dans ces conditions, n'a pratiquement plus aucun sens. Avant cet encombrement des ondes la situation n'était pas la même et, dans certains cas précis, des enquêtes ont pu être menées. Dans les années trente, des voix non identifiées perturbèrent les services militaires des pays scandinaves. La presse de l'époque s'en était fait l'écho. On avait même alors pensé à des communications des services secrets nazis. Après la guerre, des recherches furent faites dans les archives allemandes, mais en vain [1]. Toutefois, je dois dire qu'habituellement les voix paranormales sont tellement particulières qu'il n'y a aucune confusion possible. Nous avons participé, le professeur Chauvin et moi-même, en Allemagne, chez M. Homes, à un essai au cours duquel une interférence s'est produite. Il s'agissait curieusement, semble-t-il, d'une conversation de gendarmerie en français. Il faut dire que la frontière n'était pas très loin. Il nous était plus facile, il est vrai, de faire la différence en raison du sens même des propos échangés, mais ce fut pour nous l'occasion de bien nous rendre compte de la différence énorme de la qualité des sons produits par une émission normale et par ces voix de l'au-delà. Encore le mécanisme de l'interférence ne peut-il se produire, le plus souvent, que lorsqu'on utilise comme « support » une émission de radio. Et même alors, il faudrait une coïncidence extraordinaire pour que cette interférence semble répondre à votre question, et plus encore pour qu'elle vous appelle par votre prénom.

---

1. J'emprunte ces renseignements à Harold Sherman, dans *The Dead are Alive*, Ballantine Books Edition, 1987, p. 270 ; l'auteur renvoie à deux ouvrages de John Keel : *Our Haunted Planet* et *Operation Trojan Horse*, mais sans référence précise.

Intervention d'un mystificateur

La différence de timbre des voix, paranormales ou transmises normalement par radio, semble telle que seule une interférence voulue pourrait tromper, c'est-à-dire provoquée par quelque mystificateur qui pourrait alors modifier sa voix en conséquence, et, effectivement, vous appeler par vos nom et prénom. Là encore, on ne peut rejeter l'hypothèse *a priori*. Mais il faudrait alors que le mystificateur soit au courant de la longueur d'onde utilisée par l'expérimentateur. Or, il arrive souvent que le chercheur, au cours du même essai, change plusieurs fois de support. Il y a même des cas où, recevant des voix de l'au-delà par haut-parleur radio, il joue avec le bouton ou le curseur, passant continuellement et à toute vitesse d'un émetteur à l'autre, sans que la voix paranormale reçue pendant ce temps-là en paraisse le moins du monde altérée [1]. Lors de réceptions de voix de l'au-delà, toujours par la même méthode radio, il peut arriver qu'en réduisant le volume de la réception complètement, à zéro, le volume de la voix reçue ne s'en trouve pas pour autant diminué [2]. D'autres expériences ont été faites où deux récepteurs radio étaient réglés exactement sur le même émetteur, avec la même longueur d'onde. Les voix de l'au-delà ne passaient que sur l'un des récepteurs sans que l'on puisse deviner à l'avance lequel, ni comprendre pourquoi [3].

En outre, il faudrait que le mystificateur dispose également d'un puissant moyen d'écoute pour pouvoir répondre pertinemment aux questions posées. Il faut d'ailleurs ajouter que beaucoup d'expérimentateurs ont remarqué que, souvent, la réponse leur parvient sur la bande avant même qu'ils n'aient eu le temps de poser leur question (ainsi, par exemple, Cordula, qui, de l'au-delà, correspond souvent avec le groupe de Grosseto [4]). Il faudrait donc que le mystificateur soit aussi doué d'un sérieux don de télépathie !

---

1. Marcello Bacci, *Il mistero delle voci dall'aldilà,* Edizioni Mediterranee, 1987, p. 40 et 142.
2. *Ibid.,* p. 40, 61 et 142.
3. *Ibid.,* p. 142-143.
4. *Ibid.*, p. 41.

Il faudrait donc une installation fort complexe et bien coûteuse, servie par un personnel nombreux, pour réaliser une telle mystification. Cela se justifierait peut-être pour des services de renseignements en quête de secrets d'État, mais pas pour le simple plaisir de se moquer d'un voisin. D'ailleurs, quand l'expérimentateur reçoit des voix durant des déplacements, l'hypothèse du mystificateur devient encore plus difficile à soutenir. De plus, si la plupart des chercheurs préfèrent donner rendez-vous à leurs correspondants dans l'au-delà à heure fixe, ce n'est tout de même pas une règle absolue. Il leur arrive à tous, selon les circonstances, de tenter et de recevoir des communications aux heures les plus variées, et même en plein air.

Tout cela n'élimine pas cependant la possibilité d'une brève interférence, que ce soit sur un poste de radio ou même sur un magnétophone, une interférence suffisamment brève et de qualité suffisamment mauvaise pour donner le change un court instant. Il peut alors toujours arriver, du moins en principe, que les mots ainsi reçus semblent répondre à la question que l'on vient de poser. Reconnaissons tout de même que de telles coïncidences ne peuvent pas se produire bien souvent.

La TCI mise à l'épreuve

On a pu d'ailleurs prouver que, de toute façon, il existe bien des voix enregistrées qui ne peuvent s'expliquer par une interférence. Bien évidemment, on ne peut pas, chaque fois, se mettre dans les conditions permettant de le prouver. Une des difficultés de la recherche en transcommunication, c'est qu'il est impossible de monter une expérience qui élimine, à la fois, toutes les hypothèses autres qu'une réelle communication avec les trépassés. Il est tout de même intéressant de savoir que, dans quelques cas au moins, on a essayé de mettre le magnétophone (à piles) dans une cage de Faraday. On sait que les ondes hertziennes, alors, ne peuvent plus passer. La cage de Faraday que l'on m'a montrée, à Madrid, et qui avait servi à l'une de ces expériences, était complètement fermée. On ne peut donc imaginer un appareil qui ne serait qu'à moitié engagé dans la cage et qui pourrait ainsi encore recevoir les ondes normalement. Or, lors de ces essais, les voix de l'au-delà se sont gravées tout aussi bien. Dans ces cas-là au moins il ne s'agissait donc pas d'ondes radio [1].

D'autres essais ont d'ailleurs été faits avec un matériel plus compliqué, afin de rendre toute interférence impossible. Peter Bander raconte une séance mémorable d'enregistrements faits avec C. Raudive qui dura toute une nuit. Deux ingénieurs de la firme Pye Records Ltd., envoyés par *The Sunday Mirror,* avaient débarqué chez lui avec toute une série d'appareils destinés à empêcher toute interférence possible, même d'ondes de hautes ou de basses fréquences. Plus rien, en principe, ne pouvait passer, même pas par le micro de l'appareil enregistreur. Pour s'en assurer, ils parlèrent pendant dix minutes tout à fait normalement et purent vérifier qu'effectivement rien de leur conversation ne s'était enregistré.

Il y avait notamment deux appareils de contrôle synchronisés, en parfaite harmonie. Or voilà que l'un d'eux, et l'un d'eux seulement, manifesta à plusieurs reprises que, malgré tout ce luxe de précautions, quelque chose était en train de s'enregistrer sur la bande. Ils notèrent bientôt, à une première écoute, plus de deux cents endroits où l'on percevait des voix. Ce fut le succès de cette démonstration qui décida sir Robert Mayer à publier la traduction en anglais de l'ouvrage de Constantin Raudive [2].

Un autre phénomène aussi, sans rendre les interférences théoriquement impossibles, les rend statistiquement très peu probables : c'est le fait que l'on peut trouver gravées sur la bande, au même endroit, des voix aux timbres différents et avec des textes différents selon la vitesse à laquelle on fait passer la bande (constatation faite, entre autres, par Fidelio Köberle, comme le rapporte Hildegard Schäfer [3]). Il peut même arriver, plusieurs expérimentateurs

---

1. Sinesio Darnell, *El misterio de la psicofonia,* Ediciones Fausi, Barcelone, 1987, p. 51.

2. Peter Bander, *Carry on Talking,* Colin Smythe Ltd., Gerrards Cross, Bucks, Grande-Bretagne, 1972, chapitre V.

3. Hildegard Schäfer, *Stimmen aus einer anderen Welt,* Hermann Bauer Verlag, 1983, p. 182-183. Le lecteur s'étonnera peut-être que nous fassions encore référence aux travaux de M. Köberle, après tout ce que nous en avons dit. Mais ce n'est pas parce qu'il dénonce des fraudeurs partout que ses propres travaux ne valent rien.

l'ont constaté, qu'en retournant la bande pour la faire passer à l'envers, on obtienne encore un autre texte, prononcé par une autre voix. C'est Friedrich Jürgenson qui l'a découvert le premier, tout à fait par hasard, mais, depuis, le phénomène a été constaté aussi par Fidelio Köberle [1]. Sarah Wilson Estep en parle aussi. Elle cite le nom d'une autre expérimentatrice qui fit la même découverte (Clara Laughlin) et elle précise que ces voix enregistrées à l'envers se trouvent aussi bien sur les cassettes ordinaires que sur les grandes bobines professionnelles. Le phénomène a encore été constaté dans le groupe de Darmstadt qui signale même que les voix ainsi perçues présentent souvent des intonations beaucoup plus naturelles que les autres [2]. En passant donc la bande à l'envers on retrouve tous les bruits ambiants et la question posée, mais complètement déformés et incompréhensibles. Pourtant, la voix paranormale, elle, est à l'endroit. D'après les questions posées à ces voix, il ne semble pas qu'elles aient vraiment conscience de ce phénomène [3].

J'ai moi-même entendu un certain nombre de ces voix reçues par S. W. Estep, au Ier congrès international de Transcommunication, à Bâle, en 1989, et je dois dire qu'elles étaient d'excellente qualité. Fernando Magdalena, chercheur espagnol rencontré lors d'une émission de télévision à Saint-Jacques-de-Compostelle, m'a fait part d'une autre variante. Un message de deux mots, le premier à l'endroit, le second à l'envers : « SOMOS SOTREUM (= MUERTOS) », « nous sommes morts », à moins que les deux mots ne soient à lire à l'envers, avec inversion de l'ordre normal « morts, nous sommes ».

Mais beaucoup d'autres variantes du phénomène existent. Il m'est impossible d'en donner un rapport complet. C'est là que l'expérience directe et personnelle du phénomène reste irremplaçable. Lire quelques ouvrages sur le sujet, même bien faits, ne pourra jamais susciter la même conviction.

---

1. H. Schäfer, *Stimrnen aus einer anderen Welt, op. cit.*, p. 181-182.
2. Cf. cassette éditée par le groupe de Darmstadt.
3. Sarah Wilson Estep, *Voices of Eternity*, Ballantine Books, 1988, p. 201-202.

Des interférences aberrantes

Cependant on sait que des phénomènes d'interférence absolument aberrants peuvent se produire. Ainsi, par exemple, une émission de télévision américaine fut reçue trois ans plus tard à Londres, le 4 septembre 1953. Or, entre-temps, la station émettrice avait été fermée depuis longtemps. On sait de même que l'émission norvégienne reçue par F. Jürgenson sur magnétophone, le 12 juin 1959, avait été en réalité émise une semaine plus tôt et n'avait jamais été rediffusée depuis [1].

Le problème des interférences semble beaucoup plus gênant, en fait, en ce qui concerne les images reçues sur téléviseur. Mais là, heureusement, les enquêtes sont relativement plus faciles, du moins pour le moment, les émetteurs d'images privés étant beaucoup moins nombreux. Les recherches ne s'en trouvent cependant que partiellement facilitées, car on se heurte parfois à des interférences tout à fait inattendues, qui ne semblent venir d'aucun émetteur.

Par exemple, un jour, m'a raconté Martin Wenzel, il était en train de faire une démonstration de son procédé devant un visiteur intéressé, quand se produisit un phénomène étrange. On sait que le système utilisé par M. Wenzel est tout à fait particulier. Il est, à ma connaissance, le seul à utiliser ce procédé qui permet d'obtenir rapidement et presque à coup sûr des images paranormales, mais de très mauvaise qualité, il le sait parfaitement [2]. Or donc, ce jour-là, ce visiteur eut tout d'un coup la surprise extrême de voir apparaître sur l'écran de Martin Wenzel, à Aix-la-Chapelle, sa femme qui travaillait à plusieurs centaines de kilomètres de là, dans l'ancienne Allemagne de l'Est.

Au Brésil, Sonia Rinaldi signale un cas semblable assez émouvant et qui porte à des réflexions de tous ordres. Il ne s'agit pas cette fois d'image mais seulement d'une voix, reçue au magnétophone par George Magiary, un Hongrois installé à São Paulo : « Un jour, ayant

---

1. J'emprunte ces deux exemples, parmi d'autres, à l'ouvrage du professeur Ernst Senkowski, *Instrumentelle Transkommunikation,* R. G. Fischer Verlag, 1989, p. 200-201.

2. Pour plus ample information sur ce procédé, voir l'ouvrage de Hildegard Schäfer, *Théorie et pratique de la transcommunication, op. cit.*, p. 270-272.

mis en marche son magnétophone, il reçut la voix d'un de ses amis qui se trouvait dans le coma, à l'hôpital Samaritain, et qui lui demandait désespérément : “Les médecins me maintiennent en vie par des appareils. Aide-moi, pour l'amour de Dieu, je n'arrive pas à mourir.” » Le cas est ici d'autant plus intéressant qu'il confirme ce que l'on sait aujourd'hui par ailleurs sur la sortie du corps spirituel du corps de chair au moment même de la mort. Si ce que certains affirment est vrai, prétendant que chacun sort ainsi vraiment de son corps au moins une fois ou deux toutes les nuits, on devrait de même pouvoir éventuellement capter la voix de certains dormeurs. Je sais qu'il y a des projets d'études en ce sens, en France même.

Klaus Schreiber, avec un tout autre procédé que celui de Martin Wenzel, avait reçu un jour, parmi d'autres visages inconnus, celui d'une jeune femme. Il pensa, bien entendu, qu'il s'agissait d'une personne passée dans l'au-delà. Or, quelque temps plus tard, quelqu'un put identifier cette jeune femme. Il s'agissait d'une femme parfaitement de ce monde et dont le visage figurait sur de grandes affiches, à Berlin. L'image reçue par K. Schreiber était assez précise pour que l'identification ne fasse aucun doute. C'est bien la même jeune femme, mais ce n'est pas la même image. Et, en dehors de cette affiche, le visage de cette jeune femme n'a jamais été diffusé à la télévision.

Une autre fois, K. Schreiber reçut sur son écran l'image, assez touchante, d'une jeune femme tenant sur ses genoux son enfant. Là encore, il pensa à une image qui lui était envoyée de l'au-delà. N'ayant pas eu dans sa vie l'occasion d'acquérir une culture artistique, il ne reconnut pas *La Vierge à la chaise,* célèbre tableau de Raphaël. L'enquête entreprise par différents chercheurs a permis d'établir qu'aucune chaîne de télévision recevable normalement dans la région n'avait émis à ce moment-là l'image de cette peinture. Le professeur Senkowski m'a même raconté récemment que des recherches plus fines donnaient à penser qu'il ne s'agissait même pas directement du tableau dans son état actuel, mais bien plutôt d'une esquisse préparatoire. Il faut ajouter que le système utilisé par Klaus Schreiber est en circuit fermé et exclut donc, en principe, toute interférence d'un émetteur extérieur.

On peut donc légitimement se demander dans certains de ces cas s'il ne s'agit pas en réalité déjà de transmissions paranormales.

L'hypothèse « animiste »

Les premières hypothèses envisagées étaient toutes assez confortables pour le matérialiste impénitent. Elles entraient toutes dans le cadre des connaissances communément admises. Mais, celles-ci éliminées, quand les faits résistent à ces premières hypothèses, on est bien obligé d'en imaginer d'autres, et on entre dans le domaine du fantastique. Le pire, pour le rationaliste impénitent, étant d'admettre que l'on puisse réellement communiquer avec les morts, ce qui d'abord implique qu'ils puissent être encore vivants quelque part, il aura tendance à accepter n'importe quelle autre hypothèse, même si elle reste tout aussi inexplicable. Mieux vaut admettre l'existence, dans notre monde, de lois totalement inconnues jusqu'ici, plutôt que d'admettre l'existence d'un autre monde.

L'hypothèse qui se présente alors en premier lieu est l'hypothèse dite « animiste ». Le mot est assez mal choisi. Il fait penser aux religions africaines qui prêtent une âme, une *anima,* aux animaux, aux plantes, aux fleuves et aux montagnes, etc. L'emploi du mot est ici différent. Il s'agit d'expliquer tous les messages reçus par voie paranormale comme des projections du subconscient, de l'âme, de l'opérateur, qu'il s'agisse de médiumnité orale, d'écriture automatique, de table tournante, d'enregistrements de voix ou d'apparitions d'images. Cette « projection » serait, en somme, une variante parmi les phénomènes de « psychocinèse ». Je préfère cependant, malgré ses inconvénients, le terme « animisme », parce qu'il suggère mieux dans quel sens se fait la psychocinèse, étant entendu que, si les morts se manifestent à nous à travers des instruments, c'est également par un phénomène de psychocinèse, mais dont ils sont la source. On retrouve d'ailleurs le même problème de vocabulaire à propos des phénomènes de « poltergeist ». Dire qu'il s'agit d'un phénomène de psychocinèse n'explique rien. Prouver que ces phénomènes sont liés à la présence d'une personne à problèmes psychologiques ne prouve pas davantage que cette psychocinèse vienne d'elle, ou seulement d'elle.

Inutile de dire que, de toute façon, cette hypothèse « animiste » sort déjà du champ des lois connues. L'existence d'un tel phénomène est déjà, en soi, un véritable défi pour la science, dans son état actuel.

Or, ce phénomène existe.

Murmures imperceptibles

Peut-être faut-il commencer par évoquer une variante particulièrement grossière de cette hypothèse, mais qui suffit à beaucoup d'esprits « critiques » pour se débarrasser un peu vite de l'ensemble des phénomènes que nous étudions : dans l'état de tension propre à ce genre d'expérience, l'opérateur, sans s'en rendre compte, émettrait des sons, inaudibles pour lui, mais qu'un appareil sensible pourrait capter. On retrouve effectivement cette hypothèse à peu près dans tous les ouvrages. L'émission inconsciente devrait alors se situer plutôt du côté des infrasons, c'est-à-dire à moins de 16 vibrations par seconde, ou, à la rigueur, jusqu'à 40, étant donné que les ultrasons, au-delà de 18 000 vibrations par seconde, sont déjà ressentis douloureusement. Mais l'hypothèse, en soi, n'a rien d'absurde.

Cependant, de telles ondes, dites « de pression », ne peuvent se propager que dans l'air. Or, des essais ont été faits en introduisant non seulement le microphone mais tout le magnétophone dans des cloches à vide et l'on a enregistré des voix, sans aucun problème. Elles ont même paru d'une netteté remarquable, tout bruit d'ambiance ayant été éliminé [1]. Mais, évidemment, l'appareil n'était pas, à la fois, sous vide et dans une cage de Faraday.

On a évoqué aussi la possibilité que l'opérateur émette des sortes de cordes vocales ectoplasmiques. Cependant, comme le note également le professeur S. Darnell, les médiums capables d'émettre des ectoplasmes sont relativement rares et les expérimentateurs en transcommunication sont aujourd'hui, de par le monde, des milliers. Or, jamais aucun d'eux ni aucun de leurs collaborateurs n'a signalé le phénomène [2].

Projection par psychocinèse

Cependant, l'hypothèse « animiste » est plus sérieuse que ce que nous venons de voir. D'ailleurs, ceux-mêmes qui sont persuadés que l'on communique vraiment avec les morts ont tenu à la mettre à leur tour à l'épreuve.

---

1. Sinesio Darnell, *El misterio de la psicofonia, op. cit.*, p. 51-52.
2. *Ibid.*, p. 52-53.

Ainsi Carlo Trajna affirme avoir réussi l'impression sur la bande magnétique de « paroles pensées », par une sorte de projection ou psychocinèse, confirmant ainsi la possibilité de l'explication « animiste », au moins dans certains cas [1]. On aimerait évidemment plus de détails, mais je ne peux que répéter cette affirmation très brève, faute de documents plus précis. Nous savons également, par Mme Schäfer, que Franz Seidl, à Vienne, avait réussi la même prouesse. Elle souligne cependant que le résultat est loin d'être parfait et que, surtout, il a nécessité une grande concentration d'esprit, un effort volontaire intense qui n'a rien à voir avec ce que l'on reçoit d'ordinaire sur magnétophone ou par radio [2].

Le phénomène semble cependant s'être produit quelquefois aussi spontanément, les pensées de personnes présentes, ou même absentes, voire en plein sommeil, pouvant se trouver gravées sur bande magnétique [3].

Sarah Wilson Estep rapporte aussi un détail qui confirmerait bien que cette hypothèse ne doit pas être écartée trop rapidement. C'est une remarque de Dan, un des meilleurs chercheurs américains, nous dit S. W. Estep. Il enregistrait des voix depuis douze ans déjà, au moment où écrivait l'auteur. Il est intéressant aussi de savoir qu'il travailla pendant un temps pour la Federal Communications Intelligence Division. C'est donc quelqu'un qui est, professionnellement, au courant d'un certain nombre de trucages possibles. Il raconte que les voix obtenues répondaient parfois à ses questions, lui donnaient des conseils pour améliorer la réception de ces voix, constatation faite par beaucoup d'expérimentateurs ; mais il note aussi que, parfois, ces voix imitaient la sienne [4]. Voilà qui, évidemment, nous intéresse beaucoup.

1. Introduction au livre de Marcello Bacci, *Il mistero delle voci dall'aldilà, op. cit.*, 1987, p. 15.
2. Hildegard Schäfer, *Stimmen aus einer anderen Welt, op. cit.*, p. 271.
3. Ernst Senkowski, *Instrumentelle Transkommunikation, op. cit.*, p. 327, note 85.
4. Sarah Wilson Estep, *Voices of Eternity, op. cit.*, 1988, p. 160.

Les correspondants privilégiés

Un autre élément qui pourrait favoriser l'hypothèse « animiste », c'est la prééminence, chez beaucoup d'expérimentateurs, d'un correspondant privilégié dans l'au-delà : Styhe, pour S.W. Estep, Hippolyte Baraduc, pour le docteur V. Delavre, ABX-JUNO, pour Peter Härting, le « Technicien » et Swejen Salter à Luxembourg, Cordula pour M. Bacci. Le professeur S. Darnell ne nous a pas communiqué le nom du sien, mais nous savons qu'il en avait un, lui aussi. Il insiste même sur l'importance qu'il y a à avoir ainsi ce qu'il appelle une « voix accompagnatrice ». À la longue, dit-il, presque chaque chercheur va reconnaître, peu à peu, une voix particulière, toujours la même, en laquelle il comprendra, par l'expérience, qu'il peut vraiment se fier. Cette voix aura toujours le même timbre, la même intensité, le même ton, et il pourra la capter n'importe où.

Il raconte, par exemple, qu'un jour, il faisait un essai en pleine mer, à cinq milles de la côte, et qu'il avait introduit le micro dans une cloche lestée pour le faire descendre de quelques mètres dans l'eau. Sa « voix accompagnatrice » lui parla quand même pour l'avertir qu'il ferait mieux de rentrer au port, car le temps allait se gâter ; ce qui, effectivement, se produisit [1].

Malheureusement, on est bien obligé, au contraire, de se méfier des voix occasionnelles, car elles peuvent mentir. Le professeur S. Darnell en donne quelques exemples, dont un est particulièrement amusant, parce que la « voix accompagnatrice » intervient pour rétablir la vérité :

VOIX PARANORMALE. – Le docteur X. est mourant.

EXPÉRIMENTATEUR. – C'est sûr ?

VOIX PARANORMALE. – Il ne passera pas le dimanche.

VOIX ACCOMPAGNATRICE. – N'en tiens pas compte, c'est un menteur [2] !

Le problème, avec ces voix accompagnatrices ou ces correspondants privilégiés, c'est que, même s'ils n'imitent pas la voix de l'expérimentateur, comme dans le cas de Dan, cité plus haut, la

1. Sinesio Darnell, *El misterio de la psicofonia, op. cit.*, p. 143-144.
2. *Ibid.*, p. 164.

tentation est assez forte de n'y voir tout de même qu'une « simple » projection du subconscient de l'opérateur.

Les chercheurs eux-mêmes y ont pensé, bien entendu. La question s'est particulièrement posée, semble-t-il, dans le groupe de Grosseto, à cause d'un simple détail de langage. Cordula s'adressait très volontiers aux différents membres du groupe ou aux centaines de visiteurs qui ont défilé à Grosseto en les appelant par leur prénom, mais pour Marcello Bacci, sur tous les kilomètres de bandes enregistrées, elle ne l'appelait presque jamais par son prénom, mais plutôt par son nom de famille : « Bacci ». Or, quand il se livrait à des essais d'enregistrement ou même à d'autres expériences paranormales, comme l'hypnose ou l'autohypnose, il parlait généralement de lui-même en s'appelant « Bacci ». Il n'est pas jusqu'à sa femme qui, pour lui faire plaisir, l'appelait ainsi.

Cependant, Cordula est polyglotte, ce qui n'est pas le cas de Marcello Bacci. Elle passe même souvent d'une langue à l'autre au cours de la même phrase. Elle prétend être née à Hilversum, mais sans donner d'autres précisions qui auraient permis de vérifier son affirmation. Ce que l'on peut constater, c'est qu'elle a tendance à utiliser souvent l'allemand. Tout cela ne correspond pas bien avec l'hypothèse d'une projection du subconscient [1].

L'harmonisation nécessaire pour établir le contact

Une remarque faite par différents chercheurs pourrait peut-être nous mettre sur une autre piste. À plusieurs reprises déjà on a noté, à propos de ces correspondants réguliers, qu'ils semblaient liés à la présence de quelqu'un de précis dans le groupe. Que cette personne vienne à disparaître (de notre monde), et la communication avec cette entité fidèle s'arrête. Personne d'autre dans le groupe ne semble capable de maintenir le contact avec elle. C'est ainsi, par exemple, qu'à la mort de Peter Härting, le contact avec ABX JUNO fut perdu pendant longtemps pour le groupe de Darmstadt.

De la même façon, George Jeffries Mueller, physicien et électronicien américain, passé dans l'au-delà, avait pu communiquer avec

1. Marcello Bacci, *Il mistero delle voci dall'aldilà, op. cit.*, p. 42-44 et 53-54.

un autre technicien, encore vivant sur terre : William O'Neil. Ce furent les beaux jours de la « Metascience Foundation » de George Meek, aux États-Unis. Grâce au « Spiricom Mark IV », les deux hommes étaient arrivés à engager, en 1980-1981, un dialogue qui avait totalisé environ vingt heures. Mais, depuis la mort de W. O'Neil, nous n'avions plus de nouvelles de G. J. Mueller. Or, tout récemment, G. J. Mueller s'est à nouveau manifesté, mais cette fois chez Adolf Homes, à Rivenich, et de façon tout à fait extraordinaire (par rapport à nos limites actuelles). Je dois redire au lecteur que je sais parfaitement combien tout cela doit paraître complètement fou à qui n'est pas familiarisé avec ces phénomènes. Cependant Adolf Homes est connu de bien des chercheurs en ce domaine, et il est évident pour tous qu'une supercherie de sa part est absolument impensable.

La première fois, ce fut simplement l'apparition de son image, muette et sans mouvement, sur l'écran du téléviseur de Homes, réglé sur un canal sans émission. C'était le 22 avril 1991. Puis, en octobre 1992, ce furent trois dialogues reçus par radio avec une voix qui se présentait comme Doc Mueller ou Doktor Mueller. Enfin, un appel téléphonique avec la voix désormais bien connue de Constantin Raudive, mort en 1974, et qui se référait aux communications radio reçues auparavant de G. J. Mueller.

Or, lors de sa deuxième communication radio, Mueller donna quelques éclaircissements qui, précisément, nous intéressent ici. C'était le 15 octobre 1992. Adolf Homes écoutait à la radio un programme musical. Soudain, la musique s'arrête et Homes entend très nettement :

« Ici Doktor Mueller. »

« Allô, Herr Doktor Mueller. Herr Doktor, avez-vous quelque chose à me dire ? », répond Homes.

« Tous les systèmes de communication sont fondamentalement transmis par l'esprit-télépathie. Alors seulement vous pouvez m'entendre sur la radio. »

« Oui, je comprends », répond Homes.

« C'est pourquoi le dialogue cesse avec le décès de l'expérimentateur, car la vibration nécessaire n'est plus là [1]. »

---

1. *Transkommunikation,* vol. II, n° 1, 1992, p. 36-37.

Ce serait donc, faute de l'harmonisation nécessaire entre lui et les membres actuels de l'équipe de George Meek ou G. Meek lui-même, que G. J. Mueller passerait maintenant par l'intermédiaire d'Adolf Homes, en le chargeant d'ailleurs de saluer de sa part tout le groupe de « Metascience ».

Symbolisme

Cette idée d'harmonisation nécessaire entre les vibrations des trépassés et celles des vivants sur terre, pour que la communication puisse s'établir, me rappelle alors tous les témoignages que nous avons par ailleurs sur ces associations plus ou moins étroites entre vivants de ce monde et vivants de l'autre monde [1]. Dans la mesure où cette association peut aller jusqu'à une sorte de symbiose, le problème de l'hypothèse « animiste » ne se pose plus du tout de la même façon. Si la communication se fait par une sorte de « télépathie » entre les deux mondes, pour reprendre le terme même de G. J. Mueller, alors l'hypothèse « animiste » d'une projection du subconscient de l'opérateur terrestre et l'hypothèse spiritualiste d'une authentique communication avec l'au-delà ne s'opposent plus. Elles peuvent même coïncider. Et cela d'autant plus que beaucoup de messages reçus en transcommunication nous affirment que, pour établir le contact, nos chers disparus doivent puiser dans les énergies de l'opérateur terrestre. De fait, beaucoup d'expérimentateurs ont noté, après chaque enregistrement, une grande fatigue qui ne leur semblait pas due à la seule attention nécessaire. Nous avons d'ailleurs une confirmation indirecte de ce processus de « pompage », par les trépassés, de l'énergie nécessaire à ces communications, dans l'observation faite par le professeur S. Darnell à propos des plantes. Au cours des enregistrements faits à leur proximité elles se fanent rapidement [2].

Mais, de toute façon, ces problèmes ne se posent pas pour toutes les voix, et l'hypothèse « animiste », dans sa forme dure, exclusive, tombe pratiquement d'elle-même pour celles qui se manifestent en différents endroits, chez différents expérimentateurs, tout en restant parfaitement

1. François Brune, *Les morts nous parlent,* Philippe Lebaud, 1993, p. 273-276 et 287-294.

2. S. Damell, *El misterio de la psicofonia, op. cit.,* p. 96.

reconnaissables, comme celle, par exemple, de Constantin Raudive qui se manifeste aussi bien à Rivenich qu'à Luxembourg, chez Jules et Maggy Harsch-Fischbach sans la présence de Homes, aussi bien que chez Homes en l'absence de Jules et Maggy. Mais il est possible, dans ces cas, que l'harmonie des vibrations s'établisse aussi bien entre Jules et Maggy, et Raudive, qu'entre Raudive et Homes.

Projection de pensée

Curieusement, ce phénomène de psychocinèse, de projection directe de notre pensée, est mieux attesté pour les images que pour les voix. Un cas est particulièrement connu aujourd'hui, celui de Ted Serios, originaire de Chicago, étudié pendant plusieurs années à l'université de Denver, dans le Colorado. Un film a été réalisé où l'on voit comment il parvient peu à peu, dans un état de transe légère, à projeter directement sur une pellicule Polaroïd l'image d'un homme de la préhistoire. Il n'y a aucun trucage possible, tout a lieu dans des conditions de contrôle rigoureux. Il est d'ailleurs tout à fait remarquable que Ted Serios ait d'abord fait lui-même un dessin pour s'aider à projeter son image. Or, celle qu'il obtient est un peu différente, mais, en revanche, elle coïncide presque exactement avec le dessin d'un tableau qui existe dans un musée de Chicago. Ted Serios travaille avec un objectif complètement ouvert et, donc, toutes ses photos devraient être, normalement, complètement blanches.

Mais d'autres cas sont aujourd'hui connus. Mazuaki Kiyota, à Tokyo, travaille au contraire avec un objectif complètement fermé. Il ne devrait donc obtenir que des images noires. Il n'a pas besoin d'entrer dans un état de transe, mais l'effort de concentration est évident et même violent.

Rémy Chauvin a précisé que, d'après Fukurai, le médium peut même impressionner une seule plaque parmi six autres ; ou imprimer une partie d'une image sur une plaque et l'autre partie sur la plaque suivante de façon que, une fois développées, les figures s'emboîtent comme un puzzle. Mais surtout que ces « extra », comme on les appelle, sont souvent la copie d'une photo ou d'une peinture déjà existante. « Par ailleurs, dit-il, dans le cas de productions ectoplasmiques, on observe souvent la formation progressive d'une figure très reconnaissable, qui imite un portrait récemment paru dans les journaux, en le simplifant nettement : ainsi apparurent dans l'air les figures du roi de Bulgarie, du président Poincaré et d'une actrice, au cours d'une fameuse séance avec Marthe Béraud. »

« Le cas de sir Victor Goddard : dans une photo très officielle prise après la guerre, figurait toute l'escadrille du vice-maréchal de l'Air, sir Victor Goddard. On y voyait très distinctement la face du mécanicien Freddy Jackson ; tout le monde était en grand uniforme, sauf lui : or, Jackson venait d'être tué pour s'être trop approché d'une hélice, et l'escadrille revenait justement de ses funérailles lorsque la photo fut prise... »

Le docteur Delavre cite d'autres noms de médiums capables ainsi de réaliser des images par projection de pensée. Il souligne alors, dans une brève étude, un aspect particulier, fréquent dans tous ces phénomènes et qui nous concerne ici directement. Les images qui apparaissent ainsi par projection peuvent aussi bien être des objets éloignés, des visages de personnes, connues ou inconnues. Dans plusieurs cas, les images que, sur-le-champ, on ne parvenait pas à identifier, ont été retrouvées plus tard. Il s'agissait de photos déjà publiées. Parfois l'image paranormale projetée était absolument identique, parfois, au contraire, elle présentait quelques variantes. Beaucoup de ces photos, souligne Vladimir Delavre, ont été obtenues dans des conditions de contrôle parfaites et doivent donc être considérées comme de véritables « phénomènes psi ».

S'agit-il cependant du même processus lorsque nous recevons sur nos écrans des images paranormales ? Ou même des voix ? Autrement dit, où est la source de ces images ou de ces voix ? Viennent-elles du subconscient de l'opérateur ? Mais alors comment doit-on définir notre subconscient pour rendre compte d'une telle richesse ? Traînent-elles quelque part dans l'espace ? Appartiennent-elles à quelque réservoir d'information ? Est-ce la structure même des objets que nous fabriquons qui peut attirer ces images ou ces voix ? Telles sont à peu près les questions que l'auteur de cette étude se pose et qui se posent aussi à nous [1].

---

1. Dr Vladimir Delavre, « Paranormale Transferphänomene », dans *Transkomnunikation,* vol. I, n° 4, 1992, p. 21-24.

Les différences avec la TCI

Cependant, il faut noter que les conditions dans lesquelles les voix ou les images sont reçues par les expérimentateurs de transcommunication sont très différentes. Il est vrai que, pour les voix, l'opérateur souvent se concentre, pense à la personne qu'il veut atteindre, s'efforce de lui envoyer des pensées d'amour, s'aide parfois de sa photographie pour mieux attirer sa présence. Mais il n'y a pas d'effort de projection, il n'y a pas de mots choisis pour la réponse, du moins au niveau conscient. Souvent, d'ailleurs, l'essai de communication se fait sans avoir même choisi un interlocuteur précis dans l'au-delà, ce qui rend la formation d'une réponse involontaire dans le subconscient beaucoup plus improbable. En outre, si l'on songe que les voix déjà reçues de par le monde sont plusieurs centaines de milliers, réceptionnées par des milliers d'expérimentateurs, il faudrait admettre que les psychocinèses involontaires sont beaucoup plus nombreuses que les volontaires.

Pour les images, je dois même dire qu'avec mes amis du Luxembourg nous bavardions tranquillement à mi-voix en attendant qu'elles arrivent. Il n'y avait vraiment, de la part de chacun de nous, aucune concentration. L'heure à laquelle l'émission de l'au-delà allait se produire leur avait été indiquée quelques jours plus tôt, par radio ou par téléphone, et nous étions simplement prêts, mais sans désir intense, sans appel intérieur, sans la moindre tension psychologique.

La réponse ne correspond pas non plus toujours à ce que l'on pourrait attendre. Elle peut dérouter complètement l'expérimentateur, le choquer dans ses convictions ou lui paraître absurde. Les voix reçues peuvent parfois s'exprimer dans des langues ignorées de l'opérateur. S.W. Estep signale même un ami qui, un soir, reçut une voix affectée d'un zézaiement. Elle précise que cet ami n'avait pas lui-même ce petit problème [1]. Dans le même ordre d'idées, le professeur S. Darnell rapporte le cas d'une personne qui reconnut parfaitement la voix de sa mère, et plus précisément, à cause des *s* un peu sifflants qui altéraient sa prononciation depuis qu'il lui manquait une dent [2].

---

1. Sarah Wilson Estep, *Voices of Eternity, op. cit.*, p. 44.
2. Sinesio Darnell, *El misterio de la psicofonia, op. cit.*, p. 213.

TCI en l'absence de tout opérateur

Il ne semble pas que la présence d'un opérateur soit toujours indispensable. Mme Hildegard Schäfer raconte, par exemple, qu'elle s'était un jour livrée à une petite expérience. Le problème qui l'intéressait était, évidemment, de mettre à l'épreuve, une fois de plus, cette fameuse hypothèse dite « animiste ». Après avoir mis le magnétophone en marche, elle s'assit donc à son bureau, à environ cinq mètres de distance de l'appareil, lisant, écrivant, remuant beaucoup de papiers, l'esprit toujours occupé et occupé par d'autres pensées que des enregistrements éventuels. Elle quittait même parfois la pièce pour aller chercher d'autres documents dont elle avait besoin pour son travail. En écoutant plus tard la bande, elle retrouva tous ces bruits, un peu assourdis par la distance, et à un moment une voix murmurait : « Maintenant elle s'en va [1]. »

Mme Schäfer raconte un peu plus loin, dans le même ouvrage, qu'un expérimentateur de Berlin, M. Alfred Kroll, avait fait souvent la même expérience en laissant son magnétophone dans une pièce pendant qu'il allait travailler dans une autre durant des heures entières, sans plus s'occuper de l'appareil enregistreur. Mme Schäfer prit même part un jour chez lui à ce genre d'essai. Elle prenait tranquillement le café avec toute la famille, tandis que dans une autre pièce le magnétophone tournait. L'absence ou l'éloignement n'empêchaient pas du tout l'apparition de nombreuses voix enregistrées [2].

Ces témoignages permettent de relativiser sérieusement ce qu'un chercheur espagnol croyait avoir constaté en faveur de la thèse « animiste ». Celui-ci, José Maria Pérez Latorre, est psychiatre et neurophysiologiste. C'est donc bien normalement, en fonction de ses connaissances et de ses préoccupations, qu'il a étudié les phénomènes de transcommunication. Ses avis sont d'ailleurs souvent précieux. Mais là, il semble qu'il ait généralisé abusivement ce qu'il a pu peut-être constater, quand il affirme que, si l'opérateur

1. Hildegard Schäfer, *Stimmen aus einer anderen Welt, op. cit.*, p. 184-185.
2. *Ibid.*, p. 279.

s'éloigne de plus de cent mètres du magnétophone, même avec commande à distance, plus rien ne s'enregistre [1].

Cette affirmation est directement contredite par une expérience que rapporte le professeur S. Darnell. Il s'agit de quelqu'un qui a disposé dans des grottes abandonnées des appareils enregistreurs avec un système d'horlogerie programmant leur déclenchement plusieurs heures après leur installation. Les auteurs de cette curieuse expérience allèrent ensuite dîner tranquillement à plusieurs kilomètres de distance de ces grottes. Revenus prendre leurs appareils, ils écoutèrent leurs bandes et trouvèrent sur l'une d'elles une voix de femme, très claire, qui commentait leurs doutes [2].

Le lien, supposé par l'hypothèse, entre les phénomènes de transcommunication et la conscience ou le subconscient des opérateurs, n'est donc pas évident, en général, et semble souvent impossible, dans bien des cas particuliers, nous le verrons bientôt à travers d'autres exemples.

Il faut sans doute aussi rappeler que, de toute façon, le mécanisme de ces projections de pensée nous échappe complètement. Le plus probable est que ce phénomène, par ailleurs bien établi, ne pourra recevoir d'explication dans le cadre actuel de nos connaissances.

Les ondes rémanentes

J'emploie ici un terme très simple mais qui recouvre une hypothèse, elle aussi, assez fantastique. Elle correspond à ce que, dans les traditions extrême-orientales, on appelle les « Archives akashiques » ou les « Chroniques d'Akasha ».

Disons qu'il y a certaines ondes que nous percevons avec nos sens. Qu'il y en a d'autres qui ont certainement toujours existé, mais que nous ne connaissons que depuis peu de temps, car elles sont hors de l'atteinte de nos sens. Nous sommes cependant sûrs de leur existence, car nous avons maintenant des appareils qui peuvent les émettre et les recevoir. La pièce où vous êtes en train de lire ce livre

1. Sinesio Dunell, *El misterio de la psicofonia,* Ediciones Fausi, 1987, p. 99.
2. *Ibid,* p. 155.

est traversée sans cesse d'ondes qui transportent des sons et des images que, heureusement, vous n'entendez ni ne voyez. Il vous faut un appareil radio ou un téléviseur pour pouvoir les percevoir.

L'hypothèse est qu'il y aurait encore d'autres ondes, probablement autres que les ondes électromagnétiques, puisqu'on peut les recevoir même dans une cage de Faraday, mais pour lesquelles nous n'avons pas encore construit d'appareils adéquats. Elles pourraient cependant, dans certaines circonstances, être reçues sur nos appareils, bien qu'ils n'aient pas été conçus pour cela. D'où, d'ailleurs, la mauvaise qualité générale de cette réception.

Le concept d'« onde »

Il y a, parmi toutes ces ondes, celles que nous émettons volontairement, en gardant sur elles un certain contrôle. Mais il y aurait aussi celles que nous émettons en permanence et pratiquement à notre insu. Ces « ondes », d'un type encore inconnu pour la science, faute d'appareils adaptés, se situeraient à un niveau de réalité où il n'y a plus d'espace ni de temps, probablement au niveau quantique. C'est dire combien le terme d'« ondes » que je garde, faute de mieux, est impropre en raison, précisément, de ces propriétés nouvelles. Ce seraient ces « ondes » que les médiums, lorsqu'ils sont doués et honnêtes, pourraient capter. C'est pourquoi aussi ils peuvent percevoir des lieux, des objets, des personnes ou des événements qui nous paraissent « éloignés », dans le temps ou dans l'espace, selon notre mode normal de perception. J'en ai été bien des fois le témoin et, pour moi, l'existence du phénomène est incontestable.

Ce seraient ces ondes que nous pourrions même parfois percevoir directement avec nos sens, sans être particulièrement médium, comme dans le célèbre cas des « drosulites », en Crète, où, selon divers témoignages dignes de foi, on peut, à une certaine époque de l'année et tôt le matin, voir défiler toute une armée étrange de fantômes, revêtus de cuirasses et portant lances et boucliers. Le cas n'est d'ailleurs pas unique. D'autres phénomènes du même genre, quoique moins constants, ont été plusieurs fois observés [1].

---

1. François Brune, *Les morts nous parlent, op. cit.*

Il faut d'ailleurs souligner que, si la base physique de ces phénomènes se trouve vraiment au niveau quantique, elle échappe au temps et à l'espace et donc, en réalité, ces « ondes » ne sont rémanentes que par rapport à nous qui glissons inexorablement dans le temps.

Les lieux hantés

De fait, certains cas, parmi les nombreuses voix ou les nombreuses images reçues, semblent mieux correspondre à cette hypothèse. Par exemple, le professeur S. Darnell signale que, dans la principauté d'Andorre, il y a un ermitage, pratiquement en ruine, où des expérimentateurs ont enregistré la récitation du rosaire. Plusieurs mois plus tard, un autre groupe enregistra, au même endroit, la même récitation du rosaire sur fond de chant grégorien. Or, d'après les informations qu'il a reçues, près de deux ans plus tard, ce sont toujours les mêmes voix et les mêmes chants qu'ils obtiennent.

Dans les Pyrénées, dans les ruines d'une maison abandonnée, on a enregistré les lamentations d'une femme qui demandait continuellement pardon. On a alors essayé de lui demander quel était le motif de ses remords, mais sans obtenir de réponse. En s'éloignant de six cents mètres, on n'enregistrait plus ces plaintes, mais en revenant au même endroit, les mêmes lamentations réapparaissaient sur l'enregistreur [1].

Le même chercheur raconte aussi que, le 23 juillet 1978, vers 19 h 30, il se rendit à Gallecs, près de Mollet, où un de ses amis, technicien de télécommunication, passait ses vacances. Après le dîner, alors que la nuit était déjà bien avancée, ils décidèrent de tenter un enregistrement. Pour cela, ils cherchèrent un endroit tranquille, ce qui, avec la circulation du dimanche soir, ne fut pas facile. Ils finirent par trouver une bâtisse qui était abandonnée, pour expropriation. Les premiers essais furent sans résultats. Mais alors qu'ils étaient sur le point d'abandonner, ce fut la surprise. Ils enregistrèrent avec une netteté parfaite le grincement d'une grille que l'on ferme, puis le bruit de deux tours de clé, et, enfin, six pas précipités.

1. Sinesio Darnell, *El misterio de la psicofonia, op. cit.*, p. 144-145.

L'enregistrement est parmi les plus clairs jamais reçus. Toutes les personnes invitées à écouter cette bande l'ont, spontanément, interprétée de la même façon. Des recherches entreprises dans la région, il ressort que rien ne peut ramener cet enregistrement à un phénomène normal [1].

De ces différents exemples, le plus convaincant serait peut-être celui de l'ermitage andorran. On imagine mal que chaque fois que quelqu'un se présente à cet ermitage avec son petit magnétophone en bandoulière, d'anciens moines ou d'anciennes religieuses venus de l'au-delà se précipitent pour venir y prier. Je veux bien croire, par ailleurs, que ces moines ou ces religieuses soient sans cesse en train de prier pour nous ; nous en avons bien besoin. Ce serait en effet une autre explication possible, mais je ne vois pas pourquoi cette prière serait plus particulièrement liée à ce lieu. Il semble, d'après bien des messages reçus de l'au-delà, par différentes voies, que les trépassés qui restent attachés à certains lieux soient, précisément, les moins évolués. D'où, peut-être, certains phénomènes de hantise. Mais, les moines en train de prier pour notre salut ne devraient pas éprouver le besoin de se retrouver dans leur ancien ermitage. Ici, l'explication par des ondes rémanentes pourrait bien être la meilleure. C'est loin cependant d'être une certitude, car, normalement, ces ondes échappent à l'espace aussi bien qu'au temps. Donc, en principe, un bon appareil capable de capter ces ondes devrait pouvoir, avec les réglages nécessaires, les capter à partir de n'importe quel endroit. Dans le cas qui nous occupe, il ne semble pas que cet essai ait été fait, et d'ailleurs les appareils dont nous disposons actuellement ne le permettraient peut-être pas. Ce réglage que nos appareils sont encore incapables de réaliser, sauf, semble-t-il, le « chronoviseur » du père Ernetti, les médiums l'accomplissent parfaitement.

Dans le deuxième exemple évoqué, celui de cette femme demandant sans cesse pardon, l'explication par des ondes rémanentes me paraît non seulement possible, mais même, de loin, la plus probable. Nous avons, il est vrai, beaucoup de témoignages, de différentes sources paranormales, qui suggèrent fortement que les trépassés puissent rester, très longtemps, comme prisonniers d'un trauma-

1. Sinesio Darnell, *op. cit.*, p. 174-175.

tisme subi ou infligé à d'autres. Ainsi, par exemple, George Ritchie, lors d'une fantastique expérience aux frontières de la mort, se trouve entraîné dans un voyage initiatique où il semble bien que son guide soit vraiment le Christ. Au cours de ce voyage, on lui montre des suicidés suivant indéfiniment le proche parent auquel ils ont ainsi fait le plus de peine, souvent leur mère, parfois leur conjoint, en leur demandant sans cesse pardon. Pardon que personne n'entend, bien évidemment, mais qu'ils répètent inlassablement, comme si le temps s'était arrêté pour eux, comme s'ils étaient incapables de se libérer de leurs remords [1]. Cependant, dans tous ces cas, il semble bien que ces trépassés soient en train de s'adresser à des personnes vivantes, qu'ils poursuivent de pièce en pièce pour leur demander pardon. Or, dans le cas rapporté par le professeur S. Darnell, il s'agit d'une maison « en ruine », ce qui suppose qu'elle était abandonnée depuis longtemps. Le fait qu'à six cents mètres de distance les lamentations de cette femme n'aient plus été reçues sur l'enregistreur ne prouve rien. Là aussi, l'absence de réglage sur nos appareils peut en être l'explication.

Le dernier cas rapporté par le professeur S. Darnell reste peut-être cependant le plus convaincant sur la très haute probabilité de l'existence de ce phénomène d'ondes rémanentes. Il s'agit donc de ces bruits de grille que l'on ferme et de ces bruits de pas. Ils ne pouvaient venir des environs de la bâtisse où ont été faits les enregistrements. Le professeur de Barcelone et son ami s'en sont assurés. Supposer que le bruit venait de trop loin pour que leur enquête ait pu en retrouver la cause n'est pas non plus possible. Le magnétophone, dans la nuit, a capté même des bruits assez lointains, comme des aboiements de chiens. Mais, le professeur S. Darnell me l'a raconté personnellement, au cours de leur enquête dans le voisinage, ils ont trouvé des personnes qui leur ont affirmé qu'ils avaient très bien connu cette maison, avant son abandon, et qu'elle comportait une cave fermée par une grille que l'on fermait à double tour et qui était suivie de six marches.

La projection du subconscient n'est vraiment soutenable que si l'on est décidé, quoi qu'il arrive, à refuser toutes les autres hypo-

1. George Ritchie, *Retour de l'au-delà,* Robert Laffont, 1986, p. 78-79.

thèses. L'enregistrement d'un bruit qui aurait été produit dans l'au-delà au moment même de l'enregistrement n'a, dans ce cas, aucun sens non plus. L'hypothèse des ondes rémanentes semble, au contraire, tout expliquer.

L'image de Romy Schneider

Les ondes rémanentes pourraient être aussi à l'origine de certaines images paranormales. Ce serait peut-être l'explication la plus satisfaisante, par exemple, pour la déjà célèbre image de Romy Schneider reçue par Klaus Schreiber, à Aix-la-Chapelle.

L'origine paranormale de cette image ne fait guère de doute. D'abord parce que, avant d'apparaître ainsi sur écran, elle s'était déjà manifestée à Klaus Schreiber par la voix, et même, plusieurs fois. Voici les dernières phrases reçues d'elle avant son image :

« Klaus, ici Romy. Que c'est beau ! »

« J'aimerais venir après-demain ! »

« Je vais me montrer à toi par vidéo. »

Effectivement, deux jours plus tard, son image se formait peu à peu sur l'écran du téléviseur de Klaus Schreiber [1] ! Les précisions sur cette image n'ont pu venir que progressivement. Un autre expérimentateur allemand, qui n'a que très peu de résultats personnellement, passe une bonne partie du temps qu'il consacre aux recherches de TCI à démontrer que les autres sont des faussaires. C'est ainsi qu'il avait repéré que cette image de Romy Schneider correspondait à un passage du film *Das Mädchen und der Kommissar (La Jeune Fille et le Commissaire).* Une comparaison minutieuse des images a donc été entreprise à Vienne. Il en ressort que l'image reçue par Klaus Schreiber ne peut venir directement du film ni même de ses chutes. Dans le film, Romy est en plein mouvement, et un certain angle blanc que l'on aperçoit derrière son profil ne se trouve que sur une seule photo. À Aix-la-Chapelle, Romy ne bouge pas, mais cet angle glisse légèrement derrière sa chevelure. La largeur du visage n'est pas tout à fait la même. Il semble que l'angle de prise de vues ait été un peu différent.

---

1. Cf. Rainer Holbe, *Bilder aus dem Reich der Toten,* Knaur, Munich, 1987, p. 139.

Mais surtout, sur l'écran de Klaus Schreiber, l'image ne se forme que lentement, en partant d'une masse blanche très confuse où le profil de Romy ne devient reconnaissable que tardivement [1]. Aucun cadreur n'aurait conservé une image avec une mise au point si défectueuse. Enfin, répétons-le, Klaus Schreiber travaillait en circuit fermé, ce qui, tout de même, exclut en principe toute interférence. Redisons-le aussi, tous ceux qui ont connu K. Schreiber sont absolument formels. Il était au-dessus de tout soupçon. Martin Wenzel, ingénieur en électronique, qui l'a bien connu pendant des années et a pu contrôler son travail, me l'a confirmé plusieurs fois. Il n'y a aucun doute là-dessus.

Mais alors, d'où vient cette image où Romy apparaît toute jeune encore, dans tout son éclat ? Probablement de Romy elle-même, dans l'au-delà, puisqu'elle s'était annoncée à Klaus. Mais comment expliquer, à la fois, cette extraordinaire ressemblance avec le film, jusqu'à ce détail de cet angle blanc derrière sa chevelure, et la différence qui rend possible d'admettre une provenance directe ? Eh bien, il est fort possible que Romy ait puisé elle-même dans ces fameuses archives akashiques, dans les ondes rémanentes du temps où elle tournait ce film, pour nous envoyer une image d'elle-même qui lui plaisait particulièrement. Peut-être voulait-elle par là nous faire comprendre qu'elle avait aujourd'hui retrouvé sa jeunesse, comme au temps où elle tournait ce film.

Ondes rémanentes d'un tableau ?

D'autres images pourraient peut-être aussi s'expliquer ainsi. Par exemple, dans le cas que nous avons déjà évoqué à propos de l'hypothèse des interférences, où K. Schreiber avait reçu sur son écran l'image d'une jeune femme enturbannée avec sur ses genoux un bel enfant. Il s'agit en réalité, nous l'avons vu, d'un tableau très célèbre de Raphaël, *La Vierge à la chaise,* qui se trouve dans un musée de Florence. On se rappelle que les recherches entreprises auprès de tous les émetteurs susceptibles d'être recus dans la région d'Aix-la-Chapelle avaient montré qu'aucun d'eux n'avait diffusé l'image de ce tableau à ce moment-là.

1. Voir *Parasciences et Transcommunication,* n° 31, décembre 1997, p. 20.

Restait donc l'hypothèse des fameuses ondes rémanentes. Mais les historiens de l'art sont, paraît-il, formels : Raphaël n'avait eu recours à aucun modèle pour peindre ce tableau. Ce ne sont donc pas des ondes rémanentes provenant directement d'une jeune femme et de son enfant. Mais des ondes rémanentes du tableau lui-même, ce n'est pas impossible. Depuis tant d'années qu'il existe, il en envoie nécessairement sans cesse. Cependant, il y a quelque temps, le professeur Senkowski, auquel je dois la plupart de ces précisions, me disait que des études plus récentes semblaient suggérer qu'il ne s'agissait pas d'une image du tableau lui-même, mais plutôt d'une étude préparatoire. On voit, par ces exemples, la complexité des problèmes et le temps qu'il faut souvent pour que la recherche avance un peu. Ajoutons que, dans ce cas précis, rien ne permet de deviner qui a bien pu envoyer cette image sur l'écran de K. Schreiber, ni dans quel dessein.

Konrad Lorenz et Thomas Edison

Ce serait peut-être aussi l'utilisation de ces ondes rémanentes par nos correspondants dans l'au-delà qui expliquerait que plusieurs des images récentes obtenues à Luxembourg, sur moniteur d'ordinateur, présentent tant de similitudes avec des photos anciennes connues, ou même semblent n'en être que la simple reproduction avec interversion droite-gauche.

C'est ainsi que les images de Konrad Lorenz et de Thomas Edison qu'on nous a envoyées de l'au-delà sont pratiquement identiques à de vieux documents, mais seulement en ce qui concerne les visages. Le reste, vêtements et surtout décor, étant profondément différent et même anachronique [1].

On pourra de même comparer l'image reçue de Heli Schäfer à Luxembourg avec une photo prise de son vivant. Il s'agit bien de la même image, mais intervertie droite-gauche [2].

---

1. Ces images paranormales et les photographies anciennes correspondantes ont été publiées dans *INFOnews,* le bulletin du Centre de transcommunication du Luxembourg, n° 2 de 1991, p. 7 pour Konrad Lorenz, et p. 48 pour Thomas Edison.
2. *INFOnews,* n° 2 de 1990, p. 28.

Les extraterrestres

Certains des expérimentateurs ont l'impression qu'il leur arrive de recevoir des messages qui ne viennent pas de nos trépassés. Ils imaginent alors qu'il s'agit d'extraterrestres.

Là, je sens que je commence à mettre la bonne volonté du lecteur à rude épreuve. On veut bien me suivre un peu, à propos des Expériences aux Frontières de la Mort, parce que beaucoup de livres ont déjà paru sur la question et qu'un certain nombre de médecins, donc de gens sérieux, recommandables, s'en sont occupés. Encore ne m'écoute-t-on d'ordinaire que si je respecte les bienséances, c'est-à-dire que si je n'y vois pas une « preuve » de la survie. Parler d'« indices » est toléré.

Le phénomène de la transcommunication instrumentale est trop peu connu en France, et là, je continue à faire scandale. Mais il y a bien pis. Il y a un domaine franchement maudit, c'est celui des extraterrestres.

Je ne vais donc pas me lancer, ici, dans un exposé sur toutes les théories possibles, ni sur les faits mystérieux qui sont peut-être ou probablement en relation avec ce problème. Je me contenterai d'évoquer les recoupements qui semblent être constatés entre les manifestations d'extraterrestres et les phénomènes de transcommunication.

Le témoignage de S.W. Estep

S.W. Estep explique qu'elle a d'abord demandé plusieurs fois à nos chers disparus s'il existait des mondes parallèles ou des extraterrestres. Elle obtint alors la confirmation de leur existence. Puis elle demanda si les ovnis venaient de notre système solaire ou d'ailleurs. Là encore, réponse positive. Enfin, un beau jour, elle enregistra : « Espace parlera cette nuit. » Quand quelqu'un dans l'au-delà s'annonçait, elle reprenait toujours son nom dans la question qu'elle posait ensuite. Ne sachant pas très bien comment interpréter ce texte, pensant que peut-être quelqu'un de l'au-delà s'était choisi ce nom, elle demanda donc si « Espace » voulait vraiment s'adresser à elle la nuit suivante. La réponse fut : « Nous voudrions que tu saches que nous reviendrons te saluer. »

Le soir, elle était donc devant son magnétophone. Elle essaya d'abord de savoir qui lui avait parlé d'« espace ». Elle reçut alors : « Nous sommes tous descendus. » Ces voix étaient très différentes, dit-elle, de celles des trépassés, mais toutes d'excellente qualité. Elles lui paraissaient seulement plus aiguës, plus métalliques. Sa chienne, qui ne manifestait habituellement qu'indifférence lorsqu'elle enregistrait, se mit cette fois à gronder et à aboyer. « Ils » lui expliquent que pour venir vers elle ils doivent repérer comme un fil ou une ligne. Elle n'est pas très sûre de ce que cela signifie, mais il lui semble que lorsqu'elle pense à eux, « ils » peuvent peut-être le ressentir comme un appel. Elle a l'impression de pouvoir très bien distinguer entre les voix venant de trépassés et celles des extraterrestres. Mais pourtant, les uns et les autres, invisibles pour elle, semblent pouvoir se voir et communiquer entre eux. Ils viennent d'ailleurs souvent ensemble. Les extraterrestres lui parlent de leur vaisseau spatial, prétendent venir de Vénus, Mars, Alpha du Centaure et lui annoncent qu'ils vont se manifester à sa fenêtre, en jaune. Elle voit alors effectivement devant sa fenêtre une balle jaune et constate peu après sur sa peau des éruptions. Elle a parfois tenté de prendre des photos d'elle-même pendant qu'elle enregistrait, à l'aide d'un déclencheur à distance. Elle a alors obtenu, au développement, des boules lumineuses [1].

Le témoignage de Monique Simonet

Dix ans avant ses premiers enregistrements de voix de l'au-delà, Mme Simonet avait eu une expérience semblable.

C'était dans la nuit du 27 au 28 juillet 1969, à Montpellier, vers 1 heure du matin. Elle avait déjà beaucoup lu sur les ovnis et venait justement d'en parler assez longuement avec quelqu'un à l'occasion d'une petite fête de famille. Elle avait alors trente ans et se trouvait encore toute seule dans la vie. Ce soir-là, elle se sentait particulièrement triste, m'a-t-elle raconté. Et c'est alors que lui vint l'idée de demander assistance et consolation à ces êtres inconnus. Assise devant sa fenêtre ouverte, elle vit alors passer très lentement trois disques violet clair à quelques centimètres de ses yeux. Sans trop

1. Sarah Wilson Estep, *Voices of Eternity, op. cit.*, p. 133-153.

savoir pourquoi, elle en ressentit une impression heureuse, comme si son appel avait été compris et qu'on y eût répondu. Peu après, elle se coucha et, à moitié endormie, se vit comme dans une sphère entourée de fenêtres. Elle quitta ainsi la terre à grande vitesse, emportée dans l'espace.

Mais elle ne vit aucune entité, aucun être bizarre et se réveilla peu après dans son lit.

Que s'est-il passé vraiment ? Y eut-il là une sorte d'appel ou de préparation pour une mission future, peut-être celle qu'elle accomplit aujourd'hui ? Nous ne le saurons sans doute jamais, en tout cas aussi longtemps que le mystère des extraterrestres n'aura pas été élucidé.

N'ayant pu encore faire de contre-enquête auprès de nos éventuels visiteurs, je ne peux qu'« enregistrer » à mon tour le témoignage. Je n'y attacherais d'ailleurs pas trop d'importance s'il était isolé, ce qui est loin d'être le cas, comme on va le voir.

Confirmation en Allemagne

J'ai appris, par exemple, par la revue *Transkommunikation,* qu'en Allemagne, à Bottrop, Ilse Schmitz qui, depuis des années, ne recevait sur son magnétophone que de très normales (!) communications de défunts, eut la surprise, au printemps 1991, d'entendre un jour : « Sur Bottrop jeudi nuit viennent deux ovnis. » Ayant essayé d'obtenir plus de précisions sur le moment exact, elle reçut à la mi-mars : « Ilse, nous venons jeudi 18. » Le jeudi 18 avril, il ne se passa rien. Dans les deux mois suivants, le jeudi ne tombait jamais un 18. Mais le jeudi 18 juillet, entre minuit et 1 h 45 (avec une interruption), deux lumières en forme de disques, aux contours imprécis, apparurent et se déplacèrent dans le ciel nocturne et nuageux de Bottrop, à la vue de nombreux témoins. Pendant ce temps un appareil vidéo s'était mis en marche tout seul dans la maison de Mme Schmitz et, chez sa fille, le téléphone n'a plus fonctionné, le temps de cette apparition. Enfin, le 6 août 1991, Mme Schmitz recevait sur son magnétophone : « Hourra ! nous avons pu venir chez Ilse [1] ! »

1. *Transkommunikation,* vol. 1, n° 3, 1991, p. 43-44, récit plus détaillé dans *Der INFO,* n° 26, septembre 1991, p. 16-18. *Der INFO* est le bulletin du centre de recherche de TCI de Darmstadt.

Le lecteur aura remarqué que l'on retrouve, dans ce récit, les boules jaunes dont parlait S. W. Estep ; les mêmes que l'on décrit souvent à propos des formations de dessins mystérieux dans les champs de blé.

La mystérieuse personnalité d'ABX JUNO

À Darmstadt, aussi longtemps qu'a vécu Peter Härting, le cercle de TCI a reçu des messages d'une entité un peu mystérieuse que l'on appelait ABX JUNO.

À la question : « Qui êtes-vous ? », la réponse fut : « Vous ne pourrez le comprendre qu'au fur et à mesure du déroulement du temps de la Terre. »

À la question : « Que signifie ABX JUNO ? », l'entité expliqua : « Prenez le A pour "aussen" ou "ausserhalb" (dehors ou hors de), le B pour "biologique" et le X pour "expérience". Comprenez-le comme une expérience venant de l'extérieur qui s'insère dans votre forme de vie biologique. JUNO est mon nom ; vous pouvez m'appeler ainsi » (message reçu le 13 juillet 1987).

Je sais que mes amis allemands ne sont pas sur ce point du même avis que moi. Ils ne voient en ABX JUNO qu'une « entité », sans autre précision. Ils recevaient sa voix directement à travers le haut-parleur d'un poste de radio et pouvaient ainsi soutenir avec lui un véritable dialogue. J'en ai été témoin, à Darmstadt, en septembre 1987. Il semblait même souvent servir d'intermédiaire entre les trépassés et les membres du groupe de chercheurs. Il annonçait les défunts : « Maintenant untel voudrait parler… » Je sais même qu'il y a un message, reçu le 19 novembre 1987, qui pourrait donner à entendre qu'il ne s'agit que d'un homme, mort depuis longtemps et aujourd'hui très évolué : « ABX JUNO peut vous comprendre, car il a lui-même déjà séjourné parmi vous. »

Pourtant, à y regarder de près, « séjourner » parmi nous ne veut pas dire nécessairement qu'il était l'un des nôtres. Mais surtout je ne vois pas très bien un trépassé décrivant ses communications avec nous comme une « expérience » s'insérant dans notre forme de vie. Les « morts » qui communiquent avec nous ne prennent pas d'habitude ce ton scientifique, impersonnel et détaché.

Un autre message, du 27 juillet 1987, renforce mes soupçons. Le voici : « ABX aide à la communication entre deux formes de vie différentes et ne recherche pas les points faibles de l'homme et encore moins à les exploiter. Vos qualités nous sont parfaitement connues. Nous n'interviendrons pas non plus directement dans le cours de votre vie terrestre. Cela doit être bien clair pour vous tous. »

Le cas d'ABX JUNO est différent de celui du « Technicien » qui communique avec mes amis de Luxembourg. Lui, prétend n'avoir jamais été incarné, ni sur Terre ni ailleurs. Il ne parle pas de « séjour » parmi nous. Swejen Salter, toujours à Luxembourg, nous dit qu'elle a été incarnée, tout comme nous, mais sur un monde parallèle. ABX JUNO, de plus, semble faire partie de tout un groupe engagé avec lui dans cette « expérience ». Il dit souvent « nous [1] ».

Par ailleurs, Francisco Manez, chercheur espagnol, a reçu à Valence sur son écran de télévision l'image assez nette d'un ovni, selon la forme la plus classique de la soucoupe volante. Plus curieux encore, il reçut aussi une autre image qui évoque le visage d'un des cadavres d'extraterrestres qui auraient été récupérés lors du crash de Roswell, aux États-Unis, en 1947.

Cependant, le professeur Sinesio Darnell fait un certain nombre d'objections à cette hypothèse qui, à mon avis, sans exclure absolument cette possibilité, réduisent sensiblement les cas où elle resterait vraisemblable. Il remarque notamment que, quel que soit le mécanisme de leur apparition, les ovnis viennent, par définition, de mondes lointains ou d'autres dimensions. Il leur faut donc certainement des moyens énergétiques immenses. En comparaison, l'énergie nécessaire pour réaliser une TCI devrait leur paraître peu de chose. Or, incontestablement, on a très souvent l'impression qu'au bout de quelques mots, dans les messages reçus sur magnétophone, au bout de quelques phrases, pour ceux que l'on reçoit par haut-parleur radio, l'énergie de nos interlocuteurs dans l'au-delà s'épuise. C'était très net, par exemple, pour le message de Raudive reçu en ma présence à Luxembourg.

---

1. Voir citations dans l'ouvrage du professeur Ernst Senkowski, *Instrumentelle Transkommunikation, Dialog mit dem Unbekannten,* R.G. Fischer, Francfort-sur-le-Main, 1989, p. 256-259, 3e édition augmentée, 1995.

Le professeur Sinesio Darnell notait également que les messages reçus des extraterrestres par des contactés ou des enlevés et retrouvés généralement sous hypnose présentaient très souvent un caractère pseudo-messianique que l'on ne constatait pas dans les messages reçus par TCI.

Cependant, depuis quelques années, cela n'est plus vrai. Les communications semblant venir de ces êtres mystérieux se sont considérablement développées. Depuis le 15 janvier 1996, une certaine « Fédération de la Lumière » se manifeste assez régulièrement sur l'écran d'ordinateur d'Adolf Homes, à Rivenich. Le 15 février 1996, cette FDL [1] se définissait elle-même « comme entité extragalactique ». Le texte poursuivait en précisant : « En outre, nous possédons la faculté de matérialisation extraterrestre, même dans votre système. Mais nous restons très prudents [2]. » Merci !

Le 2 avril 1996 au matin, par exemple, Adolf Homes trouvait un texte à la fois enregistré et imprimé qui, affirmait-on, lui avait été envoyé à partir du navire spatial XX012. Le 11 mars précédent, un autre texte émanant de la même Fédération reconnaissait qu'« ils » avaient enlevé quelques humains, mais tentait en même temps de nous rassurer en nous affirmant que ces enlèvements ne présentaient aucun danger pour nous, ni physique, ni psychique [3]. Le 25 avril 1997, un autre message, émanant du même groupe, nous informait aimablement de l'existence d'autres extraterrestres, moins bien intentionnés à notre égard. Ceux-là auraient rendu leur planète inhabitable par leur égoïsme et leur intolérance. Mais, ayant découvert, il y a quelques décennies, grâce aux objets envoyés dans l'espace par la NASA, l'existence de la nôtre, ils chercheraient à s'en emparer. Rassurez-vous quand même ; la « Fédération de la Lumière », aidée de quelques autres extraterrestres d'autres galaxies, est bien décidée à nous aider à les en empêcher [4].

---

1. « Fédération de la Lumière ».
2. *Transkommunikation,* vol. III, n° 1/2, 1996, p. 24.
3. *Ibid.*, p. 59. On aimerait pouvoir être certains que ces enlèvements présentent une innocuité parfaite, mais ce n'est pas du tout évident quand on lit toute la littérature sérieuse sur le sujet.
4. *Transkommunikation,* vol. III, n° 3, 1997, p. 72.

Je ne peux vous retranscrire ici tous les messages que nous a envoyés cette « Fédération ». Ce sont de longs discours, pleins d'avertissements sur les dangers que nous courons, d'indications très vagues sur de nouvelles lois physiques, de déclarations de religion universelle, etc. Tout cela correspond assez à quantité d'autres messages reçus par écriture automatique ou inspirée, et qui inondent actuellement le monde dans toutes les langues [1].

Là où les choses se compliquent (elles étaient jusqu'ici tellement simples, n'est-ce pas ?), c'est lorsqu'un trépassé, en l'occurrence Werner von Braun, explique que les trépassés sont également en communication avec les extraterrestres comme avec nous [2]. Or, nous avons vu qu'ABX JUNO, que je soupçonne fort d'être un extraterrestre, servait souvent d'introducteur à des trépassés auprès de leur famille, lors de séances de TCI, à Darmstadt. Il devient difficile dans ces conditions de considérer tous les messages qui nous parviennent comme émanant toujours de disparus. Seules les circonstances et l'analyse interne des messages pourront nous aider à faire la différence.

« Coques » et « égrégores »

Parmi les hypothèses évoquées par les chercheurs eux-mêmes, il en est une qui peut paraître un peu étrange aux nombreux lecteurs non initiés aux doctrines ésotériques : celle des « coques ».

Selon un courant de pensée qui mêle la pensée occulte à certaines croyances orientales, l'être humain ne serait pas constitué de deux éléments seulement, le corps et l'âme, mais de toute une série d'éléments. Au minimum, il y en aurait trois, le corps, l'âme et l'esprit, l'âme se subdivisant le plus souvent à son tour en une nouvelle série de sous-éléments. Mais on peut tout aussi bien parler de plusieurs corps, emboîtés les uns dans les autres, ou se représenter l'être humain un peu à la façon d'un oignon.

---

1. J'ai donné un aperçu de tout cela dans un autre ouvrage : *Christ et karma,* Dangles, 1995, p. 83-108.
2. Message reçu par Adolf Homes sur haut-parleur radio le 15 septembre 1989. Voir *Transkommunikation,* vol. III, n° 1/2, 1996, p. 23.

L'idée commune à tous ces schémas de représentation, c'est qu'à notre mort, il n'y a pas simplement séparation de l'âme et du corps, mais toute une série de détachements successifs. Alors les éléments que nous abandonnons peu à peu, comme des enveloppes, comme de vieux vêtements, des carapaces ou des « coques », ne seraient pas anéantis aussitôt qu'abandonnés, mais garderaient encore pendant un certain temps un reste de l'énergie vitale que nous leur avions prêtée en les portant, et ne s'éteindraient que très lentement. Ces débris abandonnés seraient encore marqués par nos pensées, nos sentiments, nos souvenirs, nos désirs, comme autant d'éléments de notre personnalité que nous laisserions au fur et à mesure de notre progression spirituelle vers Dieu.

La différence avec les ondes rémanentes dont nous avons déjà parlé, c'est que ces restes de notre âme garderaient une certaine autonomie, une certaine vie propre. Ils ne seraient pas le simple enregistrement de notre passé, mais auraient une capacité de prendre des initiatives. Avec eux un véritable dialogue serait possible.

Le professeur Sinesio Darnell reconnaît quelque mérite à cette hypothèse. Elle lui paraît, en particulier, s'harmoniser fort bien avec les expériences de Van Amsynch et Delpasse sur la déperdition d'énergie du corps au moment de la mort. Cette énergie qui quitte le corps est constituée de particules élémentaires, de quanta, qui contiendraient chacun une information complète sur la personnalité dont ils proviennent [1].

Dans un autre passage, le professeur S. Darnell voit une sorte de confirmation de cette hypothèse dans certains récits de rescapés de la mort rapportés par Raymond Moody dans son deuxième ouvrage sur le sujet [2]. Il se réfère là aux rencontres, faites dans l'au-delà, de certains êtres désemparés, semblant ne savoir ni d'où ils viennent, ni où ils vont, incapables de quitter vraiment ce monde-ci et cherchant encore à s'occuper des vivants sur terre. Ce serait là, très exactement, le lieu des « âmes en peine » de la tradition chrétienne, nous dit-il, ou aussi bien, dans le vocabulaire ésotérique, ce que l'on appelle le « bas astral [3] ».

1. S. Darnell, *El misterio de la psicofonia, op. cit.*, p. 57-64.
2. Dr Raymond Moody, *Lumières nouvelles sur la vie après la vie,* Robert Laffont, 1978, p. 54-59.
3. S. Darnell, *op. cit.*, p. 188-191.

Cependant, le professeur S. Darnell n'y voit qu'une hypothèse et qui n'exclurait pas que, dans le même lieu, puissent se trouver et des trépassés peu évolués mais encore complets, si j'ose dire, et de simples « coques » vides d'autres trépassés plus évolués, déjà partis vers des zones plus spirituelles. Nos communications, voix ou images, pourraient, selon les cas, provenir des unes ou des autres.

Images endormies

Cette hypothèse semble confirmée dans certains cas. Elle expliquerait assez bien, par exemple, les premières images de l'au-delà reçues sur son téléviseur par Silvia Gessi. Voici ce qu'elle en dit elle-même :

« Dans un premier temps, je ne recevais que d'interminables séquences de visages à l'aspect pas très rassurant, les yeux fermés, plus semblables à des cadavres qu'à des êtres vivants. Je n'étais pas loin de la vérité. Les “voix” me dirent rapidement de ne pas perdre mon temps à me creuser la cervelle à propos de ces images, car elles n'étaient que des “sépias” ; et quelque temps plus tard vint l'explication du terme “sépia” ; cela voulait dire : jeux de lumière et “coques de l'astral”. Ce n'étaient, en somme, que les dépouilles de ceux qui étaient déjà morts une seconde fois et qui étaient donc passés au troisième niveau, le niveau “mental” et au-delà [1]. »

Cela correspondrait assez bien aussi aux images reçues à Puerto de la Cruz, dans l'île de Tenerife, aux Canaries, par le groupe « Mas Alla »; surtout à l'une d'entre elles, légèrement inclinée et les yeux fermés [2].

Il n'est pas sans intérêt de signaler que certains chercheurs, en étudiant les phénomènes pouvant suggérer une réincarnation, en sont arrivés aussi à cette hypothèse des coques. Ainsi, par exemple, le professeur Filippo Liverziani, ancien professeur à l'Université pontificale grégorienne, à Rome, et auteur de nombreuses études de parapsychologie.

Il fait remarquer, notamment, que les phénomènes que l'on attribue à un mécanisme de réincarnation sont, en général, moins marqués que les phénomènes de possession ou d'obsession d'un

1. Silvia Gessi, *Voci e pensieri dall'aldilà,* Hermes Edizioni, 1989, p. 13.
2. *Cf.* l'article de Francisco Padron dans le n° spécial de *Tiempo* du 18 juin 1990 sur les phénomènes paranormaux, p. 14-18.

vivant par un défunt. Ils se produisent quand celui qui est envahi se trouve particulièrement vulnérable : pendant sa prime enfance, quand sa personnalité n'est pas encore formée. Les manifestations de cet envahissement s'estompent peu à peu d'elles-mêmes, ce qui suggère l'action de résidus, s'affaiblissant progressivement, plutôt que la présence d'une personnalité pleinement vivante dont les agissements n'auraient aucune raison de disparaître [1].

Récemment encore, l'existence de ces « coques » ou « coquilles » astrales était confirmée dans des messages reçus par écriture automatique. Je n'oblige évidemment personne à accorder crédit à ce genre de communications, mais je connais personnellement M. Gourvennec qui reçoit ainsi les messages de son fils, mort à l'âge de treize ans, et, pour ma part, je les crois authentiques [2]. Il s'agit, ici, d'un message du 7 janvier 1993. À la question de son père concernant ces « coques », Arnaud répond : « Ce sont des fripes ! issues de rémanences de plaisirs terrestres et qui hantent le souvenir de désincarnés (ce terme leur convient puisqu'ils ne sont pas encore habillés de lumière) dans les limbes ou espaces douloureux, aux franges de la Terre et du Ciel, de la mort et de la résurrection. C'est le cas, par exemple, d'une âme errante habitée par l'amour de son corps qui fut beau et aimé et qu'elle cherche à récupérer. »

On remarquera qu'ici la distinction entre les ondes rémanentes et les « coques » est assez faible. Ce sont des souvenirs qui hantent encore le mort. Mais il faut sans doute donner au mot « souvenir » un sens très fort. Dans toute la littérature qui nous vient de l'au-delà on nous affirme sans cesse que nos pensées, nos sentiments, prennent forme dans le monde invisible. Ils y ont une véritable consistance. C'est le fameux monde « imaginal » mis en valeur par Henry Corbin dans ses études sur les mystiques soufis. Voici maintenant une autre variante qui va nous entraîner vers d'autres perspectives, non moins intéressantes, mais non moins hypothétiques, il faut bien le reconnaître.

1. Filippo Liverziani, *La reincarnazione e i suoi fenomeni*, Edizioni Mediterranee, 1988, notamment p. 102-105 et 113-116.
2. Voir le premier volume paru : Arnaud Gourvennec, *Vers le soleil de Dieu*, F. Lanore et F. Sorlot, 1992.

Dialogue avec un Étrusque ?

Il y a un cas de voix enregistrées qui correspondrait peut-être aussi à ce schéma. C'est une histoire assez fantastique, rapportée par Alessandro Papo. Un de ses amis, Aurelio, habitant sur le territoire des anciens Étrusques, eut l'idée d'essayer d'entrer en communication avec l'un d'eux au moyen d'un magnétophone. Il avait trouvé un vase authentique, venant vraiment de cette antique civilisation, et, le tenant dans ses mains, dans la position de l'offrant, il se mit, dans un certain état de ferveur et de concentration, à inviter l'esprit d'un de ces Étrusques à lui donner réponse sur son enregistreur.

Et il a obtenu des réponses ; et en étrusque. À certains moments, les mots semblaient même provenir directement de l'amphore. Cela correspondrait très exactement à une habitude, pour nous assez curieuse, mais très poétique, que l'on retrouve sur plusieurs inscriptions d'objets étrusques : « Je suis un vase d'huile. Mamarce Velchanas m'a donné », ou « Je suis l'urne de Larthal Sepus »…

Cependant, peu à peu, une personnalité se dégage, donne son nom, celui de sa ville, réclame la libation qu'Aurelio lui semble avoir l'intention de faire puisqu'il le voit avec ce vase dans les mains, réaffirme sa foi dans ses dieux. Une autre entité, probablement chrétienne, essaie de s'interposer et de l'empêcher de se manifester. Mais il réussit, avant de s'éclipser, à transmettre un message d'amitié pour la famille d'Aurelio, et il insiste encore pour que celui-ci achève la libation qu'il semblait prêt à faire.

L'impression de Papo, c'est qu'il s'agirait là d'une manifestation des mânes des Étrusques. Non pas véritablement d'un Étrusque particulier comme le croyait son ami Aurelio, mais d'une sorte d'héritage mnémonique, de formes psychiques nécessairement disparues mais encore disponibles et qu'une pensée intense peut encore réanimer pour quelques instants [1].

Comme on le voit, ce n'est pas tout à fait l'hypothèse des coques. L'aspect individuel s'estompe pour faire place à une hypothèse plus collective. Mais, fondamentalement, on reste bien dans la même ligne.

1. Alessandro Papo, *Il mistero dell'anfora parlante,* Edizioni Mediterranee, 1992.

Les « égrégores », confirmés par l'au-delà

Là encore, certains témoignages de l'au-delà, reçus par écriture automatique, confirment des phénomènes de ce genre. On nous parle d'« égrégores » semblables aux « larves » qu'évoquaient les païens de l'Antiquité. On nous dit même que c'est Satan, qui « ne peut être une personne, mais un égrégore du mal ayant de la conscience... Ce sont des émanations du mental humain qui arrivent à condenser cette force ! Les hommes le créent, il n'a pas de vie concrète [1] ».

Le même phénomène peut évidemment se produire aussi bien à partir de bonnes pensées qui engendrent alors des forces d'amour. « Dieu accorde le souffle de vie (je veux dire une âme) à cette "énergie" sortie de l'humanité. Elle devient, en vérité, une force indépendante, qui a pour personnalité celle de ses parents innombrables, et elle est chargée de veiller sur le lieu qui fut son berceau et sa patrie [2]... »

Des égrégores au téléphone

Tout cela correspondrait assez bien aux étranges communications téléphoniques reçues par Manfred Boden [3]. Ce sont en effet des « énergies » qui appelaient M. Boden. Du moins c'est ce qu'affirmaient ces voix mystérieuses qui prétendaient ne pas avoir de nom, vivre sans temps (ce que disent aussi la plupart des trépassés) et se trouver dans la septième dimension. À la question de Manfred : « Où se trouve la septième dimension ? », elles répondent simplement : « La septième dimension est dans la septième dimension. Il n'y a pas de "où". La question est mal posée. » Ces « énergies » semblent d'ailleurs, à un moment, devoir s'enfuir devant un champ puissant d'énergies. De quoi s'agit-il vraiment ? Là, le mystère reste entier.

---

1. Message de Pierre Monnier, reçu persormellement par Jean Prieur, *Les Témoins de l'invisible*, Livre de poche 1972, p. 304 et 307.
2. *Lettres de Pierre*, F. Lanore et F. Sorlot, tome II, p. 427. Voir d'autres citations dans mon livre, *Les morts nous parlent, op. cit.*, p. 212-217 et 277-278.
3. Voir Hildegard Schäfer, *Théorie et pratique de la transcommunication, op. cit.*, p. 238-242. Compléter avec Ernst Senkowski, *Instrumentelle Transkommunikation, op. cit.*, p. 275-276.

Je ne pense pas cependant que l'on puisse généraliser cette hypothèse comme explication des communications obtenues par TCI. D'abord, parce qu'il semble que l'on puisse, dans certains cas, recevoir des voix ou des images de personnes mortes depuis fort longtemps.

Mes amis du Luxembourg ont publié ainsi le visage d'Henri Sainte-Claire Deville, décédé en 1881. J'ai pu comparer cette image avec une photo que nous avons de lui dans l'ancien appartement de Pasteur. La ressemblance me paraît très forte. Nous avons d'ailleurs aussi, semble-t-il, tout un discours qu'il aurait dicté sur magnétophone.

Il faut évidemment rapprocher cet exemple de beaucoup d'autres, comme les fameuses partitions de musique, écrites sous la dictée des « esprits », par Rose-Mary Brown dont parle Rémy Chauvin dans la première partie de cet ouvrage. Le plus ancien des compositeurs à s'être manifesté auprès d'elle est Monteverdi, mort en 1642 [1]. Dans de tels cas, il faudrait admettre des coques vraiment incassables et pleines de vitalité autant que d'autonomie.

1. Rose-Mary Brown, *En communication avec l'au-delà,* collection « J'ai lu », n° A 293.

La communication avec les morts

L'examen des hypothèses que nous venons de formuler n'est pas de nature à apporter une réponse à la question de savoir si l'on peut vraiment communiquer avec les morts. Si tel était le cas, comment pourrait-on le prouver ?

Au risque de paraître fort téméraire et d'indisposer tous ceux qui ont reçu quelque formation scientifique, je dirais volontiers que nous avons des « preuves ». Mais entendons-nous bien sur la valeur de ce terme. Qu'on le veuille ou non, nous l'employons chaque fois que nous sommes convaincus de quelque chose. Rien de plus. Chaque fois que des faits, des documents, des témoignages ont entraîné notre conviction, nous les considérons ensuite, rétrospectivement, comme des preuves.

Je me rappelle une émission de télévision où, à l'occasion de l'anniversaire de la conclusion d'un procès célèbre, un reporter avait interrogé un des juges de ce procès et Frédéric Pottecher qui l'avait suivi de près. Il s'agissait de la célèbre affaire Dominici. Or, l'un d'eux, Frédéric Pottecher, si mes souvenirs sont bons, finissait par parler de « preuves », alors que le juge, interrogé séparément, pensait que, si l'on avait bien obtenu de fortes présomptions, on n'avait cependant jamais obtenu de véritable « preuve ». À partir donc des mêmes faits, des mêmes documents, des mêmes témoignages, l'un pourra être totalement convaincu et l'autre gardera quelque doute au fond de lui-même.

On m'objecte alors, chaque fois, que cela ne vaut pas pour la preuve scientifique, qui, elle, serait communément reçue par tous les scientifiques indépendamment de tout état d'âme. Mais la différence entre l'emploi juridique et l'emploi scientifique n'est pas en réalité si grande qu'on le prétend. L'histoire des sciences montre bien que tel argument reconnu unanimement comme « preuve » à une certaine époque peut très bien ne plus être reconnu comme suffisant dix ou vingt ans plus tard.

En fait, qu'on le veuille ou non, les fameuses preuves dites « objectives » n'existent pas. Et ce, pour une raison bien simple, c'est que, de toute façon, seule une conscience humaine peut reconnaître à des faits, documents ou témoignages la valeur de « preuves ». L'emploi de ce mot est donc toujours nécessairement subjectif. Je constate simplement que tous ceux qui ont pratiqué quelque temps ces recherches considèrent leurs résultats comme des « preuves » qui ne leur laissent plus aucun doute sur la survie après la mort. Mais il ne s'agit absolument pas, au nom de ces « preuves », de prétendre contraindre les autres à partager la même certitude. Toutefois vient un moment où l'évidence de l'authenticité du phénomène est telle que les perspectives se renversent et que c'est au sceptique de prouver que l'on se trompe.

C'est dans ce sens, dépouillé de son aura magique, que j'emploierais ici volontiers le mot de « preuve ». Mais si cela choque trop, on pourrait tout aussi bien prendre les choses autrement et parler, comme je viens de le faire, d'« évidence ». J'emprunte cette idée à un chercheur brésilien de TCI : Clovis Nunes. Je crois qu'il a raison.

Pour le moment, on assiste un peu au même phénomène que pour les Expériences aux Frontières de la Mort. Ceux qui n'ont pas fait cette expérience prétendent savoir en quoi elle consiste, mieux que ceux qui l'ont faite. Ils dissertent indéfiniment à partir d'hypothèses, quitte à négliger un fait capital : les innombrables témoignages de sortie du corps, loin de la salle d'opération, avec des descriptions précises qu'aucune sensation subliminale ou aucune télépathie ne saurait expliquer. Mais viendra probablement un temps où les témoins de ces expériences seront si nombreux que bien des interprétations réductionnistes tomberont d'elles-mêmes.

De la même façon, lorsque le nombre de ceux qui auront communiqué avec leurs morts aura atteint un certain pourcentage, les autres admettront, à leur tour, le phénomène, non plus comme une hypothèse, mais comme une évidence, comme quelque chose de bien connu.

En ce qui concerne la TCI, des études rigoureuses ont été entreprises. Malheureusement, la plupart ne sont pas accessibles. Aucune revue scientifique n'oserait les publier et, pour les bulletins des associations de TCI, dans les divers pays, des explications scientifiques détaillées ne pourraient être suivies que par trop peu de lecteurs. Voici seulement quelques indications qui sont certainement loin de recouvrir les travaux déjà réalisés.

L'analyse des voix

Analyse linguistique

Alexander MacRae, ingénieur à Portree, dans l'île de Skye, en Écosse, est l'un des dirigeants de la Skyetech, entreprise qui fabrique des appareils de reconnaissance et de synthèse de voix. Il a construit notamment un appareil à commande vocale, l'« Alpha System », pour des handicapés et des paralysés. Avant son retour en Écosse, MacRae a vécu quelque temps aux États-Unis où il a travaillé pour la NASA à l'établissement des premières communications à travers l'espace avec les cosmonautes de Skylab et de la première navette spatiale. Sarah W. Estep nous assure qu'il est considéré comme l'un des cinq meilleurs spécialistes du monde occidental dans le domaine de l'analyse des voix [1].

MacRae s'est donc livré, entre autres, à une analyse linguistique des messages généralement enregistrés en TCI. C'est une première approche du phénomène où ses résultats recoupent d'ailleurs ceux d'autres chercheurs. Reproduire en détail leurs tableaux et leurs graphiques serait beaucoup trop long et trop technique pour un ouvrage comme celui-ci. Je me contenterai de citer quelques points de leurs études pour que le lecteur puisse s'en faire une idée.

Pourcentage important de noms qui n'apparaissent que rarement dans des émissions normales de radio.

Pourcentage important de noms propres.

Le nombre de réponses reçues semble assez proportionnel au nombre de questions posées par les expérimentateurs.

---

1. J'ai fait ici la synthèse des renseignements fournis, au sujet de MacRae, par Sarah Wilson Estep dans *La Communication avec les morts, op. cit.*, p. 76-77, et John G. Fuller dans *The Ghost of 29 megacycles, op. cit.*, p. 202-205.

Divers expérimenteurs reçoivent à des moments différents les mêmes phrases y compris avec les mêmes noms.

Façons de parler tout à fait particulières.

Allongement inhabituel des voyelles.

Langage synthétique.

Formation non laryngée de la voix. Cela fut confirmé par des recherches effectuées à l'Institut électrotechnique de Turin, à la demande d'Orso.

Caractéristiques acoustiques : absence d'écho, décalage temporel.

Présence évidente d'une intelligence.

Structure globale.

Présence évidente d'une intentionnalité (désir de communiquer). Au moins 90 % des messages, avertissements, conseils, etc., ont un but. Cependant aucun dessein d'ensemble ne s'en dégage [1].

Analyse électro-acoustique

Le professeur Senkowski a raison de souligner la difficulté de disposer d'appareils performants pour cette analyse. Ils sont trop chers pour que des particuliers puissent les acquérir. Quant aux instituts officiels qui en possèdent, il est hors de question qu'ils consentent à ce qu'on les utilise pour de telles recherches. Il s'agit donc, reconnaît-il, d'un domaine encore insuffisamment exploré. Pourtant, le travail a quand même été déjà commencé.

Les premières études ont été menées pendant l'été 1964, dans un institut privé, le Deutsches Institut für Feldphysik (Institut allemand de physique des champs), à Northeim. Prenaient part à ces recherches le physicien Burckhart Heim, directeur de l'institut, et l'ingénieur du son W. Schott avec le professeur Hans Bender de l'institut de parapsychologie de Fribourg-en-Brisgau. Comme observateur, Friedebert Karger, physicien de l'institut Max-Planck de Munich. Il faut signaler que B. Heim est aujourd'hui reconnu comme un des plus grands physiciens de notre époque. Il a

1. Je reprends tout cela du résumé de l'étude de MacRae présenté par le professeur Ernst Senkowski dans *Instrumentelle Transkommunikation*, R.G. Fischer, Francfort, 1989, p. 103-104.

construit notamment des modèles de l'univers à six et même à douze dimensions [1].

Nouveaux essais, fin octobre 1965, à Nysund, en Suède, avec B. Heim et W. Schott, puis, à nouveau, en mai 1970, avec un équipement amélioré, au même endroit. D'autres chercheurs se joignent au groupe : l'ingénieur N. Lemke, puis Jochen Sotschek, membre du groupe de recherches acoustiques de l'Administration centrale de télécommunication de Berlin [2].

Le résultat le plus clair, pour nous, c'est que le professeur H. Bender finit par admettre de plus en plus nettement « l'origine paranormale hautement probable » de ces voix, et finit même par déclarer que leur découverte « était probablement aussi importante, et peut-être même plus, que celle de la physique nucléaire [3] ».

Comme on l'a vu, d'autres analyses du même type ont été réalisées à l'institut électrotechnique de Turin à la demande d'Orso.

Les résultats de ces analyses ont été connus dès la fin d'octobre 1985. Elles ont porté sur dix enregistrements paranormaux de groupes de mots. Le professeur Renato Orso les prononça en les enregistrant sur une autre bande qui servit ainsi de base de comparaison. Il faut savoir que toute voix humaine normale comporte une fréquence fondamentale que seules les cordes vocales peuvent produire au passage de l'air exprimé par les poumons. Celle-ci correspond au nombre de vibrations effectuées par les cordes vocales en une seconde. Ainsi une fréquence fondamentale de 120 hertz veut dire qu'en une seule seconde les cordes vocales ont

---

1. Parmi les appareils employés pour ces analyses il y avait évidemment, entre autres, un sonographe permettant de visualiser les voix. On trouvera un résumé de ces travaux et de leurs résultats dans l'ouvrage de H. Bender, *Verborgene Wirklichkeit,* Serie Piper, Band 177, 1985, p. 79-80.

2. *Ibid.,* p. 81-89. Pour des études plus détaillées, voir Jochem Sotscheck : « Über Täuschungsmöglichkeiten und andere Fehlerquellen bei der Beurteilung von Hörergebnissen aus Abhörversuchen von Sprachaufnahmen auf Tonband » (Risques d'illusions et autres sources d'erreur dans l'évaluation des transcriptions d'écoutes d'enregistrements de voix sur bandes) dans la *Zeitschrift für Parapsychologie und Grenzgebiete der Psychologie,* 1979 ; voir aussi dans la même revue 1970, p. 239-254, et 1979, p. 201-208.

3. Hans Bender, *op. cit.,* chapitre VI.

vibré 120 fois. Si la pression de l'air exprimé par les poumons a été insuffisante pour faire vibrer les cordes vocales, la voix sortira comme un chuchotement. Mais cette fréquence fondamentale produit à son tour des fréquences harmoniques qui sont toujours des multiples entiers de celle-ci. Seulement, les « harmoniques » perdent progressivement en intensité au fur et à mesure qu'elles croissent en fréquence. Ainsi, pour une voix produisant une fréquence fondamentale de 125 hertz, les harmoniques seront de 250, puis 375, 500, 625… 2 000, 2 125, mais de plus en plus faibles.

Les particularités des cavités buccale et nasale de chacun, ainsi que les modifications volontaires qu'on leur fait subir en prononçant un texte, renforcent certaines intensités sonores dans certaines bandes de fréquence. C'est cet effet de résonance qui modifie les harmoniques et produit les « formants » et « antiformants », correspondant aux différentes voyelles propres à chaque langue et à chaque individu. Ces formants et antiformants ne sont plus alors des multiples de la fréquence fondamentale.

L'analyse très rigoureuse, menée par Renato Orso, permit de prouver que ces voix paranormales ne comportaient pas de fréquence fondamentale. Les individus qui les ont prononcées ne possédaient donc pas de cordes vocales [1] !

Or, cette information capitale semble bien confirmée par d'autres analyses, réalisées tout récemment au Brésil. Ces recherches ont été menées par M. Carlos Eduardo Luz, professeur à l'université d'ingénierie et de technologie (UNESP) de São Paulo. Le professeur Luz s'est spécialisé en électronique et en acoustique. Il a travaillé sur un grand nombre d'enregistrements de voix paranormales reçues par téléphone chez différents chercheurs brésiliens.

Pour comprendre de quoi il s'agit, il faut savoir que les fréquences normales se situent, pour une voix d'homme parlant normalement, entre 100 et 130 hertz, et pour une voix de femme entre 130 et 200 hertz. Pour les chanteurs, les fréquences sont naturellement plus étendues. Elles peuvent aller de 80 à 600 Hz chez

---

1. Pour plus de détails, voir le texte de la conférence de Paolo Presi, publiée dans *Esperienze paranormali…*, Edizioni Mediterranee, 1990, plus particulièrement les p. 139-154. On en trouvera la traduction dans *Parasciences*, n° 24, p. 13-17.

l'homme (55 Hz pour le *contre-la* grave des basses slaves) et de 180 à 1 100 Hz chez la femme (1 400 Hz pour le *contre-fa* aigu de la Reine de la Nuit dans *La Flûte enchantée* de Mozart). Pour une voix très grave, comme celle de Raudive parlant normalement, on peut trouver seulement 90 Hz. Tout cela ne vaut, évidemment, que pour les fréquences fondamentales. On peut aussi prendre en compte les harmoniques, mais alors il faut le préciser, et l'on pourra, tout naturellement, comme on l'a vu, trouver des fréquences de 1 000, 2 000, 4 000 Hz, et bien plus encore, mais avec des intensités beaucoup plus faibles. La zone de plus grande sensibilité de l'oreille serait, d'après Gérard Ferrandi, vers 1 000 - 4 000 Hz, mais l'essentiel de l'information passerait dans la bande de 500 - 1 500 Hz.

Voici maintenant un exemple des études menées par le professeur Carlos Luz. Il s'agit d'une comparaison entre quatre voix différentes. D'abord la sienne, prononçant le nom de « Raudive ». Il trouva alors 111 Hz, ce qui est parfaitement normal. Puis le même nom, prononcé par Raudive lui-même, lors d'un contact téléphonique chez Adolf Homes et recopié par le professeur Luz. La mesure de la fréquence donna alors 666 Hz ! Même analyse pour la voix de Raudive prononçant son nom au téléphone chez Maggy Harsch. Résultat : 500 Hz. Enfin, toujours le nom de Raudive, prononcé par lui-même, lors d'un contact téléphonique chez Sonia Rinaldi, à São Paulo. Le résultat fut encore plus fantastique : 1 428 Hz [1]. Pourtant, à l'audition, la voix semble parfaitement normale, c'est-à-dire plutôt grave. Cependant, cela n'est pas vraiment extraordinaire, car les lignes téléphoniques laissent mal passer les fréquences fondamentales et la voix de nos interlocuteurs ne nous semble pas pour cela suraiguë.

C'est ce qu'a remarqué un autre chercheur qui, pourtant, n'est pas hostile à la TCI. Il a fait à des analyses semblables une objection intéressante mais qui ne me paraît pas déterminante. Il se demande si, de toute façon, le téléphone ne transmettrait pas plus clairement les fréquences élevées, de l'ordre de 1 000 Hz, que les fréquences basses

1. Voir l'Association « Infinitude », *Le Messager*, n° 19 de juillet 1997, p. 17-20. Voir aussi le bulletin *INFO*, n° 44 d'août 1996, publié par l'association TBSF de Darmstadt, p. 26-27.

de 100 Hz, et donc les harmoniques plus facilement que la fréquence fondamentale [1]. Mais cette objection ne semble pas pouvoir s'appliquer aux analyses effectuées à Turin, qui ne portaient pas particulièrement sur des enregistrements de voix reçues au téléphone.

Un autre cas intéressant s'est produit récemment. Il s'agit d'une conversation téléphonique entre deux personnes vivant sur terre, Sonia Rinaldi et Norma Casasco. La conversation est enregistrée par un magnétophone du côté de Norma Casasco. Tout se déroule normalement, sans rien d'extraordinaire. Mais, en écoutant l'enregistrement, on découvre une troisième voix, paranormale, qui se mêle à la conversation. Or, l'analyse de ces voix par Carlos Luz donne 183 Hz pour la voix de Norma Casasco et 593 Hz pour la voix paranormale. Sonia Rinaldi nous a fait entendre cet enregistrement, lors du congrès de Transcommunication instrumentale de Toluca (Mexique), et la voix paranormale n'a pourtant, à l'entendre, rien de particulièrement aigu[2]. La différence vient-elle, précisément, de ce que la voix de Norma Casasco s'est imprimée sur la bande du magnétophone en résonnant d'abord dans l'air, alors que la voix paranormale est passée directement de la membrane du récepteur à la bande magnétique ?

Plus récemment encore, Jacques Blanc-Garin confiait également à Carlos Luz l'analyse de voix reçues sur magnétophone. Il s'agissait de deux phrases : « Le corps du Christ » et « J' t'enverrai une p'tit' carte ». À titre de comparaison, Jacques Blanc-Garin avait enregistré les deux mêmes phrases prononcées par lui-même. La première phrase, prononcée par Jacques Blanc-Garin, donne une fréquence normale vers 137 Hz. La même phrase, paranormale, correspond à une fréquence de 401 Hz, et la seconde phrase, paranormale, monte jusqu'à 509 Hz. D'où la conclusion, très nette, de Carlos Luz : « Les deux messages montrent des caractéristiques de voix paranormales reçues par radio ou téléphone, soit une énergie déplacée vers les hautes fréquences. » Il semble donc que le phénomène soit bien le même, que les voix soient reçues par haut-parleur radio, par téléphone ou par magnétophone [3].

---

1. Voir le bulletin *INFO*, n° 46 d'avril 1997, p. 23-24.
2. Le cas a été publié par Sonia Rinaldi dans la revue *Transcommunicação instrumental*, n° 1, 1997, p. 27.
3. Voir *Le Messager*, bulletin de l'Association « Infinitude », n° 21, janvier 1998, p. 17.

Plus récemment encore, les analyses de voix effectuées par Gérard Ferrandi, informaticien, et exposées au cours d'une conférence à Montligeon, le 19 septembre 1998, confirmaient ces constatations. L'absence de fréquences fondamentales est normale lorsqu'il s'agit de simples chuchotements, mais dès qu'il s'agit de voix très nettes il y a là un indice très fort en faveur d'une origine paranormale. Cela apparaissait très nettement sur les diagrammes qu'il avait réalisés de différents mots enregistrés sur magnétophone. D'autres phénomènes bizarres interviennent d'ailleurs assez souvent au cours de ces enregistrements : effets d'échos, coups répétés, modification des messages d'une écoute à l'autre, etc.

Ainsi, quelques publications comme celles-là commencent tout de même à voir le jour. Signalons encore, par exemple, celle relative à une voix paranormale reçue, semble-t-il, de la terroriste Ulrike Meinhof et analysée par le laboratoire de la section de criminologie de l'université Humbold de Berlin [1].

Il faut aussi mentionner l'étude très intéressante conduite pendant trois ans par deux Italiens, un ingénieur, Enrico Gullà, et un de ses amis, physicien, sur les voix paranormales reçues par le groupe de Grosseto. Ils ont construit un type nouveau de capteur d'ondes gravitationnelles, beaucoup plus simple et cependant plus performant que ceux jusqu'ici en usage. Ces ondes sont enregistrées sur une bande qui se déroule à la vitesse d'un centimètre par seconde. La comparaison avec l'enregistrement des ondes électromagnétiques correspondant à la voix paranormale permet de constater que, dans 95 % des cas, le signal gravitationnel précède l'électromagnétique d'environ une seconde. Dans les 5 % des cas restants, c'est l'inverse.

Ils ont noté en même temps un détail certainement très important : plus les mots prononcés ont une charge émotive forte, soit par eux-mêmes, soit en fonction de la personne à laquelle ils s'adressent, plus le signal gravitationnel gagne en amplitude. Par ailleurs, les voix paranormales ne modulent pas seulement les paquets d'ondes en amplitude mais aussi en fréquence. Tant et si bien qu'Enrico Gullà en vient à déclarer : « Il semble que les “voix” impriment un

1. Voir traduction dans *Parasciences,* n° 14, p. 35-38.

certain battement aux trains d'ondes gravitationnelles portant des informations intelligentes. [1] »

Malheureusement, beaucoup d'études pourtant importantes ne vont pas jusqu'à la publication.

Un laboratoire militaire américain en Allemagne a soumis également des voix enregistrées par Cass, expérimentateur anglais, aux méthodes d'analyses les plus modernes. Mais on put seulement conclure qu'il ne s'agissait pas de voix normales ni d'extraits d'émissions de radio. Malgré bien des réclamations on ne put obtenir que le matériel fût restitué.

Il existe aussi quelques recherches menées en privé. L'ingénieur italien Corradini établit à l'aide d'un sonographe que la voix du pape Albino Luciani (Jean-Paul Ier), enregistrée de son vivant, correspondait bien à celle d'un enregistrement paranormal.

Le professeur Senkowski lui-même eut l'occasion de comparer la voix de Constantin Raudive prononçant son nom sur disque, avant sa mort, avec un enregistrement de son nom sur le Generator de Hans Otto König. En ramenant les deux voix à la même vitesse, il put constater que l'identité de prononciation, y compris l'accent balte, était évidente [2].

Le professeur Alfredo Bonavida, physicien de l'université de Barcelone, a procédé, lui aussi, à l'analyse de voix paranormales enregistrées. Sa conclusion est qu'elles ne sont pas formées comme des voix humaines normales, même si elles restent parfaitement compréhensibles. Malheureusement, là encore, il s'agit de recherches précieuses, mais non publiées.

C'est ainsi que l'on aimerait des précisions sur les phénomènes complètement aberrants signalés par Paolo Presi. Je reproduis ici son énumération :

1) Haut-parleurs complètement déconnectés de tout appareil qui se trouvent subitement activés, avec manifestations de voix « psychophoniques ». (C'est le mot italien pour désigner les voix paranormales.)

2) Manifestations continues de voix psychophoniques à travers la radio, même durant la phase de variation de la syntonie. (En passant d'un poste à l'autre.)

---

1. Voir la traduction de l'article d'Enrico Gullà dans *Parasciences*, n° 21, p. 12-16.
2. Ernst Senkowski, *Instrumentelle Transkommunikation*, *op. cit.*, p. 108-109.

3) Manifestations continues de voix psychophoniques à travers un récepteur radio à lampes dont on a ôté l'une après l'autre les lampes dans un but de vérification.

4) Messages psychophoniques obtenus par radio à travers la radiotélégraphie. En d'autres termes, les voix se sont exprimées, sur demande, en codant chaque mot en alphabet morse [1].

La formation des voix

Malheureusement, nous n'avons jusqu'à maintenant aucune idée de la façon dont se forment ces voix.

Nous ne savons même pas vraiment quand elles se forment. On l'a vu, Felice Masi soulignait, à propos des images enregistrées à partir d'un film et reprojetées avec arrêt sur l'image, que les déformations paranormales formant de nouvelles images continuaient alors à se transformer. Il en concluait que, probablement, ces images se formaient aussi bien au moment de la projection qu'au moment de l'enregistrement. Il ajoutait alors qu'il en était peut-être bien de même pour les voix.

Or, cette hypothèse semble étayée par plusieurs autres constatations. D'abord le fait, souvent signalé, qu'en réécoutant un enregistrement ancien, pourtant bien connu, on peut avoir une nouvelle voix qui s'est donc ajoutée sans passer par l'opération d'enregistrement.

On peut d'ailleurs tout aussi bien avoir l'effet inverse. En faisant pour quelqu'un la copie d'une bande de voix paranormales on peut très bien constater, en écoutant la copie et en la comparant à l'original, qu'un mot ne s'est pas enregistré. Cela est arrivé au professeur Senkowski qui est absolument certain qu'il n'y a eu aucune fausse manœuvre de sa part [2].

Il faut sans doute rapprocher cet incident de ce qui est arrivé à Manfred Boden. « Des phrases, prononcées par lui, avaient été transformées, effacées, tandis que des informations nouvelles se retrouvaient brusquement enregistrées sur la bande [3]. »

---

1. Voir la traduction de l'article de Paolo Presi dans *Parasciences,* n° 24, p. 17.
2. Lettre citée par Marcello Bacci dans son livre, *Il mistero delle voci dall'al-dilà, op. cit.*, p. 94.
3. Hildegard Schäfer, *Théorie et pratique de la transcommunication, op. cit.*, p. 214.

Monique Simonet signale un cas semblable qui lui est arrivé personnellement. Elle avait reçu avec son amie Arlette Kobsch un message provenant sans aucun doute de Michel, le mari d'Arlette, décédé. Elles avaient écouté ensemble plusieurs fois ce beau message réconfortant. Quelques jours plus tard, Monique Simonet voulut le réentendre. Or, exactement au même endroit de la bande, bien repéré grâce au compte-tours, il y avait une autre voix, qui n'y était pas la première fois, et qui s'adressait cette fois à Monique, en anglais. Le message venait d'un grand ami de sa famille, américain, avec lequel elle avait correspondu pendant des années et qui venait de passer dans l'au-delà.

Il est intéressant aussi de noter à ce propos la réaction du professeur Senkowski auquel Monique Simonet avait fait part de l'incident :

« Très souvent, les expérimentateurs ont l'impression que cela est dû simplement au fait que ces voix sont indistinctes, et que c'est pour cela qu'elles peuvent être interprétées différemment à un autre moment. Mais il n'y a pas de doute que de véritables modifications interviennent qui ne peuvent pas être expliquées de cette façon. Et de telles modifications peuvent se produire à la réécoute. Nous ne savons malheureusement pas comment ces phénomènes se produisent. »

Il ne fait d'ailleurs aucun doute maintenant que le même phénomène peut se produire sur des images reçues par ordinateur ou téléviseur. Une fois traduites sur papier, elles peuvent encore se modifier.

On peut s'entendre interpeller par son nom en écoutant une bande vierge que l'on vient d'acheter et que l'on écoute seulement pour vérifier, précisément, qu'elle est bien vierge avant de s'en servir pour des essais d'enregistrement de voix paranormales : Marcello Bacci évoque brièvement le premier cas de « préenregistrement » qui lui est ainsi arrivé en présence de sa femme. Le terme de « premier cas » qu'il emploie montre bien qu'il a dû le constater plusieurs fois [1].

Plusieurs enregistrements ont été réalisés sans microphone [2] : José Maria Pérez Latorre prétend même que, sans microphone, les voix enregistrées sont plus rares mais de bien meilleure qualité. Il signale aussi que des appareils et des oscilloscopes insérés devant la

1. Marcello Bacci, *op. cit.*, p. 32.
2. S. Darnell, *op. cit.*, p. 78.

tête d'enregistrement ne permettent pas de repérer le moment précis de l'enregistrement [1].

Un autre cas intéressant montre bien la profondeur du mystère qui entoure la formation de ces voix. Il s'agit d'une séance chez Marcello Bacci, où un ami avait apporté un magnétophone particulièrement perfectionné, tandis que les autres participants ne disposaient que d'appareils très courants. Tous les magnétophones avaient parfaitement enregistré le début de la séance, les bruits ambiants, comment chacun s'était présenté par son nom, les appels à l'au-delà qu'il avait pu lancer, etc. Mais, au moment où les messages de l'au-delà étaient arrivés, seul l'appareil perfectionné n'avait rien enregistré. Pourtant, au moment des paroles de conclusion de Marcello Bacci, il avait à nouveau fonctionné. L'examen rigoureux, tant de cet appareil que de la bande magnétique utilisée, exclut cependant tout défaut du matériel [2].

Enfin, il ne faut pas oublier qu'au même endroit de la bande magnétique on peut entendre des voix et des messages différents selon la vitesse à laquelle on passe la bande et selon qu'on la passe dans le sens normal ou à l'envers.

L'hypothèse d'ectoplasmes

Parmi les innombrables hypothèses émises à propos de la formation de ces voix, signalons l'une de celles évoquées par Sarah W. Estep, à la suite d'une réponse de l'au-delà. Les trépassés se serviraient d'une sorte d'ectoplasme [3].

L'hypothèse n'est pas nouvelle. On la trouvait déjà, notamment à propos des voix « directes », c'est-à-dire à propos de ces voix résonnant grâce à la présence d'un médium, mais sans passer par ses organes vocaux [4].

Mais, de toute façon, cette hypothèse ne serait envisageable que dans une minorité de cas. Elle ne permettrait d'expliquer ni les différents messages enregistrés au même endroit et qui apparaissent

1. S. Darnell, *op. cit.,* p. 100.
2. M. Bacci, *op. cit.,* p. 108-109.
3. S.W. Estep, *op. cit.,* p. 198-200.
4. Voir Arthur Findlay.

selon la vitesse avec laquelle on écoute, ni les messages que l'on ne peut écouter qu'en marche arrière, ni ces voix préenregistrées, ni quantité d'autres phénomènes tout aussi déroutants. Les voix sont d'ailleurs de types très différents. Si, très souvent, elles sont un peu trop rapides, mécaniques et saccadées, il en est d'autres qui sont extrêmement lentes ; ainsi la voix d'ABX JUNO qui en devenait caverneuse, sépulcrale, tout à fait idéale pour un film de terreur. Les voix reçues à Grosseto sont légèrement lentes, mais forment une sorte de bouillie difficile à déchiffrer. D'autres sont prononcées comme dans un souffle, d'autres sont presque normales…

Des appareils sous influence

Une autre expérience ouvre également une piste de recherches intéressante. Adolf Homes, à Rivenich, a essayé d'influencer à distance un poste de radio à pile, en lui intimant l'ordre de baisser le son, puis, en le priant de hausser le son à nouveau. L'expérience a été intégralement filmée sur vidéocassette et le son enregistré sur oscillographe. Il faut cependant noter que, d'après Adolf Homes lui-même, sur trente essais, trois seulement ont été réussis [1]. Lors de l'un d'eux, il parvint tout de même à faire baisser le son à l'appareil pendant environ 80 secondes.

Cependant, Adolf Homes ne s'en est pas tenu là. Le 20 mars 1997, il essaya avec succès d'influencer son téléviseur couleur. Son expérience a été intégralement enregistrée, à la fois sur vidéocassette et sur cassette audio. Ce jour-là, après avoir médité pendant une demi-heure, Adolf Homes s'installa dans un fauteuil, à quatre mètres environ de son téléviseur. Il appela alors le groupe de la Fédération de la Lumière, en leur demandant, d'une façon ou d'une autre, de produire le chiffre 3, en faisant passer son poste, par exemple, d'une chaîne à l'autre ou en interrompant la réception de l'image. Il répéta sa demande plusieurs fois et, tout d'un coup, au bout d'une minute et demie environ et en l'espace de trois secondes, l'image disparut et réapparut trois fois. En même temps, un bruit de fond très fort se faisait entendre. Le temps d'interruption était à peu près de six dixièmes de seconde.

1. *Transkommunikation,* vol. II, n° 4, 1995, p. 23-25.

Homes continua alors avec le même succès pour les chiffres 5, 7…15. En neuf minutes le poste répondit ainsi correctement à douze sollicitations. Dans ce temps, Homes changea une fois de programme, passant d'ARD à RTL, sans que le jeu des demandes et des réponses en fût perturbé. Homes essaya alors de modifier les règles du jeu en proposant deux interruptions pour « oui » et une interruption pour « non ». Il posa ainsi quelques questions à cette Fédération de la Lumière, mais les résultats furent moins probants.

Il n'est pas sans intérêt de relever que lors de la première expérience, avec le chiffre 3, juste avant les premières interruptions d'images, entre la dernière demande de Homes et la première interruption, le présentateur à l'écran prononçait les mots « Pas de problème ». À peu près au même moment apparaissaient sur l'écran, dans une réclame, trois verres « Uncle Ben's ». Comme le suggère le professeur Senkowski, peut-être avons-nous là un cas de synchronicité [1].

Peut-être cette dernière expérience confirmerait-elle déjà en partie l'hypothèse de l'ingénieur Enrico Gullà qui voit dans les phénomènes de TCI et même, plus généralement, dans tous les phénomènes qui nous semblent paranormaux, l'effet de « gravitons », les gravitons étant aux ondes gravitationnelles ce que les photons sont pour la lumière ou les tachyons pour une matière subtile.

La valeur des messages

Je ne veux pas revenir au problème du déchiffrage des enregistrements ou aux difficultés d'identification des visages reçus sur écran de téléviseur ou d'ordinateur.

Je voudrais ici donner quelques aperçus sur les interrogations suscitées par ces messages ou ces visages, une fois identifiés, en raison de leur contenu. Il ne s'agit absolument pas, faut-il le redire, de mettre en difficulté tous les amis qui nous ont si gentiment mis au courant de leurs recherches. Il ne s'agit pas de réfléchir contre eux,

---

1. *Transkommunikation,* vol. III, n° 3, 1997, p. 59-61. Le paragraphe que vous venez de lire résume ou traduit partiellement cet article.

mais avec eux. Les difficultés que je vais ici signaler, ils les connaissent et reconnaissent. Elles ont fait déjà l'objet de bien des discussions parmi eux, parfois même de tensions, comme il est normal devant des phénomènes à la fois aussi importants et aussi déroutants.

Deux types de messages

Je crois, tout d'abord, qu'il faut bien distinguer deux types de communications avec l'au-delà : les messages personnels qui sont comme de simples cartes postales envoyées à la famille ou aux amis. La plupart du temps il n'y pas de contenu métaphysique. Il s'agit seulement pour le trépassé de réaffirmer son identité pour se faire reconnaître, de rassurer ses proches sur son sort, de leur dire qu'il continue de les aimer, qu'il est souvent près d'eux, même s'ils ne peuvent le voir…

Il peut arriver quand même, de temps à autre, que l'on trouve dans ces messages, pourtant brefs en général, quelque formule d'un contenu très riche. Je pense, par exemple, à cet admirable message d'un homme de mon âge à sa vieille mère restée sur terre : « Maman, la lumière de Dieu, c'est partout, c'est merveilleux. » Et, comme on lui demandait de dire aussi quelque chose à sa fille, peut-être de lui donner un conseil, il continuait ainsi : « Ma chérie, l'amour, il n'y a que l'amour. » Il n'y a là, bien sûr, rien de nouveau. Toutes les religions l'enseignent, plus ou moins, depuis toujours. Mais, quand même, l'entendre dire, en direct, depuis l'au-delà, par quelqu'un qui y est, c'est assez fantastique [1] ! Ces messages-là ne font généralement pas de problème. C'est l'immense majorité.

Ceux qui font problème, ce sont les messages qui prétendent nous renseigner sur ce qui se passe après la mort, sur la réincarnation, sur l'avenir de l'humanité ou de la planète, sur la valeur des religions, sur l'organisation du cosmos, sur Dieu… Là, les problèmes sont nombreux et tout à fait semblables à ceux que l'on rencontre à propos des autres types de messages de l'au-delà, que ce soit par le oui-ja ou par écriture automatique.

1. Message reçu par Monique Simonet en février 1989.

Il y a souvent interférence, voire contradiction entre les messages reçus et les croyances antérieures des expérimentateurs ou des lecteurs de ces messages ; entre ces messages et d'autres, parvenus par d'autres moyens, notamment par écriture automatique ; entre les messages reçus d'un trépassé ou d'une entité et ceux d'une autre entité de l'au-delà communiquant pourtant par les mêmes moyens. Il y a même souvent contradiction entre les messages de la même entité, dans le même centre de recherche, à peu de temps de distance.

Ainsi, mes amis du Luxembourg ont-ils reçu, à propos de la doctrine du péché originel, trois textes dont il me paraît impossible de tirer une synthèse.

Le 24 janvier 1987, « on avait demandé au Technicien de prendre position sur la question du "péché originel" ». Voici sa réponse : « La plus grande partie de ce que l'on raconte sur ce sujet ne correspond pas à la vérité : il n'est pas vrai que l'homme doive regagner quelque chose qu'il aurait perdu. Les hommes n'ont rien perdu : ils sont sur la voie de l'évolution. Il n'y a pas eu de chute loin de "Dieu" ; les hommes sont au contraire en train de devenir ce qu'ils appellent des "dieux", c'est-à-dire l'idéal qu'ils atteindront un jour [1]. » Je dois préciser qu'en tant que théologien ce texte n'a rien pour me choquer. Dès le IVe siècle, saint Grégoire de Nysse pensait que le paradis terrestre n'avait jamais vraiment existé, qu'il n'était que l'expression imagée d'un état de bonheur que l'homme aurait pu atteindre s'il ne s'était pas éloigné de Dieu. Mais le Technicien va ici plus loin dans un sens très teilhardien où je ne le suivrai pas.

Cependant, en mai 1987, répondant à une question écrite de Ralph Determeyer à propos de la réincarnation, le Technicien était amené à préciser à un moment : « En soi l'homme n'est pas mauvais. Avant la dernière période glaciaire, il vivait en paix avec son semblable et avec l'animal [2]. » Voilà qui est bien différent ! S'il y eut une époque où les hommes vivaient en paix entre eux, il s'agit d'une fameuse perte et d'une fameuse chute. En outre, l'idée de paix entre l'homme et l'animal a incontestablement une résonance paradisiaque.

---

1. Le Bulletin du Luxembourg n'étant pas accessible à tous, je cite ici d'après l'ouvrage de Mme Schäfer, *Théorie et pratique de la transcommunication, op. cit.*, p. 142.
2. *Ibid.*, p. 153.

Le 9 novembre 1989, nouvelles allusions du Technicien : « Les hommes de la planète Terre y sont venus d'un autre monde appelé "Éden". Quand les hommes sur terre meurent, leur âme retourne sur l'Éden (appelé aussi Marduk) [1]. » Cette fois la récupération est complète, d'autant plus que la suite du texte parle du serpent, méchante créature, que nous nommons sur terre le « diable », qui s'est introduit sur terre pour ruiner les plans de Dieu. On y retrouve même une allusion au rôle particulier de la femme, dans le bien d'ailleurs comme dans le mal, en raison de sa plus grande sensibilité.

Il faut le dire, non seulement il apparaît impossible d'agencer ces trois affirmations en une synthèse cohérente, mais on a l'impression un peu désagréable d'une sorte de rattrapage ; comme si le Technicien avait acquis plus ample information entre le temps de la première affirmation et le temps de la dernière, ou comme s'il s'était rendu compte, entre-temps, que le premier discours risquait de faire mauvais effet sur un certain nombre de lecteurs.

Une autre fois, la contradiction se trouve entre des messages de sources différentes.

Le Technicien affirme, à Luxembourg, qu'« il n'y a pas, à proximité de la planète Terre, d'extraterrestres matériellement existants avec lesquels vous puissiez facilement entrer en contact [2] ».

Hans Otto König reçoit, au contraire : « De nombreux hommes d'une autre sphère d'existence se trouvent présentement parmi vous [3]. »

Werner von Braun, le 6 mars 1989, aurait transmis à Adolf Homes, à Rivenich, le message suivant :

« Ici parle Werner von Braun, le scientifique. Je m'adresse à Homes par la radio des morts.

« Il existe beaucoup d'êtres extraterrestres qu'il ne faut pas confondre avec les esprits des morts. Ces extraterrestres sont en lien avec le gouvernement américain ! Ils ont des contacts radio avec la terre. Les extraterrestres viennent de Caama et sont plus évolués que les humains.

« Les premiers contacts des extraterrestres avec la Terre ont eu lieu en 1954.

1. Bulletin du CETL de décembre 1989.
2. H. Schäfer, *op. cit.*, p. 153.
3. *Ibid.*, p. 128.

« Depuis lors, les contacts entre eux et les hommes sont réguliers. Cela reste strictement secret [1]. »

Enfin, n'oublions pas le récit de Mme Ilse Schmitz à Bottrop, que nous avons rapporté plus haut.

On retrouve un problème identique lorsque la petite équipe du « Fleuve du temps » qui, de l'au-delà, est en relation avec mes amis du Luxembourg, nous affirme qu'aussitôt après la mort chacun se retrouve possédant une nouvelle langue qui comporte 27 000 signes. Tous les autres témoignages, qu'ils soient reçus par écriture automatique ou par TCI, nous affirment que l'on n'a plus vraiment besoin de langage dans l'au-delà, toutes les communications se faisant par télépathie.

On pourrait énumérer bien d'autres points de désaccord entre tous ces messages.

L'identidé des interlocuteurs

Je crois que personne n'a vraiment le moindre doute sur la sincérité des expérimentateurs. Le sens de la question n'est donc pas là. Le problème, c'est de savoir si ceux qui communiquent avec nous sont vraiment ce qu'ils prétendent être.

La position simpliste, c'est de tout rejeter en bloc, de considérer que toutes ces voix ne viennent que d'imposteurs, de n'importe qui ou de n'importe quoi et, qu'après tout, cela n'a aucune importance ; qu'il suffit de ne plus s'en occuper.

La complexité du problème

En réalité, le problème est beaucoup plus complexe. Nous avons bien des raisons de penser que nous recevons réellement des messages du vrai Raudive ou du vrai Jürgenson. Parfois, parce que leur visage et leur voix ont été identifiés par des témoins qui les ont bien connus de leur vivant ; parfois grâce à l'analyse de leur voix. Or, ils semblent, à leur tour, se porter garants de l'authenticité

---

1. *Informationsschrift der Transkommunikationsforschung,* n° 2, février-mars 1990, p. 21, Francfort-sur-le-Main.

d'autres communications et de l'identité d'autres correspondants, notamment du Technicien et de Swejen Salter.

Lorsque (saint) Thomas de Cantorbéry, mort en 1170, se manifeste à Luxembourg ou à Rivenich, il le fait bien dans un anglais du XIIe siècle. Mais, précisément, alors que tant d'autres correspondants dans l'au-delà nous démontrent à quel point la langue pour eux importe peu, puisqu'ils peuvent s'exprimer avec la même aisance dans n'importe laquelle de nos langues, il nous semble alors, par comparaison, qu'il en fait un peu trop. Et pourtant, lorsque le même (saint) Thomas donne à mes amis du Luxembourg des nouvelles d'un enfant assassiné et fraîchement arrivé dans l'au-delà, en précisant qu'on est en train de soigner ses blessures à la tête et qu'il a déjà retrouvé ses belles boucles blondes, ces informations, au dire des parents, correspondent bien à la réalité, et mes amis du Luxembourg ne pouvaient la connaître [1].

Je dois insister ici sur le fait que je ne cite ce cas qu'à titre d'exemple. Le lecteur ne peut se rendre compte de l'immense documentation déjà accumulée sur ce sujet et qui a été publiée beaucoup plus à travers de petits bulletins qu'à travers des livres. Or, le dépouillement de tous ces témoignages montre qu'un problème est constant. D'un côté, il semble évident que nos correspondants dans l'au-delà nous suivent de près, sont parfaitement au courant de nos préoccupations, et, souvent, en savent plus que nous sur celles-ci. De l'autre, il est malheureusement non moins évident qu'ils nous présentent comme messages importants des banalités décevantes ou des histoires assez rocambolesques auxquelles, même avec une extrême bonne volonté, nous ne pouvons accorder crédit.

Très sincèrement, je ne me sens pas du tout en état de proposer une réponse. Mais la question reste posée. Pas plus que pour les ovnis et les extraterrestres, on ne s'en tirera en faisant croire à de grossières supercheries, à des histoires de petits malins tirant toutes les ficelles et s'amusant de nous. Ces explications sont bonnes pour des journalistes pressés. On a toujours l'air plus intelligent en jouant les démystificateurs qu'en reconnaissant son impuissance à éclaircir un véritable mystère.

Je ne peux donc, pour le moment, que proposer quelques réflexions.

---

1. *INFOnews*, n° 02/1991. p. 13-18.

Quelques pistes

Je mettrai un peu à part les voix qui menacent, insultent, hurlent, sanglotent ou implorent de l'aide. Ce ne sont pas des voix régulières. Elles ne nous laissent pas de longs messages philosophiques. Elles peuvent cependant devenir dangereuses, on ne le redira jamais assez. Elles peuvent nous envahir au point que les appareils deviendront inutiles, ces voix résonnant directement dans la tête. Plusieurs cas ont déjà été signalés. Il faut savoir tout arrêter au moindre signe inquiétant.

Les psychiatres sont, autant que nous, désarmés devant ce type de phénomènes.

Il faut également reconnaître l'existence, dans quelques cas, de voix de l'au-delà qui peuvent mentir pour s'amuser ou pour nuire.

Les messages longs

Ce qui m'intéresse ici, ce sont les messages longs, à contenu général, s'adressant à l'ensemble de l'humanité pour délivrer un véritable enseignement, à la manière de quantité de textes reçus en divers endroits par écriture automatique ou intuitive et qui, souvent, remplissent plusieurs volumes.

Je tiens, tout d'abord, à souligner que, dans tous les documents de ce genre dont j'ai pu avoir connaissance, je n'ai jamais rien remarqué qui puisse trahir quelque malveillance de la part de nos correspondants dans l'au-delà. Il m'est donc difficile de voir en eux quelque force mauvaise qui chercherait à nous abuser pour nous perdre.

Mais, pour prendre un exemple, quand une voix paranormale prétend être celle de (saint) Thomas Becket, archevêque de Cantorbéry, je me dis qu'il y a plusieurs possibilités.

1. Ce peut être vraiment lui. Mais rien ne me le prouve.

2. Ce peut être quelque trépassé qui avait une grande admiration pour ce saint et qui, à force de s'identifier psychologiquement avec lui, a fini par se prendre vraiment pour lui.

3. Ce peut être un trépassé qui sait très bien qu'il n'est pas et n'a jamais été (saint) Thomas Becket, mais qui, pour donner plus de poids à ses messages, essaie de se faire passer pour lui. Il ne voit

probablement là qu'une supercherie fort innocente, puisqu'il n'agit ainsi que pour notre bien.

Les mêmes mécanismes peuvent très bien avoir joué pour des entités mystérieuses comme le Technicien ou comme Swejen Salter. Les expérimentateurs allemands n'ont d'ailleurs pas manqué de remarquer, pour cette dernière, que son nom correspondait presque parfaitement à l'anagramme de « Raetsel Wesen » que l'on pourrait traduire par « être-énigme ».

Il se peut très bien, de la même façon, que le Technicien, Swejen Salter, Richard Burton, et tant d'autres (George Cukor, Thomas Edison, Konrad Lorenz, Paracelse...) vivent ou croient vivre en ce monde qu'ils nous décrivent. Il se peut que certains d'entre eux soient vraiment ce qu'ils prétendent être. Il se peut que d'autres, parmi eux, aient pris l'identité d'autres trépassés, alors que le vrai saint Thomas Becket ou le vrai Paracelse vivraient actuellement ailleurs.

Que dire aussi de quantité d'êtres mystérieux, comme ceux qui communiquent maintenant avec Adolf Homes ? Nous avons déjà vu le groupe de la « Fédération de la Lumière » qui se présente plutôt comme extraterrestre mais se trouve aussi en contact avec les trépassés. ABX-Juno, que nous avions d'abord rencontré à Darmstadt, se manifeste également très souvent chez lui. De même un certain Harald 2, mais aussi un chaman du nom de Majo, un autre groupe qui s'appelle « 2109 » et prétend être le même groupe qui avait envoyé des messages à Ken Webster, en Angleterre. Chaque numéro de la revue allemande *Transkommunikation* publie des dizaines de pages de tous ces messages. Sans compter, bien sûr, ceux de Friedrich Jürgenson, de Constantin Raudive, de saint Thomas Becket [1] qui sont maintenant des correspondants réguliers, mais aussi de quantité d'autres qui apparaissent de façon plus épisodique.

Je dois avouer que cette lecture me fatigue et ne m'apporte pas personnellement grand-chose. J'ai l'impression d'une sorte de merveilleux profane et sans âme, sans spiritualité, qui serait comme une sorte de substitut du vrai merveilleux, mystique (chrétien ou non). Je ne pense pas pour autant pouvoir rejeter tout en bloc. Je pense que

---

1. « Thomas Becket » délivre quand même maintenant ses messages chez Homes en allemand.

ces états d'existence sont réels. Je vous citerai même plus loin un cas que j'emprunte, en partie, à ces niveaux de communication.

Récemment, un groupe international de chercheurs s'est formé autour de mes amis Jules et Maggy Harsch-Fischbach du Luxembourg, sous le nom d'INIT[1]. Il ne s'agit là, en fait, que d'assurer la diffusion, dans le plus grand nombre de langues possible, des messages de la fameuse planète « Marduk ». Le problème, c'est que les milliers de messages reçus de l'au-delà, en toutes langues, depuis bientôt deux siècles, n'en ont jamais parlé. Mais c'est un nom que l'on retrouve dans un ouvrage absolument délirant, où l'on nous explique qu'il y a une douzième planète, appelée « Mardouk » (selon l'orthographe de la traduction française). Cette planète décrit une ellipse immense qui ne recoupe notre système planétaire et ne passe près de nous que tous les 3 600 ans. Bien sûr, cette planète est habitée et ces extraterrestres viennent périodiquement nous visiter [2]. Décidément, les descriptions de la Marduk luxembourgeoise baignent en plein dans des souvenirs de science-fiction, depuis le « Fleuve de l'éternité » de Philip José Farmer jusqu'au nom même de la « planète ».

L'hypothèse la plus probable

Ce que l'on peut penser, mais avec réserve, c'est que nous aurions bien affaire, même dans ces messages étranges et décevants, à des trépassés, le plus souvent de notre monde, parfois peut-être aussi d'autres mondes, plus ou moins parallèles ou lointains, mais guère plus évolués que le nôtre.

Ce que je crois aussi le plus probable, ce que j'avais déjà souligné dès le début de mon intérêt pour tous ces phénomènes de TCI, c'est que nous ne communiquons guère ainsi qu'avec la banlieue de la Terre, avec les tout premiers niveaux de l'au-delà.

C'est ce que nous annonçait très clairement un messager de l'au-delà, un de ceux dans lesquels j'ai le plus de confiance, Roland de Jouvenel. Le 3 novembre 1949, il dictait par écriture automatique à sa mère :

---

1. « INIT », pour International Network for Instrumental Transcommunication.
2. Zecharia Sitchin, *La Douzième Planète,* Éditions Souffles, 1988. C'est mon ami Jean-Michel Grandsire, directeur de la revue *Parasciences,* qui me l'a signalé.

« Des conversations médiumniques sont des contacts avec des esprits, encore voisins de la Terre. Là est le phénomène d'interpénétration d'un plan dans un autre, mais cette zone est incommensurablement éloignée du Royaume. Ces incursions d'un plan dans un autre deviendront par la suite aussi familières que l'aviation est devenue courante. Pourtant, ce n'est pas parce que les hommes se sont construit des ailes qu'ils sont devenus des anges, ni parce qu'ils atteignent de hautes altitudes qu'ils se rapprochent de Dieu. Vous arriverez à communiquer avec l'invisible, mais cet invisible est aussi loin de la Divinité que vous l'êtes vous-même d'une étoile.

« Ces réservoirs d'esprits voisins de votre univers ont atteint un degré supérieur au vôtre, mais ne sont encore qu'à la première des marches qui conduisent au septième ciel. Un jour viendra où, scientifiquement, ce monde sera en relation avec votre monde. Les études dirigées vers ce plan ne peuvent en rien être une profanation envers le Divin, car les rayons célestes ne pénètrent guère plus en ces régions que dans la vôtre…

« Un jour viendra où vous capterez les vibrations de ce plan, comme vous avez capté l'électricité, et elles vous seront perceptibles.

« Mais Dieu n'est toujours pas là. Ces régions sont aussi vastes et peuplées d'êtres aussi variés que votre Terre, vous pouvez y rejoindre le bien et le mal parce que tout y vit ; sur la Terre, il n'y a pas que de bonnes fréquentations… Le sommeil hypnotique ne va pas au-delà de ces plans.

« L'expérience mystique ou spirituelle est tout autre [1]. »

Celui qui dit cela est déjà parvenu beaucoup plus haut.

Pour ma part, j'en reste à cette position. Je n'en conclus pas du tout que tous ces messages ne nous apportent, en définitive, aucune connaissance sur l'au-delà. Au contraire, ils confirment pleinement ce que Roland de Jouvenel, à travers sa mère, nous en dit. Les premières étapes de l'au-delà sont un monde complexe dont ces messages nous fournissent une facette. Il y en a bien d'autres. L'erreur, voire le danger, serait de croire qu'ils nous viennent d'êtres très évolués, comme certaines de ces entités le prétendent pour mieux

1. Marcelle de Jouvenel, *Au seuil du Royaume*, F. Lanore et F. Sorlot, 1981, p. 87-88.

nous faire accepter leurs propres convictions. Nous retrouvons bien là les mêmes difficultés que pour la multitude des messages qui nous parviennent par d'autres voies, à travers des médiums, à travers l'écriture automatique ou le oui-ja. Ce n'est pas l'existence du phénomène, en soi, qui fait problème, mais bien le contenu des messages.

Il existe, en effet, beaucoup d'autres messages. Sur le mystère de Dieu, les mystiques, sans être passés dans l'au-delà, en savent déjà bien plus et bien mieux. Mais c'est que, vraiment, l'expérience spirituelle est « tout autre ». Il suffit de comparer les textes. Les discours du Technicien sur Dieu, quels que soient ses efforts, ne « tiennent » vraiment pas à côté de ceux des mystiques. Ce sont des discours de philosophes, de théosophes, de théologiens. On n'y sent pas l'expérience de Dieu. On la sent chez Roland de Jouvenel. Cela ne s'imite pas !

Mais il ne faudrait pas que ce bref aperçu sur les problèmes soulevés par ces messages longs nous empêche de voir toute l'importance des messages plus brefs, plus personnels, souvent commandés par des circonstances précises, où il apparaît nettement que nous avons affaire à quelqu'un qui nous voit, qui nous entend, qui suit nos problèmes d'existence et qui, parfois même, intervient dans notre vie matérielle pour nous aider. Je ne crois pas que dans ces cas, de loin les plus nombreux, l'hypothèse des « égrégores » à laquelle s'intéresse beaucoup mon ami Rémy Chauvin puisse suffire.

L'expérience de Dieu

Je crois que nous avons bien affaire à un authentique dialogue, avec demandes et réponses, entre nos trépassés vivant maintenant dans une autre dimension et nous-mêmes. Le contenu de ces messages est philosophiquement ou scientifiquement assez pauvre. Pas de longs discours métaphysiques, c'est vrai. Mais, pour les familles concernées, et j'en ai rencontré beaucoup, c'est chaque fois un bouleversement extraordinaire. La vie continue, la vie ne finit pas avec le corps physique. La relation d'amour n'est pas vraiment interrompue. Ils sont là et partagent nos pensées. Très souvent même, apparaît la mention de Dieu, d'un Dieu qui n'est pas seulement le « grand architecte », une sorte de source lointaine et anonyme de toute vie, mais un Dieu qui connaît et aime chacun de nous personnellement. Il faudrait citer ici quantité de messages reçus en Italie, mais aussi en France. Je me permettrai de renvoyer plus particulièrement au groupe « Infinitude » fondé par Mme Simonet et dirigé, si vaillamment, par M. Blanc-Garin et Monique Laage. Ces messages comportent souvent des références chrétiennes, dans un langage tout simple qui, pour moi, sonne vrai. En voici quelques exemples : « Je suis près du Seigneur » ; « Je suis bienheureux, le Seigneur nous aime » ; « C'est près du Christ que je vis maintenant » ; « Prie-le, j'ai vu le Christ, prie-le », etc.[1].

En Italie, ces messages ont aidé quantité de personnes dans le deuil à retrouver la foi, la foi chrétienne ; mais non plus comme dans leur enfance, où ils répétaient sans trop les comprendre un certain nombre de formules ; non, une foi personnelle, souvent libérée des discours du catéchisme de leur enfance, mais une foi chrétienne approfondie, renouvelée.

Je sais bien que certains se montrent aujourd'hui indisposés chaque fois qu'on les ramène au christianisme. Je ne crois pas que toutes les religions se valent, qu'elles aient le même contenu. Le croire et l'affirmer de tous côtés relève d'une générosité simplificatrice[2]. Elles contiennent toutes, sans doute, une part de vérité. Mais plus ou moins grande. J'ajouterai encore, bien volontiers, qu'il ne faut jamais confondre le message d'une religion avec toutes les déformations des institutions ou des clergés qui les représentent. La différence est plus souvent de l'ordre du gouffre que de la simple nuance[3].

Je crois cependant que, tout naturellement, des juifs, des musulmans ou des hindous reçoivent des messages correspondant à leur foi, de ces messages d'un Dieu d'amour. Mais qui n'est séduit que par la science-fiction, les progrès techniques possibles de l'humanité, le merveilleux profane, ne recevra que ce qui correspond à son attente. De l'autre monde au nôtre, tous les rapports se font selon la loi d'affinité.

Mais, au point où nous en sommes, après toutes les considérations théoriques que nous avons exposées, le plus important serait sans doute de donner quelques exemples un peu concret de ces communications avec l'au-delà.

---

1. Voir *Le Messager,* bulletin de l'association « Infinitude », n° 18, p.7-9.
2. J'ai essayé de le montrer ailleurs. Voir *Christ et Karma, la réconciliation ?,* Dangles, collection « Horizons spirituels », 1995.
3. Cela aussi, j'ai essayé de le montrer. Voir *Pour que l'homme devienne Dieu,* Dangles, collection « Horizons spirituels », 1992.

L'enfant retrouvé

Il y a quelques années, un couple de mes amis vivait aux États-Unis dans la banlieue de New York. Je les connaissais déjà depuis plusieurs années et j'avais eu bien des fois l'occasion de les mettre au courant des différents phénomènes que j'étudiais, et en particulier, bien évidemment, de la Transcommunication instrumentale. Au cours d'un de mes séjours dans leur merveilleuse petite maison du Connecticut, ils me racontèrent avec émotion le malheur qui était arrivé dans une autre famille française établie, elle aussi, depuis longtemps dans la région. De fait, c'étaient surtout les deux jeunes femmes qui étaient particulièrement liées d'amitié, car elles s'étaient connues déjà en France, pendant leurs études en faculté de droit, bien avant de venir, l'une après l'autre, s'installer en Amérique.

Ces gens, que je ne connaissais pas du tout, avaient trois enfants. Or, la deuxième, une fillette de six ans et demi, s'était fait renverser par un bus scolaire en arrivant à son école, quelques mois avant mon voyage aux États-Unis. Je connaissais déjà bien Mme Simonet et, à cette époque-là, elle n'était pas encore trop assaillie de demandes comme aujourd'hui.

Je proposai donc à mes amis de tenter de venir en aide à ces parents, si durement éprouvés. Je leur recommandai vivement de n'en rien dire aux parents, puisque, tous les expérimentateurs le savent, on ne peut jamais dans ce domaine rien promettre. Mais, les deux femmes étant amies de longue date, je pensai qu'il ne devait pas être difficile à mes amis d'obtenir une photo de la petite fille. Je leur précisai de m'indiquer aussi son nom de famille, son prénom, ainsi que ceux de ses parents. Je savais, par expérience, que Mme Simonet aimait avoir ces quelques indications élémentaires avant de tenter un contact.

Je reçus donc rapidement ces quelques documents et j'envoyai le tout à Monique Simonet en lui disant qu'elle ferait, une fois de plus, un cadeau merveilleux à des gens dans la douleur si elle arrivait à obtenir la voix de la petite.

Quelques semaines plus tard, j'avais la cassette !

À plusieurs reprises, la voix de la petite fille se faisait entendre. Elle donnait son nom (Laetitia), les prénoms de ses parents, disait qu'elle était heureuse… Cela je l'entendais bien, même avec mon petit appareil très rudimentaire. Ainsi que les commentaires de

Mme Simonet. Les commentaires de Mme Simonet, bien des gens aujourd'hui les connaissent. Toujours pleins de gentillesse, pleins d'amour, pour essayer de préparer les débutants à reconnaître le moment où la voix va apparaître, à la distinguer parfois du bruit de fond, donnant à l'avance le rythme, l'intonation. Or là, à plusieurs reprises elle prévenait : « Ah ! la voix suivante est à la limite de l'audible. Je ne sais pas si vous pourrez l'entendre ; enfin ! je vais quand même essayer de la recopier. »

Mais mes amis avaient des appareils bien supérieurs au mien et, dès la première écoute, tous les passages que Monique Simonet avait balisés comme « à la limite de l'audible » pouvaient maintenant être entendus et compris, sans problème. Il fut donc décidé, ce soir-là, sans hésitation, de remettre la cassette aux parents.

Mais comment faire ? Car ils ne s'attendaient à rien ! Leur donner cela comme ça, sans aucune préparation, pouvait se heurter à un scepticisme complet, les choquer peut-être ; et ce n'était pas du tout le but de l'opération. Finalement, mes amis les invitèrent à dîner, un soir, sur leur admirable petite terrasse que nous aimions tant. Il était entendu que mes amis me présenteraient à eux et que, pendant tout le repas, mine de rien, ils m'amèneraient à exposer longuement les recherches auxquelles je m'intéressais, me faisant eux-mêmes les objections les plus habituelles et dont ils connaissaient souvent déjà les réponses, afin que j'aie ainsi l'occasion de les préparer peu à peu au choc, à la rencontre fantastique avec l'invraisemblable, l'impossible, le complètement fou. Je n'oublierai jamais ce repas ! Ils n'ont probablement jamais su quelle épreuve ce fut aussi pour moi ! Je faisais de mon mieux pour être clair et convaincant, l'air innocent. Et je me disais en même temps : « Ce n'est pas possible, ils ont déjà compris où on voulait en venir, c'est trop gros, on insiste trop nettement, indéfiniment sur le même sujet. »

À la fin du repas, au moment des adieux, au tout dernier moment, mes amis leur ont remis la cassette en leur expliquant en deux mots de quoi il s'agissait. « Et maintenant, rentrez chez vous, écoutez-la tranquillement, chez vous, dans l'intimité. » Pendant deux jours entiers, ensuite, pas de réaction, pas de coup de fil ! Nous commencions un peu à nous inquiéter. Comment l'ont-ils pris ? Quel effet cela leur a-t-il fait ?

Le troisième jour, téléphone !

C'était la joie ! Oh, bien sûr, la joie dans la souffrance. Entendre cette petite voix, en essayant de reconnaître le timbre ou, au moins, les intonations, les mots familiers, c'était raviver la souffrance ; mais quand même, le contact était rétabli, et cela, c'était fantastique !

Un point surtout avait emporté la conviction du père, car il lui semblait vraiment qu'il n'y avait pas d'autre possibilité, pour l'expliquer, que d'admettre une authentique communication avec l'au-delà.

À un moment, sur la cassette, Monique Simonet explique qu'elle a demandé à Laetitia : « Est-ce qu'il y a quelqu'un près de toi ? » Hélas ! commente-t-elle, la réponse de la fillette est trop faible pour pouvoir être recopiée, mais pourtant elle est sûre d'avoir bien entendu : « Oui, un oncle… » Il y avait ensuite le nom, mais trop faible. Mme Simonet n'a perçu que le son « i » ! « Un nom avec un "i", dit-elle, comme Denis ou Émile. J'entends seulement un "i". »

Cet oncle était anglais, nous explique le père ; il s'appelait Dick. Il avait fait la connaissance de Laetitia au cours d'un déjeuner de Noël, à Paris, en 1986, et il l'avait aussitôt prise en affection. Il est décédé très peu de temps avant elle et nous n'avions même pas eu le courage de lui annoncer sa mort. Nous nous étions dit qu'elle l'apprendrait toujours assez tôt.

Mes amis n'avaient jamais entendu parler de cet oncle.

Je ne connaissais pas non plus l'existence de celui-ci, puisque je ne connaissais même pas cette famille.

Il en était de même pour Mme Simonet.

Les parents ne savaient même pas que quelqu'un, quelque part, essaierait un jour d'entrer en contact avec leur petite fille.

Message pour Laura

Voici une autre histoire que j'emprunte à un livre de Paola Giovetti[1]. Mais je dois ajouter que j'ai rencontré personnellement, à plusieurs reprises, Mme Laura Paradiso, la mère à qui cette histoire est arrivée. Elle me l'a confirmée et en a même éclairé certains détails importants.

---

1. Paola Giovetti, *Messages d'espérance*, Robert Laffont, p. 158-168.

Son fils, Corrado, avait apparemment réussi à se dégager du piège terrible de la drogue. Il avait retrouvé la santé et la joie de vivre. Malheureusement, on le sait bien, qui a goûté à ces paradis artificiels reste à jamais très vulnérable. Un (beau) jour, un ami l'invita à passer le voir dans sa villa, pour écouter un peu de musique. Mais les choses tournèrent autrement, Corrado ne put résister à la tentation et succomba à une overdose.

Laura était déjà préparée depuis longtemps, sans le savoir, à la mission qui devrait être un jour la sienne. Elle lisait depuis longtemps tous les articles de parapsychologie qu'elle trouvait dans les journaux ou les revues. « Je sentais qu'ils me serviraient », raconte-t-elle.

Aussitôt après la mort de son fils, elle entreprend des recherches dans ce domaine et elle ne tarde pas à tomber sur le premier livre d'Agnese Moneta, une autre mère en deuil qui, avant elle, avait déjà retrouvé le contact avec son fils.

Les deux mères se téléphonent et une première rencontre a lieu à Rome en février 1986, quatre mois à peine après la mort de Corrado. À Rome, Laura rencontre tout un groupe de parents qui, eux aussi, ont perdu leurs enfants. Un père, médium, « voit » son fils et le lui décrit de manière convaincante ; une mère reçoit pour elle un message par écriture automatique ; enfin, surtout, on réussit à enregistrer devant elle, sur magnétophone, la voix de son fils. Plus tard, sur les conseils d'Agnese Moneta, elle finit par y arriver elle-même, mais encore très mal.

En juin 1986, elle participe à un énorme congrès sur la transcommunication, à Milan. Le soir, dans sa chambre d'hôtel, elle essaie d'obtenir le contact avec son fils, sur son petit magnétophone. Elle lui parle tendrement, en dialecte sicilien, avec les mots de son enfance. Et voilà que, soudain, la réponse tant attendue arrive : « Dado (pour Corrado) avec toi et quelqu'un te le confirme. » Les mots étaient bien formés, parfaitement clairs, sans problème d'interprétation, même si le sens n'en était pas évident. Laura ne voit pas, à ce moment-là, de quelle confirmation il peut bien s'agir. Mais elle sait qui est ce quelqu'un. En italien, l'expression suffit souvent à désigner le Christ, un peu comme en français, dans un tout autre contexte, nous savons tout de suite à qui renvoie l'expression « qui vous savez ». D'ailleurs, un jour, elle recevra cette phrase : « Mammuzza (ma petite maman), prépare-toi, tu vivras avec moi la vie du ciel, car ton fils t'aime tellement ainsi que quelqu'un. » Mais que voulait dire cette confirmation ?

La réponse ne devait arriver que quelques jours plus tard. Au cours de ce congrès, à Rome, Laura avait fait la connaissance de gens de Livourne qui l'accompagnèrent jusqu'à Massa où elle devait s'arrêter avant de rentrer chez elle. Ils lui suggérèrent de profiter de cette étape pour prendre contact avec une famille qu'ils connaissaient bien et qui avait été aussi frappée par le malheur. Ces parents avaient perdu un jeune garçon depuis un peu plus d'un an, mais ils avaient retrouvé le contact avec lui, eux aussi, grâce au magnétophone.

Aussitôt arrivée, Laura leur téléphona. Mais quand elle prononça son nom, il y eut, à l'autre bout du fil, un assez long silence. Elle commençait à croire que, peut-être, elle dérangeait, quand elle en reçut l'explication : le matin même, cette femme qu'elle ne connaissait absolument pas avait reçu sur son enregistreur ces mots, pour elle incompréhensibles : « Dado, il y a Laura...» Tout s'éclairait, pour la plus grande émotion des deux femmes.

Le mot de passe

Le cas suivant concerne Jean-Paul Sermonte, poète, conteur, auteur aussi de divers ouvrages où il met en valeur les talents des autres, comme Georges Brassens, ou Gilles Vigneault.

Jean-Paul vit avec Pascale, passionnée de son côté de danse, de musique, de littérature, vibrant au moindre projet de voyage (ce sont les mots de Jean-Paul). Et pourtant, lorsque, pour la première fois, ils évoquent ensemble le problème de la mort, elle lui affirme « avec une tranquillité déroutante qu'elle "ne tenait pas du tout à la vie", qu'elle aimerait partir le plus tôt possible, s'évanouir dans la lumière ou dans le néant et surtout ne plus penser... ». J'emprunte une bonne partie de ce récit au dernier livre de Jean-Paul Sermonte, *La Fiancée des cieux,* mais il m'a confirmé plusieurs fois directement l'épisode qui, ici, nous intéresse plus particulièrement.

Dans la nuit du 11 avril 1990, Jean-Paul fait un cauchemar. Il hurle et se débat. Pascale le réveille : « Calme-toi, tu as fait un mauvais rêve, tu disais des mots incompréhensibles... » Mais Jean-Paul note dans son livre : « Je me sens glacé d'épouvante. C'est horrible, horrible, tente-t-il d'expliquer, je rêvais que la mort était au pied de mon lit. Je n'ai pas l'habitude des cauchemars. Celui-ci me terrifie. Cette vision effroyable me tiendra éveillé jusqu'à l'aube. »

Le lendemain 12 avril, Pascale est rentrée de son travail et rejoint Jean-Paul dans son bureau… « Soudain, Pascale vient derrière moi et me serre très fort contre elle. À m'étouffer. Quand elle me relâche, je lui trouve un air étrange. Je m'inquiète. “Est-ce que ça va ?” Elle me sourit comme pour s'excuser. “Je ne me sens pas très bien”, murmure-t-elle avant de s'effondrer. » Les yeux de Pascale venaient de s'ouvrir sur l'autre monde.

Monique Simonet, contactée, va tenter peu après une première communication sur son petit magnétophone. Je reprends ici le récit de Jean-Paul :

« Nous sommes le 24 avril 1990, soit douze jours après son départ. N'est-ce pas trop tôt ? Monique promet de faire son possible.

« Le soir, je prie à haute voix :

“Pascale, si tu m'entends, va chez Monique, essaie de te faire entendre. Je sais que c'est très dur pour vous de matérialiser vos voix, de recréer des mots, fais-toi aider, mais essaie, même quelques paroles.”

« Inquiétude légitime. Je crois que les voix parviennent bien de l'au-delà, mais comment savoir si c'est bien Pascale qui va parler, puisqu'il est rare de reconnaître les voix ? Et si c'était une autre entité ?

« Je décide d'un code. Un mot de passe.

« Pascale adorait les chats. Je l'appelais ainsi “mon petit chat”. Toujours. Je prie à nouveau :

“Pascale, dans le message de Monique, parle-moi de chat, fais une allusion au chat et je saurai que c'est toi.”

« Naturellement, je ne dis rien à Monique de ce mot de passe. J'en informe uniquement Carole. Pour avoir un témoin.

« J'attends.

« La cassette me parvient quelques jours après. Je m'enferme dans mon bureau, coupe le téléphone et écoute :

MONIQUE À PASCALE. – Nous allons essayer, Pascale, avec la permission de Dieu et l'aide de tous les guides. On essaie, Pascale ? Est-ce que vous m'entendez ?

PASCALE. – Oui.

MONIQUE. – Mon Dieu, que c'est faible !... Pouvez-vous dire quelque chose pour Jean-Paul ?

MONIQUE À JEAN-PAUL. – Elle vient de dire « Jean-Paul ». C'est nettement « Jean-Paul » et je crois qu'elle dit avant « je suis là ».

MONIQUE À PASCALE. – Merci Pascale, on a très bien entendu « Jean-Paul ». Essayez encore de lui parler. Dites-lui quelque chose, et puis je pourrai lui envoyer la cassette demain matin.

MONIQUE À JEAN-PAUL. – Je ne vais pas couper. Il y a une voix qui dit « miaou ». Ce n'est peut-être pas Pascale. C'est peut-être quelqu'un qui s'amuse en passant. Vous savez, ils ne sont pas seuls. Je ne serais pas étonnée que ce soit quelqu'un de ma famille. Il se peut aussi que ce soit un jeu entre vous. Je préfère ne pas l'enlever.

Il y a évidemment bien d'autres mots, que je ne rapporte pas ici, sur cette première cassette. Mais un, plus particulièrement, a suffi pour tout changer pour Jean-Paul. Je lui laisse à nouveau la parole.

« J'écoute plusieurs fois. Surtout un passage. Un mot : "miaou"! Dire que Monique a failli l'effacer, croyant à une plaisanterie. Manifestement, Pascale a répondu à sa façon à ma demande. Il n'y a aucune autre explication. Je le répète : Monique ignorait totalement ce mot convenu.

« Comment ne pas avoir la certitude qu'elle est près de moi, qu'elle m'entend, qu'il existe bien, comme nous l'enseignent aujourd'hui (outre les spiritualistes) certains grands physiciens, une autre dimension où notre esprit subsiste au temps et à la mort ? »

Je dois encore ajouter pour le lecteur que je possède personnellement une copie de ce passage de la cassette et que ce « miaou » y est véritablement crié, à la fois très fort et bien prononcé. On remarquera aussi que l'histoire est d'autant plus intéressante que la convention passée entre Jean-Paul et Pascale ne l'a pas été du vivant de Pascale sur terre. L'idée même d'un mot de passe ne vient à l'esprit de Jean-Paul qu'après la mort de Pascale. C'est donc bien, déjà dans l'au-delà, que Pascale a perçu la pensée de Jean-Paul. Donc, comme il le dit lui-même, il faut bien qu'elle soit d'une certaine façon près de lui et qu'elle l'entende.

Histoire des trois télégrammes

Voici une autre histoire où l'explication par un phénomène de télépathie entre vivants semble également bien improbable. Je l'emprunte, pour une large part, au livre de Monique Simonet : *À l'écoute de l'invisible* [1].

Je préfère recopier le passage principal en entier parce qu'il contient bien des détails qui peuvent nous aider à pousser plus loin notre réflexion. Je rétablis en même temps, avec l'accord de ses parents, le vrai prénom de la jeune fille décédée.

« 4 juin 1981, Reims.

« Il est bientôt une heure du matin. Je ne dors pas. Je songe à cette magnifique jeune fille, Christine, dont j'ai reçu une photographie dernièrement... De longs cheveux noirs encadrant un visage de rêve... Était-elle trop belle ou trop pure pour demeurer sur terre ?... Elle est "partie" dans cet autre monde, comme elle semblait le pressentir d'ailleurs, emportée par une embolie, sans que rien puisse le laisser prévoir. Sa maman m'a écrit, m'exprimant sa peine, son désarroi...

« Cette nuit, ce beau visage me poursuit, et puisque je n'ai pas sommeil, peut-être pourrais-je essayer de joindre la jeune fille...

« Je suis vite installée. J'écoute intensément. Bientôt me parvient une voix masculine, que je reconnais avec plaisir, celle de mon père : "Christine est là", me dit-il.

« Je le remercie et j'attends. Peu après, c'est un chœur masculin qui chante doucement : "Christine" !...

« C'est très joli, mais je voudrais l'entendre, elle. Je demande : "Christine, pouvez-vous me parler ?..." Enfin, une voix claire, bien timbrée, celle, de toute évidence, d'une jeune fille, me répond ceci :

« "Pardon... Je suis fatiguée ce soir."

« Cette réponse me semble sur le moment assez étonnante. Mais je sais, pour l'avoir lu plusieurs fois dans différents ouvrages spiritualistes, que, dans le monde de l'Au-delà, il faut parfois se reposer et se recharger en énergie. Je crois donc comprendre que Christine est justement à cet instant en manque d'énergie, état qui se rapprocherait le plus de la fatigue terrestre. Mais elle est là, bien présente, et a fait l'effort de me répondre, avec une extrême gentillesse. Je prie un moment, puis je demande aux amis invisibles qui chantaient son prénom, voici quelques minutes, de l'aider. Soudain, je pense à

---

1. F. Lanore et F. Sorlot, *op. cit.*, p. 65-67.

Sutin ; et je questionne (Sutin est un jeune Thaïlandais qui avait été adopté par une famille française et qui était mort dans un accident. Mme Simonet avait obtenu la communication avec lui quelques jours auparavant [1]) :

« “Sutin ? Es-tu là ? Peux-tu aider… Sutin ?…”

« Dans l'immédiat, je n'entends rien. Cependant, quelques secondes plus tard, une voix masculine me dit, très aimablement :

« “Oui !… Je dormais…” Dormait-il vraiment ? Ou était-ce aussi une sorte de relaxation de l'esprit ? Je ne sais, mais j'entends bien : “Je dormais.” Je le remercie d'être venu à mon appel. Puis je m'adresse à Christine : “Christine, pouvez-vous tout de même me donner un petit message pour votre maman ?…”

« “… Maman, je t'adorais… maman, l'histoire des trois télégrammes !…” C'est la même voix de jeune fille qui vient de prononcer ces deux phrases. Je ne comprends pas le sens des derniers mots. Cependant, je continue d'écouter encore, mais inutilement : c'est le silence à présent. Comme il est tard, très tard – ou plutôt très tôt – il est préférable d'ailleurs que je me repose (moi aussi !…). Mme A., la maman de Christine, comprendra peut-être : cette “histoire des trois télégrammes” peut correspondre à un fait passé… »

Mais l'histoire ne s'arrête pas là. Le plus important ne devait arriver que neuf jours plus tard avec la réponse de la mère. Je cite seulement l'essentiel :

« Ce “pardon” était courant dans son langage terrestre ; elle était une enfant très douce et timide… L'histoire des trois télégrammes est authentique ; c'est absolument merveilleux… Il s'agit d'une histoire invraisemblable survenue chez moi. »

Bien évidemment, Mme Simonet ne pouvait rien savoir de cette « histoire » de télégrammes. La mère de Christine concluait ainsi :

« Il n'y a pas de doute possible et, malgré le malheur qui m'accable, je suis rassurée pour Christine. Votre cassette m'apporte l'espoir au milieu de mon désarroi. Pour moi, tout est clair désormais. Les esprits existent. Christine nous aide de l'au-delà… »

Là encore, refuser qu'il s'agisse vraiment d'une communication avec l'au-delà pour y voir une projection du subconscient revien-

1. Voir son livre, p. 64-65.

drait à prêter à celui-ci des racines plongeant dans un niveau de réalité au-delà du temps et de l'espace ; autrement dit, ce serait admettre quand même qu'il communique avec un certain au-delà, et un au-delà capable de communiquer des renseignements personnalisés. La différence avec une authentique communication avec les trépassés est alors réduite à bien peu de chose.

Sur la bonne voie

Voici encore un exemple que j'emprunte également à Monique Simonet. Je reprends le récit d'après son propre livre : *À l'écoute de l'invisible* [1]. Je me contenterai, éventuellement, d'y ajouter entre parenthèses quelques précisions qu'elle m'a confiées oralement.

« Ce soir (fin mai 1979), tout en lisant un ouvrage spiritualiste – car je cherche à m'instruire en ce domaine – je laisse l'appareil (il s'agit d'un simple magnétophone) capter l'ambiance sonore de mon appartement. En fait, tout est silencieux, la nuit avancée ; on ne peut guère entendre que le froissement des pages que je tourne. Après une vingtaine de minutes environ, profondément intéressée par ma lecture, je ne songe plus à la possibilité d'une présence invisible et d'une manifestation, et j'en oublie même que je suis en train d'enregistrer. Lorsque cela me revient à l'esprit, je me sens fatiguée ; je suis sur le point de me mettre au lit, sans vérifier. Puis je pense que demain, j'aurai très peu de temps ; et je commence l'écoute... Il n'y a pas cette fois de "bonsoir", de "bonne nuit", de "repose-toi"... gentillesses dont je suis à présent si souvent gratifiée, mais une phrase plus longue, que je ne comprends pas, pour la simple raison qu'elle n'est pas en français. Je repasse la bande plusieurs fois, et je note ce que j'entends : *"Esti moch te via ben', esti..."*

« La voix est plutôt féminine, empreinte de gravité, et surtout très audible (cela est parfaitement exact ; Mme Simonet m'a confié une copie de cette voix. Les mots prononcés font problème, c'est évident, mais la reconnaissance des sons ne peut faire aucun doute. Ils correspondent très exactement à la transcription faite par Mme Simonet. Il n'y a aucun doute possible) ; de toute évidence, cette

1. F. Lanore et F. Sarlot, *op. cit.*, p. 25-27.

langue est dérivée du latin. Je vais vite chercher mon vieux dictionnaire latin-français et je traduis de mon mieux. Cela doit signifier : "Tu seras bientôt sur la bonne voie, c'est sûr", *Esti* étant le verbe être au futur, *Via* la voie, *Ben :* bien, bon, et *Moch* me rappelle *mox,* dont la traduction est : bientôt ; quant au deuxième *Esti,* il renforce le premier et marque la certitude. Certes, ce n'est pas du pur latin, mais je comprends ; je tâcherai de me renseigner plus exactement par la suite. (En fait, jusqu'à aujourd'hui, le mystère reste entier. Nous avions cru, à un moment, qu'il s'agissait du roumain, mais il semble que nous devions renoncer à cette hypothèse. Cependant, il s'agit bien certainement d'une langue latine.)

« En tout cas, ce message me paraît important. Qui me parle ? Je ne sais. De toute façon, ce n'est pas quelqu'un que j'ai connu. En outre, quel est le sens de ces paroles ? Cela concerne-t-il mes enregistrements ? C'est possible, car j'ai l'intention de faire l'achat d'un magnétophone plus perfectionné. Mais il peut s'agir aussi de mon évolution personnelle : je désire m'améliorer ; peut-être aurai-je prochainement une meilleure compréhension de toutes choses... Quoi qu'il en soit, c'est un message d'espoir, d'encouragement et d'amitié. Je suis très reconnaissante à cette entité inconnue qui me l'a apporté. »

On sait que, parfois, un magnétophone peut capter des ondes radio. Le phénomène se serait-il produit précisément et uniquement cette nuit-là, dans cette langue inconnue ? Faut-il plutôt admettre que Mme Simonet aura entendu ces mots, un jour, sur la place du Marché, à Reims ? Qu'elle les aura mémorisés sans s'en rendre compte et que, cette nuit-là, elle les aura projetés sur son magnétophone, sans le vouloir, en pensant à autre chose ? Un simple phénomène de « psychocinèse »? Si l'on tient compte de ce que les voix enregistrées se comptent aujourd'hui par centaines de milliers, ces hypothèses bien compliquées semblent tout de même les moins probables.

Paroles d'amour

Il s'agit maintenant d'un cas que je connais bien. Son intérêt pour notre recherche vient de ce que, là encore, la réponse obtenue est en dehors de toute attente.

Pascal, fils de maître R., est tragiquement décédé à l'âge de trente ans, début juin 1988, dans des conditions héroïques. Les parents ont eu, depuis, le privilège de recevoir, d'abord indirectement, puis directement, de nombreux messages de leur fils sur magnétophone.

Celui qui nous intéresse fut enregistré le 11 février 1992. Ce jour-là, sa mère venait de tenter un contact en s'aidant d'un support. En s'apercevant qu'il s'agit d'une chanson en français, elle arrête aussitôt l'enregistrement pour s'excuser auprès de son fils et lui annoncer qu'elle va reprendre quelque chose en allemand. Voici le texte :

Mme R. – Tu pourrais nous faire une petite identification, mon Pascal ? Cela nous ferait du bien, à ton père et à moi.

(Chanson d'Alain Souchon : *« ... près de toi... je t'aime sur des blues... comme je t'aime. »*)

Mme R. – Je reprends ces voix étrangères, ces voix allemandes, tu peux t'identifier un petit peu, tu peux nous dire quelque chose, mon Pascal, ce que je t'ai donné là n'était pas bon. À toi, mon chou.

Voix enregistrée, comme une réaction immédiate :

« Mais si, c'était bon ! »

Là aussi je possède une copie de l'enregistrement et je peux attester que la voix est nette, bien formée, et que les mots prononcés ne posent aucun problème d'identification.

On pourrait imaginer, dans l'hypothèse animiste, que ce soit Mme R. elle-même qui, soudain, réalise que ces paroles étaient belles et que son subconscient ait projeté ces mots sur la bande magnétique. Mais la voix est nettement masculine et jeune. Il faudrait un subconscient bien retors et bien rapide pour réagir aussi vite et avec des ruses psychologiques aussi subtiles.

Pascal a-t-il voulu seulement dire à sa mère qu'il aurait bien pu faire passer sa voix sur ce support ? C'est possible. Mais peut-être a-t-il voulu plutôt faire comprendre à sa mère que ces paroles d'amour correspondaient bien aux sentiments qui les unissaient par-delà la mort ? C'est, semble-t-il, le plus probable.

Le rendez-vous

Voici un cas qui n'est pas spontané, mais fait partie des différents montages qui ont été essayés un peu partout pour tenter d'y voir plus clair dans tous ces phénomènes de voix enregistrées. Il s'agit ici d'un groupe italien qui s'est formé, à Grosseto, autour de Marcello Bacci, commerçant en appareils électroménagers. Le groupe est informel, même si quelques-uns sont plus particulièrement fidèles, et toujours prêt à accueillir des hôtes de passage, en quête de consolations ou de conseils techniques.

Je reproduis ici le récit de l'expérience rapportée par Marcello Bacci lui-même [1].

« 17 septembre 1976. Présents : Bacci, Luciano Capitani, Sergio Pannocchia et Paolo Lecci.

« À 21 h 40 nous décidons de tenter un nouveau type d'expérience ; de fait, nous abandonnons la salle d'enregistrement, mais en laissant un magnétophone stéréo en marche, avec deux micros incorporés (il faut souligner que nous n'avons émis aucun message d'invitation pour les voix avant de nous retirer).

« Nous nous éloignons un peu, marchant au hasard dans les alentours : nous laissons passer un quart d'heure environ et nous revenons au laboratoire.

« En écoutant la bande, nous entendons : “Mais où sont-ils ? À la fenêtre ? Achtung !” On entend ensuite nos pas qui se rapprochent et les voix qui disent : “Les voilà, ils semblent tout près. D'accord.” »

Le 21 octobre 1979, donc trois ans plus tard, nouvel essai du même genre, mais avec une petite variante.

« Présents : Bacci… (peu importe pour nous) 21 h 45.

« Nous renouvelons l'expérience, mais cette fois en ajoutant la radio. Après avoir mis les appareils en marche, nous quittons le laboratoire. Six ou sept minutes se passent avant que Capitani ne se rapproche de la porte du laboratoire et vienne taper quelques coups sur la vitre. Tous ensemble, nous nous éloignons alors une seconde fois pour revenir après quelques minutes et rentrer dans la salle d'expérimentation pour procéder à l'écoute de ce qui s'est enregistré entre-temps sur la bande.

« Tout d'un coup, nous entendons les premières voix qui passent nettement par le haut-parleur radio : “Avec Bacci. Ils arrivent. Bravo ! Ils sont là avec Bacci. Que font-ils ?”

1. Dans son ouvrage intitulé *Il mistero delle voci dall'aldilà, op. cit.*, p. 62.

« À la sixième minute d'enregistrement, on entend très bien les coups frappés par Capitani sur la porte ; aussitôt, une voix dit, sur la bande : “L'avocat (Capitani) arrive, l'avocat répond.”

« À la fin de l'enregistrement, au moment où nous nous rapprochons pour rentrer dans le laboratoire, la voix dit : “Qui voit-on ? Tourner ici. Sont venus avec toi. Nous veut.” »

(J'ai essayé de rendre ici les maladresses de syntaxe si caractéristiques de ces communications. Maladresses si marquées, que le sens des messages en reste souvent incertain.)

Et toi, que crois-tu ?

Le professeur Sinesio Darnell, à Barcelone, a imaginé un autre montage assez compliqué. Il a demandé à d'autres chercheurs en différents centres d'Espagne de préparer des cassettes comportant chacune sept questions, assez brèves, avec un temps de réponse d'environ deux minutes après chaque question. Donc des cassettes d'une durée de quinze minutes. Chaque centre gardait soigneusement la liste des questions posées, sans les communiquer au professeur Darnell. Chaque centre avait un numéro ; par exemple, le 1 pour Madrid, le 2 pour Valence, le 3 pour Valladolid, etc.

En tout, vingt-trois cassettes furent ainsi préenregistrées. Leurs boîtiers furent mis dans un carton et on demanda à une personne étrangère à toutes ces expériences de les mélanger. Chaque cassette ne fut utilisée qu'une seule fois.

Ensuite, le professeur Darnell fit un montage ingénieux comportant trois magnétophones qui se déclenchaient en même temps selon un système aléatoire ; pas avant minuit, pas après cinq heures du matin. L'un de ces magnétophones était chargé avec une de ces cassettes préenregistrées, les deux autres avec des cassettes vierges. Lorsque le mécanisme se déclenchait, les deux magnétophones munis de cassettes vierges enregistraient nécessairement les questions posées par le troisième. Mais parfois, alors, l'enregistrement de ces questions était suivi, dans le temps de silence de deux minutes environ qui succédait, de l'apparition de réponses, et de réponses cohérentes avec la question posée. Le professeur Darnell ne savait pas à quelle heure le mécanisme se déclencherait. Il ne connaissait pas les questions posées. Tout ce qu'il savait, c'était le numéro de la cassette et donc le centre qui avait préparé ces questions. Les auteurs de ces questions ne savaient ni le jour ni l'heure où leur cassette serait utilisée.

Les premiers essais n'obtinrent aucun succès. Pour accélérer un peu le processus, le professeur fit passer chaque nuit deux cassettes, toujours selon le même système aléatoire, mais avec un intervalle obligé de deux heures. Malheureusement, le matériel préenregistré vint vite à manquer. Le professeur dut harceler ses amis, collaborateurs et anciens élèves, pour obtenir de nouvelles cassettes avec de nouvelles questions. En tout cinquante-cinq cassettes furent ainsi préenregistrées.

En fait, les résultats obtenus sont quantitativement très décevants. Mais, étant donné la rigueur des conditions, leur importance n'en est pas moins considérable. Pour ne retenir que les voix très nettes, deux réponses seulement. Une première fois, à la question « Pouvez-vous me voir ? », une voix répond : « Si tu dors. » La seconde fois, à la question « L'âme existe-t-elle ? » suit la réponse : « Et toi, que crois-tu ? » Cette seconde voix correspondait très nettement au timbre d'une femme, et d'une jeune femme. La première voix n'était pas assez caractérisée pour qu'on puisse en déduire quoi que ce soit.

C'est évidemment bien peu pour un tel effort. Mais n'oublions pas les conditions. Pour prouver que l'hypothèse « animiste » n'était pas la seule possible, autrement dit pour prouver qu'au moins certaines des voix reçues ne pouvaient pas s'expliquer par la projection d'un quelconque subconscient, le professeur Darnell a, ici, accru considérablement la difficulté. Car, même dans l'hypothèse d'une authentique communication avec des morts, actuellement vivants dans une autre dimension, personne ne songe à nier que le fait de les appeler, de penser intensément à eux, de leur envoyer des pensées d'amour, n'aide considérablement à attirer sur nous et nos appareils leur attention. Dans l'expérience montée par le professeur Darnell, il n'y a, au contraire, aucun appel, aucune pensée, et même ceux qui ont posé les questions préenregistrées ne pouvaient s'adresser à aucun défunt précis en particulier. Qu'il y ait donc eu quelques réponses, même si la plupart du temps ce n'étaient que des murmures confus, comme le reconnaît le professeur Sinesio Darnell, c'est déjà quelque chose d'extraordinaire ! Or, il y a tout de même au moins deux réponses parfaitement nettes et cohérentes avec la question [1].

Le Chant des partisans

Autre cas très intéressant, à Grosseto, chez Marcello Bacci, en raison de la complexité du phénomène. Ce soir-là, c'était le 25 septembre 1978, et les hôtes de passage étaient un couple de Français, M. et Mme Angeli. M. Daniel Angeli avait une sœur qui habitait Grosseto, d'où, évidemment, son introduction dans le cercle de transcommunication de Marcello Bacci. M. Angeli espérait obtenir un contact avec son frère qui avait été fusillé par les Allemands, à Nancy, pendant l'Occupation.

La communication est obtenue ce soir-là à travers un haut-parleur radio. L'appel est lancé, comme d'habitude, et voici le texte des voix, avec le style télégraphique fréquent dans ces messages :

« Au revoir, merci beaucoup (en français ; le reste en italien). Mais ici-bas, on ne l'a pas vu. Nous l'avons cherché ; que veut Bacci ? Pas ici, il n'est pas là, il est mort. Comme les morts, comme nous, nous le connaissions. Ce soir, je voulais vous le dire ensuite... à l'aide ! Des Allemands... ils cherchent à s'échapper... vite, il vaut mieux avoir (à ce moment on entend chanter en chœur, puis un bruit très net de mitrailleuse). Qui Daniel ? demande-t-il. L'église (en français), schnell (en allemand). »

Il faut d'abord noter, comme le fait M. Bacci dans son commentaire, que « les voix » se sont parfaitement rendu compte de la présence des hôtes français. Pour le reste, je rapporte ici les mots mêmes de M. Angeli :

« J'étais au courant de vos recherches, ma sœur m'en parlait de temps à autre, mais je n'avais jamais assisté à une expérience de ce genre et, si je ne l'avais pas vu et entendu par moi-même, je pense que je n'y aurais jamais cru. Tout cela paraît complètement incroyable et je vous assure que ça constitue un événement qui me touche de près ; les circonstances sont semblables à celles vécues en ce lointain 1942. Pensez donc, ce chant que l'on entend sur l'enre-

1. Sinesio Darnell, *El misterio de la psicofonia, op. cit.*, p. 115-120.

gistrement c'est celui des partisans que nous chantions il y a trente-cinq ans, et voilà qu'aujourd'hui il réapparaît ici, dans cette pièce, en même temps que la voix de mon frère ; et puis, remarquez, c'est bien aussi le bruit caractéristique que fait une mitrailleuse en action, et notez aussi la peur de cette voix qui crie : “À l'aide ! des Allemands !”

« Aujourd'hui, ici, près de vous, j'ai assisté à l'événement qui s'est remanifesté dans toute son intensité dramatique [1]. »

Il faut tout de même ajouter quelques mots de commentaire. Il est bien vrai que les « voix » ont tenu compte de la présence de Français à cette séance. Il semble bien qu'elles s'adressent directement aux intéressés en fonction des circonstances. Ce sont des voix actuelles et non de simples résurgences du passé, des ondes rémanentes. Il en est de même, certainement, pour les paroles prononcées en italien, car, pour la plupart, lors de l'événement, c'est certainement en français qu'elles ont été prononcées, même si le frère assassiné était d'origine italienne. On imagine mal qu'il ait alors, à Nancy, crié, en italien, « À l'aide ! des Allemands ! ». Là encore ce ne sont donc pas des ondes du passé que Marcello Bacci serait arrivé à capter. Nous avons donc, au moins pour une part, une reconstitution de la scène avec traduction, plutôt qu'une « rediffusion » de l'événement lui-même. Le « bruitage », lui, pourrait au contraire, du moins en principe, être repris directement du passé. Cela vaut particulièrement pour le célèbre *Chant des partisans* que Daniel Angeli a reconnu tout de suite et qui n'a probablement pas été interprété tout exprès, pour cette circonstance, en version italienne.

Je dois encore dire que je n'ai pas entendu cet enregistrement, mais j'en ai écouté beaucoup d'autres, réalisés par Marcello Bacci, et les différents chœurs que l'on peut y entendre sont d'une très grande beauté, composés certainement d'un grand nombre de voix, des plus graves aux plus aiguës. C'est dire que les attribuer à une projection du seul subconscient des expérimentateurs serait leur faire vraiment beaucoup d'honneur.

Il n'y a d'ailleurs pas seulement des voix, mais également des instruments de musique, de toutes sortes, et même parfois à la demande : orgue, carillon, cloches, cymbales, trompette, etc.

---

1. Marcello Bacci, *Il mistero delle voci dall'aldilà, op. cit.*, p. 70-71.

Glissement temporel

Voici encore un autre cas qui nous vient d'Italie, du groupe de Grosseto. Il présente un caractère assez complexe. Je relate le protocole un peu résumé qu'en a publié Marcello Bacci [1] :

« 24 septembre 1980. Présents : Bacci, Luciano Capitani, Sergio Giomi, Signora Vincenza Toscano, Carlo Statzu accompagné de son amie Signora Simona.

« Essai fait par haut-parleur radio.

« Mme Toscano est venue dans notre laboratoire pour tenter d'entrer en "contact" avec son fils Luigi, mort dans un accident d'avion à Punta Raisi, le 5 mai, et dont on n'a pu retrouver le corps.

« Voici les "voix" obtenues (avec l'habituelle difficulté d'interprétation) :

« "Nous partons, nous partons, vous voyez ? Écoute où je suis mort. Puis attendre quelques minutes ? Avion Punta Raisi, Luigi reçu. Palerme, entends-tu Luigi ? Luigi se rappelle (à ce moment on entend le bruit caractéristique produit par un avion en vol) comme il l'avait dit" (suit un chœur). »

Et maintenant, voici le commentaire de Marcello Bacci :

« Que peut-on remarquer dans cette expérience ? En premier lieu la personnalisation importante faite par les "voix" avec le nom de Luigi et les noms de lieux Palerme et Punta Raisi – où s'est produit l'accident. Mais surtout le bruit de l'avion en vol est très révélateur, mêlé à un arrière-fond de "voix", qui semblent en relation avec une liaison entre l'avion et la tour de contrôle. Si nous ajoutons à cela la présence d'une voix féminine claire qui s'exprime en plusieurs langues et semble bien celle de l'hôtesse donnant des ordres aux passagers de l'avion lui-même, le tableau formé par tout cet ensemble devient très convaincant.

« C'est pourquoi cet essai, examiné sous tous ses angles, nous a donné l'impression d'avoir été entraînés acoustiquement dans un glissement temporel qui a permis aux "voix" de nous faire revivre ce tragique épisode. »

Marcello Bacci en arrive donc, pour cet enregistrement, à l'hypothèse que j'avais déjà faite à propos d'un frère fusillé par les

1. *Il mistero delle voci dall'aldilà, op. cit.*, p. 86-87.

Allemands. Tout se passe en effet ici comme si nous avions la rediffusion de la bande sonore correspondant à l'accident. Les paroles reçues ne correspondent cependant pas au même moment, elles n'ont certainement pas été prononcées à l'instant même de l'événement. Elles sont d'ailleurs très fragmentaires, comme la plupart du temps, ne correspondent pas tout à fait à nos règles syntaxiques et, par le fait même, restent difficiles à interpréter.

Consultations médicales

Le docteur Dieter Kämpgen est médecin et chimiste. Depuis 1976 il dirige un cabinet de « méthodes thérapeutiques biologiques » à Eschwege, ce qui veut dire qu'en plus de la médecine traditionnelle il a souvent recours aux médecines parallèles et, en particulier, à l'homéopathie. Mais, depuis 1985, il a aussi éventuellement recours à ce que l'on pourrait appeler la médecine « transcommunicationnelle », c'est-à-dire qu'il n'hésite pas, dans certains cas particulièrement embarrassants, à interroger nos amis de l'au-delà en recueillant leurs réponses sur magnétophone.

Voici quelques cas évoqués brièvement à partir du livre de Mme Hildegard Schäfer [1].

« Une petite fille de trois ans et demi souffrait depuis deux ans d'une forme légère de neurodermatose. Mais des démangeaisons continuelles perturbaient beaucoup l'enfant. Des croûtes s'étaient formées sur les cuisses et le dos ; à ces endroits, la peau prenait un aspect sec, cassant et gonflé. Les préparations homéopathiques habituelles n'apportèrent aucune amélioration. Le docteur Kämpgen essaya alors de procéder à un enregistrement. Sur la bande, il entendit : "Seulement phos". Cette voix, détail intéressant, n'était audible qu'en marche arrière. Dès la première absorption d'une préparation de *phosphorus* LM VI, les démangeaisons disparurent ; au bout d'une semaine, la peau était redevenue normale et les derniers restes de croûtes évoluaient vers la guérison. »

---

1. Hildegard Schäfer, *Théorie et pratique de la transcommunication, op. cit.*, p. 197-209.

Dans ce premier récit, il est déjà très net que le docteur Kämpgen ne pensait pas du tout au remède qui lui est proposé et qui va finalement réussir. Cela se retrouve dans un grand nombre des cas signalés dans l'ouvrage cité, et c'est parfaitement normal, puisque, précisément, le docteur ne s'adresse à l'au-delà que dans les cas désespérés. Mais cet exemple m'intéresse particulièrement pour un autre détail. Cette voix ne s'entendait qu'en repassant la bande à l'envers, en marche arrière ! Là encore, dans l'hypothèse d'une « simple » projection du subconscient du docteur, il faudrait admettre que son subconscient était, ce jour-là, exceptionnellement retors. Or, l'on sait que ces cas ne sont pas si rares. Les expérimentateurs munis de matériel professionnel ont pu souvent l'observer, et j'ai entendu au congrès international de Bâle, en 1989, plusieurs exemples de ces voix qui étaient d'excellente qualité.

En réalité, chacune des consultations par magnétophone tentées par le docteur Kämpgen présente quelques variantes. Pour une jeune fille souffrant, elle aussi, de dermatose, et depuis sa naissance, le docteur obtient une voix féminine qui dit en chantant : « Donne *iodum* ! », et, à un autre endroit de la même bande, une autre voix confirme : « Prescris-lui de l'iode ! » Là aussi le traitement fera merveille.

Dans un autre cas, plus compliqué, il s'agit, à la fois, de sinusite chronique et de déficiences neurologiques avec crampes musculaires à la suite d'un accident de voiture. Le traitement proposé par le docteur Kämpgen reste malheureusement sans succès. La malade, alors, se tourne vers d'autres médecins. Quelques années plus tard, un coup de fil de la sœur de la malade apprend au docteur que celle-ci est pratiquement condamnée. Un virus lui ronge lentement la moelle épinière. Le docteur consulte cette fois ses aides invisibles. Une voix s'exclame alors de façon très audible : « Pense au césium. » Le docteur reste un peu surpris. Le césium n'est pas un médicament mais un oligo-élément. Pourtant, là aussi, l'indication se révélera très précieuse.

On aura évidemment remarqué que les voix se manifestent de façons très différentes selon les occasions. Le timbre peut changer, certaines sont plutôt masculines, d'autres féminines ; certaines chantent, d'autres parlent ou, même, semblent crier. Tout cela correspondrait déjà difficilement avec l'hypothèse d'une projection par psychocinèse venant du docteur lui-même.

De même, dans le dernier cas cité, le fait que l'indication reçue lui paraît absolument déroutante. Il est difficile d'imaginer qu'il connaissait en réalité l'efficacité du césium et qu'il l'avait seulement oubliée. Invoquer ici un phénomène de cryptomnésie doublé d'une projection inconsciente paraît une hypothèse bien compliquée.

Il me paraît encore très important, pour notre sujet, de souligner que le docteur Kämpgen est loin de faire une confiance aveugle aux avis qu'il reçoit de l'au-delà. Je cite ici le résumé de ses observations d'après l'ouvrage de Mme Schäfer : « Du point de vue du diagnostic, les avis justes et faux s'équilibrent au gré des enregistrements ; les messages erronés concernent généralement davantage les cancers et autres maladies graves ou incurables. Nous savons que la transcommunication ne nous confronte pas seulement avec des esprits positifs, mais aussi avec des esprits négatifs, errants encore dans une sphère inférieure. C'est pourquoi le docteur Kämpgen conseille dans tous les cas de s'appuyer sur les méthodes de diagnostic avérées de la médecine officielle et de la thérapeutique naturelle. »

Là encore, supposer que les messages reçus viennent de son subconscient impliquerait qu'il poursuive un dialogue avec lui-même par magnétophone interposé, en cherchant parfois à s'égarer lui-même ou à se tester pour voir s'il va déjouer le piège. L'hypothèse n'est pas, en soi, impossible, mais elle relèverait nettement de la maladie mentale.

Il semble bien que l'on ait affaire, dans tous les cas, à une autre intelligence que celle de l'expérimentateur. Mais l'hypothèse d'esprits négatifs n'est certainement pas à rejeter. Il peut d'ailleurs s'agir d'esprits vraiment mauvais mais, tout aussi bien, d'esprits pleins de bonne volonté mais sans compétence réelle, qui se laissent simplement entraîner par le désir d'aider, comme dans certains pays où les gens préfèrent vous engager sur un mauvais chemin plutôt que de vous laisser sans réponse.

Conversation entre défunts

Le cas suivant est assez exceptionnel, d'où, évidemment, son intérêt. Il s'agit bien, me semble-t-il, de la voix d'un trépassé ou, plus probablement, d'une trépassée, mais ce qu'elle dit ne s'adresse pas à nous, vivant sur terre. C'est une femme, vivant déjà dans l'au-delà, qui s'adresse à d'autres trépassés. Il y en a au moins deux autres, puisqu'elle leur parle au pluriel. En outre, elle les tutoie, ce qui semble habituel entre trépassés. En français, cette nuance n'apparaîtrait pas, mais le texte est ici en allemand. La scène se passe en Allemagne, dans le groupe de Darmstadt, et il s'agit d'un des exemples enregistrés sur une cassette que ce groupe mettait en vente, à titre d'initiation à la transcommunication.

Avant la phrase de l'au-delà, il y a, comme toujours dans ces cassettes d'initiation, une présentation des circonstances. Je les reproduis donc ici car elles ont leur importance.

Un après-midi, un expérimentateur était en train d'enregistrer en utilisant, comme « support », un psychophone (c'est-à-dire un mélange de voix en langues étrangères préenregistré). Il fut interrompu par la sonnerie de la porte d'entrée. C'était son ami Roland. Le magnétophone continua à tourner quelque temps avant qu'on ne pensât à l'arrêter. Lorsque, plus tard, l'expérimentateur songea à l'écouter, il y avait sur la bande une voix de femme qui disait (en allemand, évidemment) : « Regardez, ici est assis Roland, ici. »

Vous noterez au passage ce redoublement de l'adverbe « ici », qui correspond peut-être à ces étrangetés de syntaxe fréquentes dans les messages de l'au-delà, mais qui peut aussi bien s'expliquer par une simple insistance à l'intention d'interlocuteurs qui auraient peut-être un peu de peine à nous voir.

Mais le plus intéressant, évidemment, c'est que cette voix, parfaitement claire, n'aurait aucun sens si elle s'adressait à l'une des personnes qui pouvaient alors se trouver dans la pièce.

Il semble bien qu'elle s'adresse à d'autres trépassés. Autrement dit, cette fois, nous surprenons une conversation entre défunts. Oh ! une conversation, c'est beaucoup dire ; nous n'avons malheureusement qu'une seule phrase. Mais ce sont les paroles d'un « mort » s'adressant à d'autres « morts »!

Sur la même bande nous avons d'ailleurs, immédiatement à la suite, et dans les mêmes circonstances – le commentateur nous le précise –, la voix d'un petit garçon qui, ce jour-là, avait envie de se manifester. Voyant, lui aussi, que l'ami Roland allait mettre fin à la séance d'enregistrement, il se contente de dire, d'une petite voix fraîche mais particulièrement claire : *« Guten Tag ; auf Wieder-*

sehen ! » Donc, cette fois, un texte qui semble à nouveau s'adresser à nous, vivants sur terre.

Dans les deux cas l'hypothèse d'une projection du subconscient supposerait un subconscient vraiment délirant. On ne voit pas l'intérêt qu'aurait l'expérimentateur à projeter sur la bande magnétique la constatation qu'il fait de la présence de Roland. On ne voit surtout pas comment il pourrait s'adresser ainsi à des interlocuteurs qu'il ne peut voir. Il faudrait d'ailleurs supposer que son subconscient perçoit la présence des autres trépassés et que c'est en réalité lui qui s'adresse à eux. L'hypothèse impliquerait donc encore la présence réelle de ces trépassés et un dialogue réel, mais cette fois entre vivant et morts et dans le sens inverse de celui auquel on s'attend.

Mais, de toute façon, cette hypothèse ne permettrait pas de rendre compte de la voix du petit garçon qui se manifeste aussitôt après. Ce serait tout compliquer bien en vain.

Un étrange concours

Voici encore une autre histoire, un peu plus complexe, mais où il me semble qu'il n'y a guère d'autre explication possible que d'admettre une authentique communication avec l'au-delà. Je l'emprunte au professeur S. Darnell, en reprenant parfois ses propres mots.

Un jour, un de ses anciens élèves vint le trouver pour lui demander de l'aider dans ses révisions. Il avait alors un poste de suppléant dans l'enseignement et il devait passer un concours pour obtenir sa titularisation. Les épreuves devaient avoir lieu seulement quelques mois plus tard, et le risque était grand, étant donné le petit nombre de places disponibles pour des milliers de candidats. Sur la soixantaine de questions qu'il devait réviser, ils en choisirent quelques-unes en physique et en chimie.

Peu de temps avant les épreuves, cet étudiant insista pour que le professeur S. Darnell fasse une demande auprès des invisibles afin de savoir s'il avait quand même quelque chance de s'en tirer. En dépit de son extrême réticence pour ce genre de démarche, et devant l'insistance de l'étudiant, le professeur S. Darnell finit par accepter. Un jour, après son cours à San Cugat del Vallés, l'étudiant fit la demande suivante : « Ai-je des chances d'obtenir une place, dois-je me présenter aux épreuves ? »

La réponse ne se fit pas longtemps attendre ; dès le deuxième appel une voix de femme répondit dans un murmure : « Oui, sûrement, fais-le. »

« Ma surprise était sans limites, raconte le professeur. Comment pouvait-on lui répondre affirmativement, alors qu'il n'avait rien étudié. Je pensai que nous avions affaire à une lourde plaisanterie et, franchement, j'étais très ennuyé. Comme je l'ai déjà expliqué, il était intérimaire et il se plaisait dans le centre où il travaillait, d'où sa grande illusion de croire qu'il pourrait rester au même endroit. Illusion pratiquement irréalisable, puisque tous ceux qui y travaillaient étaient titulaires, jeunes, et sans aucun désir de demander leur mutation. Pour lui faire plaisir, je l'autorisai à poser une nouvelle question. La voici :

« "Pourrai-je rester et exercer dans le centre où je me trouve ?"

« Si j'avais été très surpris de la première réponse, celle-ci m'étonna encore bien davantage, quand la même voix affirma :

« "Oui..., bien sûr."

« C'était vraiment le comble. J'étais très ennuyé en pensant au désastre vers lequel nous allions et je me demandais avec crainte ce que pourrait être la réaction du garçon...

« Sur la soixantaine de questions qui pouvaient sortir lors des épreuves, il y en avait deux qu'il savait bien, et trois autres qu'il connaissait à peu près. Quand ils annoncèrent les numéros des trois questions qui avaient été tirées au sort, je sentis mes jambes trembler... deux d'entre elles étaient précisément celles qu'il dominait bien et la troisième était une de celles qu'il avait un peu préparées. Résultat : il se tira brillamment de la première épreuve. »

Pour les épreuves suivantes, dans un cas il put copier, dans un autre « ils l'inspirèrent », pour reprendre ses propres paroles, et, finalement, il gagna la partie.

Mais l'histoire ne s'arrête pas là. Quelque temps plus tard, il débarqua un jour, tout joyeux, chez le professeur S. Darnell. Un de ses compagnons de travail, pour des raisons de famille, avait demandé son transfert à Saragosse, et le directeur du centre lui avait proposé de prendre sa place. Il venait donc demander au professeur d'organiser avec lui un autre enregistrement pour remercier les invisibles qui, il en était sûr, l'avaient aidé. Piqué par la curiosité, le professeur accepta, et ils se rendirent donc de nouveau à San Cugat où ils avaient fait les premiers enregistrements. Le garçon, visiblement ému, se confondit en remerciements, et alors, la même voix, parfaitement claire et nette, répondit : « C'est moi qui l'ai fait [1]. »

Une interférence semble pratiquement impossible. Personne ne pouvait savoir que le professeur et son élève tenteraient un enregistrement ce jour-là, à cette heure-là, et précisément à cet endroit.

Ce ne peut pas être non plus une projection du subconscient du professeur. Son étonnement et même sa désapprobation sont assez clairs. On pourrait penser déjà davantage à une projection de la part de l'étudiant lui-même, mais cela n'expliquerait pas la double « chance » assez fantastique qu'il a eue, d'abord à ce concours, ensuite avec la demande de mutation de ce collègue.

D'un autre côté, on pourrait être tenté de mettre sa « chance », lors du tirage au sort des questions, sur le simple compte du hasard « qui parfois fait bien les choses », selon la formule populaire. D'ailleurs, on nous a avertis qu'à ce concours il y avait des milliers de candidats qui tous, sans aucun doute, avaient aussi leurs raisons d'espérer réussir, qui, tous, d'une façon ou d'une autre, avaient besoin de ce succès et qui, souvent, avaient dû travailler un peu plus que notre étudiant. Le professeur nous l'a bien laissé entendre. Dans ces conditions, est-il bien raisonnable d'admettre que le sort ait pu être influencé par quelque bonne âme de l'au-delà en faveur de cet étudiant paresseux dont le seul mérite aurait été de croire à la possibilité de ces communications et de s'y intéresser ?

Cependant, accepter l'hypothèse inverse et reconnaître que l'au-delà n'a probablement aucune part dans cette double chance ne permet pas de rendre compte des voix enregistrées et de leur coïncidence avec l'événement à venir.

Peut-être alors faut-il se rappeler que, pour nos amis de l'au-delà, le temps n'est plus le même. Vivant hors de notre temps, ils pouvaient très bien connaître, hors de notre temps, les questions qui allaient sortir. Ce sont alors peut-être eux qui ont inspiré le choix que le professeur et son élève ont fait des questions qu'ils allaient réviser ensemble, sans avoir à intervenir ensuite sur le tirage au sort de ces questions.

Tout semble alors pouvoir s'expliquer logiquement.

---

1. Cité et résumé d'après Sinesio Darnell, *El misterio de la psicofonia, op. cit.*, p. 166-169.

L'avertissement

Voici un autre cas où le phénomène de précognition, de la part de nos amis invisibles, est un argument important en faveur de la reconnaissance d'une authentique transcommunication avec eux. J'emprunte également cette histoire au professeur S. Darnell.

Comme le printemps approchait, le professeur décida d'aller passer quelques jours dans un petit village des Pyrénées qu'il avait connu dans son enfance et dont il gardait un excellent souvenir. Son intention était d'y effectuer une longue série d'enregistrements et surtout d'y réaliser un nouveau test.

Ce village avait eu jusqu'à 190 habitants, mais il n'en comptait plus alors qu'une vingtaine. Il faut dire aussi qu'il était perché à 1 160 mètres et que la route qui y conduit à travers la forêt est assez rude.

Cinq jours avant de prendre la route, le professeur avait acquis un nouveau magnétophone et faisait seulement les essais élémentaires d'usage pour s'assurer que tout était en ordre, en comptant tout simplement : un... deux... trois...

C'est alors que, de façon tout à fait inattendue, entre deux phrases d'essai, il perçut tout à coup la voix qui revenait régulièrement à travers tous ses contacts et dans laquelle il avait fini par avoir une pleine confiance. Cette voix lui disait, dans le style très dense, un peu télégraphique, caractéristique de la plupart de ces voix : *« No debes ir »* (il ne faut pas que tu y ailles). Devant cet avertissement, le professeur tenta d'en savoir davantage. Ce n'est qu'à la cinquième demande qu'il obtint la réponse : « À Estac. » Estac était le nom de ce village.

Le professeur était un peu déçu. Il tenait beaucoup à ce petit voyage. Il chercha pendant les jours suivants à en savoir davantage, mais tout ce qu'il obtint fut la réaffirmation : *« No debes ir. »* S'il ne s'était agi que de voix occasionnelles, nous explique le professeur S. Darnell, il n'en aurait tenu aucun compte, car il sait trop combien ces voix peuvent nous mentir. Mais c'était la voix habituelle, qu'il reconnaissait fort bien, qui l'accompagnait depuis des années.

Les jours suivants, le temps changea, lui donnant un bon prétexte pour renoncer à ce déplacement. Le jour correspondant à peu près à celui où il aurait dû revenir, il alla voir un ami à Planas de Vallvidrera. Il passa l'après-midi avec lui et, le soir tombant, il voulut rentrer chez lui. C'est alors que, dans une rue en pente, sans qu'il y eût vraiment nécessité, puisque la rue était dégagée, il appuya d'instinct tout doucement sur la pédale de frein. Seulement, la pédale s'enfonça complètement sans que la vitesse de la voiture en fût réduite. Il essaya alors nerveusement de freiner, mais en vain. Il ne s'en tira qu'en plaquant peu à peu sa voiture contre le bord du trottoir. Là, le frottement du bord du trottoir sur les roues réduisit progressivement la vitesse et lui permit de stopper avant le prochain carrefour. C'est alors qu'il se rappela : « *No debes ir*[1]. »

On pourra toujours objecter que, peut-être, le professeur savait, dans son subconscient, que ses freins n'étaient plus très sûrs. Pourtant, quand il faisait ses essais de routine sur son nouveau magnétophone il ne pensait certainement pas directement à ce voyage. Il faudrait que son subconscient ait quand même saisi cette occasion pour exprimer son angoisse, mais en refusant d'en préciser la cause. Le récit montre aussi à quel point le professeur en est contrarié. Il précise même qu'il n'aurait jamais pris cet avis en considération s'il n'avait reconnu la voix familière qui l'accompagnait partout depuis des années. Rien ne permet non plus de savoir quand, exactement, les freins se sont trouvés hors d'usage. Apparemment, ce n'est pas directement dans la pente, mais déjà auparavant. Sans qu'il s'en soit aperçu.

L'appel téléphonique

L'histoire suivante est arrivée à Adolf Homes, à Rivenich, le 13 octobre 1992. Je la cite d'après ses propres termes :

« Tandis que je faisais la vaisselle, dans la cuisine, en écoutant la radio, j'ai entendu très nettement au milieu du programme musical, venant du haut-parleur, les mots : "Homes enregistrer". Ces mots ont été répétés trois fois. J'ai alors abandonné la vaisselle pour aller chercher mon magnétophone avec le micro. Je les ai installés sur le fauteuil, devant mon poste de radio qui était posé sur l'appui de la fenêtre. Ce n'était plus de la musique mais des paroles. Moi-même, je ne disais rien. Tout à coup, j'entendis les

1. Sinesio Darnell, *El misterio de la psicofonia*, *op. cit.*, p. 169-170.

mots “Ici Doc Mueller”. Sur le moment, je ne savais pas comment je devais réagir, d'où les questions improvisées de mon côté. Je ne savais pas non plus à qui j'avais affaire. » Suit un dialogue de 4 minutes 25 secondes [1]...

Le dialogue en lui-même est moins important pour ce qui nous concerne maintenant. Par contre, il n'est pas sans intérêt de savoir que le phénomène s'est reproduit, aussi spontanément, le 15 et le 21 octobre de la même année, toujours avec l'intervention du même G. J. Mueller, et que, le 4 novembre, Homes recevait un appel téléphonique de Raudive, mort en 1974, dont le but était, en partie, de confirmer l'authenticité des messages radio de G. J. Mueller [2].

Je peux préciser qu'Adolf Homes n'avait encore jamais entendu parler de G. J. Mueller quand il reçut son premier message radio. Le professeur Senkowski m'a même raconté qu'il orthographiait d'abord mal son nom et avait plutôt compris « Miller ». C'est Senkowski, plus au courant de l'historique des débuts de la transcommunication, qui a aussitôt compris de qui il s'agissait, sans risque d'erreur possible, car, dès la quatrième phrase, ce Mueller chargeait Homes de saluer de sa part Meek et Senkowski.

Pour l'appel téléphonique de Raudive qui a duré 5 minutes 22 secondes, il faut redire que sa voix paranormale est aujourd'hui bien connue et facilement reconnaissable. Sa voix est d'ailleurs la première voix de l'au-delà que j'aie entendue, à Luxembourg, comme je l'ai raconté déjà ailleurs [3]. Homes, qui est en relation très suivie avec mes amis du Luxembourg, connaissait donc déjà certainement cette voix.

Mais l'intérêt de ces communications apparaît encore mieux à la lumière du cas suivant.

Promesse tenue

Le 19 juin 1991, au matin, eurent lieu, presque simultanément, deux communications paranormales, presque identiques, à Rivenich et à Luxembourg. Toutes deux émanaient de Hans Bender, fonda-

---

1. *Transkommunikation,* vol. II, n° 1, 1992, p. 36.
2. *Ibid.,* p. 37-39.
3. François Brune, *Les morts nous parlent, op. cit.,* p. 33-36.

teur et longtemps directeur de l'institut de parapsychologie de Fribourg. C'est lui qui avait été appelé très tôt par Friedrich Jürgenson pour entreprendre des recherches techniques et scientifiques sur les différentes origines possibles des voix paranormales qu'il recevait. Hans Bender, après de nombreuses années de recherches, avait fini par reconnaître, très prudemment, « l'origine paranormale hautement probable » de ces voix. Il faut encore préciser pour le lecteur que le professeur Hans Bender est passé dans l'au-delà le 7 mai 1991. Je traduis le récit presque mot à mot :

« La veille, au cours d'une conversation téléphonique normale, Homes avait reçu l'avis suivant : "Contact demain matin." Le lendemain donc, vers 9 heures, il avait mis en marche les appareils habituels : deux postes de radio, un téléviseur et un magnétophone ; puis, pour raisons professionnelles, lui et sa femme avaient quitté la maison. À leur retour, vers 10 h 30, ils trouvèrent tous les appareils éteints. Sur la cassette était enregistré un texte de 10 minutes 5 secondes. Grâce à la prononciation lente, syllabe par syllabe, de l'enregis-trement, la compréhension est relativement bonne. Le timbre, différent de celui des voix reçues jusque-là par Homes, a une certaine similitude avec la façon de parler du professeur Bender du temps de sa vie sur terre.

« Le même jour, vers 10 h 30, le couple Harsch-Fischbach recevait à Luxembourg un texte sur ordinateur. La présentation et la conclusion en étaient faites par Élise Caroline Homes, la mère décédée d'Adolf Homes. La partie centrale du texte venait de Hans Bender et, pour l'essentiel, elle était identique à l'enregistrement reçu à Rivenich [1]. »

Il est encore bon de signaler que les deux textes comportent à la fin quelques noms de personnes à saluer. Le dernier d'entre eux étant Steiner. Or, l'on sait par ailleurs qu'à Vienne, en Autriche, après sa dernière conférence, le 29 mai 1984, le professeur Bender, au cours d'une discussion privée, avait promis à M. Steiner de lui faire parvenir de ses nouvelles, par une tierce personne, après sa propre mort. Promesse apparemment tenue.

---

1. Cf. *Transkommunikation,* vol. 1, n° 3, 1991, p. 22-24, où l'on trouvera le texte reçu à Rivenich et l'indication des variantes par rapport à celui de Luxembourg.

Canal quatre

Le grand précurseur de toutes ces recherches, Friedrich Jürgenson, est mort le 15 octobre 1987. À l'heure même de son enterrement, son image apparaissait sur l'écran de télévision d'un couple de ses amis. Voici quelques extraits du récit qu'en fait Claude Thorlin :

« Le matin de l'enterrement de Jürgenson à Höör, son demier lieu de résidence, ma femme a entendu une voix intérieure non identifiée qui lui disait : "Canal quatre."

« Elle m'a raconté l'anecdote au moment du petit déjeuner. Je n'ai pas compris ce que cela signifiait puisque nous n'avons que trois stations à la radio et deux à la télévision. Mais ma femme ressentait de manière indéfinissable que cctte indication n'était pas sans rapport avec l'enterrement de Jürgenson…

« J'ai donc pris ma caméra Polaroïd, une pellicule en noir et blanc, et j'ai branché mon téléviseur sur le canal quatre. Nous avons attendu environ un quart d'heure ; il ne se passait rien. Nous étions sur le point d'abandonner tout espoir ; apparemment, il était absurde de rester plus longtemps assis devant cet écran scintillant. Tout à coup, celui-ci est devenu tout noir ; j'ai pensé que le tube était usé. Mais un point lumineux est apparu sur la gauche de l'écran ; j'ai immédiatement dirigé ma caméra vers cet endroit. Pendant environ six à sept secondes, la présence lumineuse s'est étendue à tout l'écran avant de redisparaître. C'est à ce moment précis que j'ai réalisé mon film. Aussitôt après, le tremblement de l'écran a repris, ainsi que le bourdonnement du téléviseur. J'ai regardé l'heure : il était exactement 13 heures 22. Au développement, le film a révélé le visage de Friedrich Jürgenson [1]. »

Un détail donne un intérêt supplémentaire à cette histoire déjà assez fantastique en elle-même. Le visage de Jürgenson qui est apparu a, lui aussi, les yeux fermés, apparemment semblable à ce qu'il pouvait paraître sur son lit de mort, mais également assez semblable à ce que pourraient être les mystérieuses « coques » astrales.

---

1. Hildegard Schäfer, *Théorie et pratique de la transcommunication, op. cit.*, p. 310-312.

D'autres dimensions

Il est important aussi de signaler que, depuis quelque temps, les messages reçus en un lieu sont souvent confirmés en un autre et, parfois, par des voies différentes. Voici un exemple un peu long, mais très caractéristique, de la complexité de ces phénomènes. On y trouvera un curieux mélange entre des entités venues d'autres mondes (Swejen Salter), d'autres qui n'ont jamais été incarnées (le Technicien), et des trépassés venus de notre monde, il y a parfois fort longtemps (l'empereur romain Claudius).

Le 12 février 1993, Adolf Homes, chercheur de Revenich, près de Trèves, rend visite au groupe de Jochem Fornoff, à Darmstadt.

Le 14 février 1993, Adolf Homes introduit dans son ordinateur des questions préparées par le groupe de Darmstadt.

Le 15 février 1993, les réponses de l'au-delà arrivent sur l'ordinateur de Homes, à Rivenich :

« Communication du groupe "Centrale [1]" à la station de Rivenich.

« Cher ami Fornoff,

« Tous les contacts avec d'autres dimensions reposent sur des équilibres de lois cosmiques naturelles. S'il vous plaît, ne recherchez pas trop le succès. Il arrive quand tout concorde. On ne vous abandonne pas du tout. La matérialisation des communications avec vous par image et son a été programmée de notre côté à l'intention de la station de Darmstadt. Le moment de leur arrivée dépend du psychisme des entités qui doit trouver sa forme de vibration, comme dirait le collègue Senkowski. L'entité Claudius se trouve dans notre réalité [2]. Nous avons peu d'influence sur vos procédés physiques. Nous sommes des êtres semblables à vous. Nous espérons que vous comprenez. Ayez confiance. Chaque succès vient finalement de la

1. Dans l'au-delà.
2. Il s'agit d'une entité de l'au-delà qui communique, à travers un médium, de la façon la plus classique, si j'ose dire, avec tout un groupe de chercheurs en TCI. Cette entité prétend être l'empereur romain défunt.

conviction. Tout peut tout. Nous vous saluons, vous et vos amis. Ils sont, eux aussi, en lien avec nous. Salut de la part de l'entité Claudius pour Monsieur S. [1]. Tout est bien.

« Centrale », le 15 février 1993, Fin »

Le 25 février 1993, ABX JUNO [2] intervient de façon tout à fait inattendue par haut-parleur radio, chez Homes, à Rivenich :

« Ici parle ABX JUNO !

« Vous n'allez pas reconnaître ma voix, telle que vous la connaissiez. Cela tient à la diversité des formes chez vous. Je vous transmets une communication pour le groupe Fornoff qui confirme toutes les informations fournies par l'entité Claudius. Ne vous laissez pas troubler par le bruit que vous entendez, c'est nous qui le produisons.

« L'âme Claudius dispose d'une telle puissance qu'elle ne peut en aucun cas s'exprimer à travers un médium. Ayez confiance. Merci pour tous vos efforts passés. Saluez, s'il vous plaît, M. Fornoff, Mme Schäfer, Mme Härting, ainsi que tous les amis de votre groupe. »

Le 2 mars 1993, ce contact avec ABX JUNO est confirmé sur l'ordinateur du Luxembourg [3] (extrait seulement) :

« Chère Maggy, cher Jules,

« ... Margret aussi vous envoie ses salutations et ses meilleurs vœux. Elle a un petit cercle de chercheurs, composé de personnes qui ont à peu près les mêmes dispositions d'esprit, parmi lesquelles, depuis peu, Swejen Salter et Élise Caroline Homes [4]. À son sujet, je dois annoncer qu'elle a reçu connaissance des faits suivants : un contact d'ABX JUNO chez Adolf Homes est confirmé, de même que l'affirmation sur la totale exactitude des messages de Claudius, parvenus chez Monsieur S [5]. »

1. Senkowski.
2. Entité d'origine mystérieuse ; voir plus haut.
3. Chez Jules et Maggy Harsch-Fischbach.
4. Il s'agit de la mère d'Adolf Homes, morte depuis longtemps. Il a reçu une excellente image d'elle sur son téléviseur et diverses communications, notamment par téléphone.
5. Senkowski.

Le 4 mai 1993, ABX JUNO, Doc Mueller[1] et la mère de Homes envoient un message à Adolf Homes, sur son ordinateur : « Communication d'ABX JUNO, Doc Mueller et Homes mère :

« Chers amis de Darmstadt !

« Nous connaissons votre concentration. Pourquoi regrettez-vous l'évolution naturelle de l'entité FS ? Tout ce qui est physique sert au spirituel. Ce qu'a dit Swejen Salter est exact et a été répété bien des fois à la station R.

« Nous disons ce qui correspond à notre conscience, non à celle du Tout-Puissant. Pour nous, votre moment n'est pas encore arrivé. S'il vous plaît, prenez patience. Le véritable obstacle, c'est la différence de programmation des consciences. Peu nombreux sont parmi vous ceux qui peuvent s'adapter à notre façon de penser.

« À la fin physique de l'individu, sa conscience programmée se transforme. Nous espérons que vous avez compris.

« Nous essayons de contacter beaucoup de stations sur votre planète. Les contacts avec Peter Härting sont une expérience réussie. Mais ils s'arrêtent avec la mort physique.

« Nous allons, s'il est possible, établir la fréquence avec vous.

« Nous vous saluons tous avec amour.

« Juno, Doc Mueller, E-C Homes.

Fin de contact. »

Le 20 mai 1993, un jour seulement (!) après le passage dans l'au-delà de notre ami « Marc[2] », arrivait sur l'ordinateur de Luxembourg une intervention de « Claudius » comportant ce message du Technicien :

« Ce matin (Marc) a été conduit à la station "Cozeit [3]" où il va se régénérer. Il ne lui manque rien. Prenez patience jusqu'à ce qu'il se manifeste.

Claudius s'occupe de lui. »

1. Doc Mueller, nous l'avons vu, était un physicien qui, depuis l'au-delà, a communiqué longtemps avec Bill O'Neil, pour l'équipe de George Meek, aux États-Unis.
2. Du groupe de Darmstadt.
3. Autre centre de TCI dans l'au-delà.

J'ajoute encore le commentaire de Jochem Fornoff :

« Je crois qu'à partir de ces communications on peut très bien constater :

« – que dans l'au-delà on cherche et on utilise toujours de nouvelles voies pour nous faire parvenir des messages et nous encourager à soutenir cet énorme “jeu de patience” ;

« – que les entités de l'au-delà sont manifestement en relation entre elles et s'informent mutuellement du contenu des messages qu'elles ont réussi à transmettre ;

« – que ces messages se confirment mutuellement à travers des appareils (ordinateur, etc.), ce qui pourrait représenter un pas important dans la direction d'une preuve d'authenticité [1]. »

Je me permets maintenant d'ajouter mon propre commentaire. Je voudrais d'abord répéter que je connais personnellement tous ces chercheurs et que je suis certain de leur parfaite honnêteté. Pour juger du phénomène, ou, du moins, tenter de se faire une petite opinion à son sujet, il faut savoir que ce genre de communications croisées n'est pas du tout exceptionnel. Il s'est déjà produit plusieurs fois et tend, semble-t-il, à se multiplier. Enfin, il faut souligner que ce ne sont pas, apparemment, des rêveurs enfermés dans leur monde. S'il y a, peut-être, une part de rêve, celui-ci ne les empêche pas d'entrer en contact avec notre monde, de suivre le passage de nos trépassés, de servir souvent d'intermédiaires, dans un premier temps, entre nos morts et nous, jusqu'à ce que ceux-ci soient à même de communiquer avec nous directement. On l'a vu dans ces messages, mais tout cela nous est confirmé par quantité d'autres voies et d'autres chercheurs.

L'imprimante

Je voudrais signaler ici un cas, ou plutôt quelques cas, particulièrement significatifs. Il s'agit de messages reçus, non pas par l'intermédiaire d'un ordinateur, mais d'une imprimante. On pourrait toujours imaginer quelque manipulation malveillante lorsqu'il s'agit de messages reçus sur ordinateur, encore que, parfois, les circonstances rendent cette explication bien improbable. Mais cette

1. *Der INFO*, n° 33, juin 1993, p. 4-6.

explication facile ne tient plus, lorsque le message nous parvient directement par l'imprimante, sans que le texte emmagasiné dans l'ordinateur ait été changé, ce même texte pouvant ensuite être obtenu par la même imprimante sans que l'on ait à retaper le texte sur l'ordinateur. Voici donc mon histoire.

Le 25 février 1994, Mme Maria Grazia Alfieri, secrétaire dans une importante entreprise publique, à Milan, s'apprête à partir, sa journée finie. Cette dame est médium. Elle reçoit des messages par écriture « automatique » ou « inspirée », et aide ainsi quantité de personnes désespérées à la suite d'un deuil. Ce soir-là, elle doit d'ailleurs se rendre à une réunion du groupe milanais du « Mouvement de l'espérance », ce mouvement extraordinaire dont je vous ai déjà parlé et qui essaie de redonner l'espoir à toutes les personnes en deuil, principalement des parents qui ont perdu des enfants.

Mais, au dernier moment, son chef de service vient lui demander un dernier travail. Il faut absolument qu'elle tape encore une lettre qui doit, sans faute, partir « le jour même ». La feuille est disposée à peu près ainsi :

Regione Lombardia

Ici : le nom de l'entreprise.
Au responsable
du service législatif,
section de la Présidence.

Objet : Demande d'avis sur le paragraphe 4 de l'article 18 de la loi du 5 janvier 1994, n° 36.

Suit le texte réparti sur quatre alinéas et terminé par la formule d'usage :

Avec mes meilleures salutations.
Le chef de service.
Ici : la signature.

Il fallait de cette lettre quatre exemplaires. Mme Alfieri relit le texte sur l'écran de son ordinateur et s'assure que tout est correct. Puis, elle l'envoie sur l'imprimante en appuyant sur la touche 4. Jusqu'ici tout est normal.

L'imprimante sort bien quatre feuilles. Mais seules les deux premières reproduisent le texte qui se trouve sur l'écran de l'ordinateur. Sur les deux autres feuilles, le texte a été changé. Directement par l'imprimante ! Il se présente maintenant ainsi :

Regione Lombardia
Ici : le nom de l'entreprise.
À mes très chers
parents

Objet : Demande de pardon à mes parents pour le geste désespéré commis en leur absence.

Pardonnez-moi, je n'avais pas l'intention de vous causer une peine aussi atroce ; mais, je ne sais pas, je n'y vois pas clair, je ne comprends pas bien encore la force qui s'est emparée de moi, j'étais peut-être affamé de curiosité sur le monde éthéré, sur l'invisible, pardonnez-moi, je vous en supplie, je vous en supplie.

J'ai besoin de votre amour et de votre pardon, précisément pour pouvoir m'élever et monter vers la lumière ; maintenant, grâce à d'autres entités qui se sont montrées amies, je suis beaucoup plus serein et je marche vers la lumière.

Je sais que je me suis refermé comme un hérisson, mais parfois ce refus de la société peut aussi être un cri de douleur et un SOS ; mais mes amis sur terre n'ont pas compris. Je n'accuse pas, je dis : devenez plus sensibles et aidez votre prochain.

Je me répète, mes idées sont confuses, mais je crois que j'ai laissé un message visible ; maman, papa, ne vous culpabilisez pas, il n'y a pas de quoi ; on ne peut rien faire contre le karma, et mon départ, même s'il ne correspond pas à une loi, faisait partie de mon destin.

Je vous embrasse bien.

D'un monde de paix et d'amour
Marco Besana

J'ai eu la chance de pouvoir rencontrer Mme Alfieri, à Milan. Bien sûr, je lui ai aussitôt demandé si elle connaissait déjà auparavant la famille Besana. « Non, me répondit-elle. Ces gens habitent la même petite ville de banlieue que moi. Je savais par les journaux que leur fils s'était suicidé, mais je ne les connaissais pas personnellement. – Mais maintenant, certainement, vous les connaissez ? – Évidemment, je leur ai porté le message et c'est comme cela que j'ai appris que ce garçon était passionné par l'informatique et possédait même un petit ordinateur personnel. »

Ma rencontre avec Mme Alfieri fut nécessairement trop brève pour me permettre de juger par moi-même, avec certitude, de sa sincérité. Qu'elle m'ait fait bonne impression ne suffit évidemment pas pour admettre, sans plus de réticence, un phénomène aussi fantastique. Mais les gens du « Mouvement de l'espérance » la connaissent bien ; depuis des années, ils sont en rapport constant avec elle et lui font entièrement confiance.

En ce qui la concerne, d'autres incidents du même genre se sont d'ailleurs produits, plusieurs fois directement par l'imprimante [1], une autre fois aussi dans un état de transe, alors qu'elle était en train de faire des mots croisés. Là, j'ai pu rencontrer les personnes intéressées et vérifier les circonstances.

Signalons, très rapidement, à titre de confirmation, un autre cas un peu semblable, mais avec une petite variante.

Un journal de Milan s'était décidé à publier un article consacré à Padre Pio, le mystique italien stigmatisé bien connu, mort en 1968. L'article « était écrit par un journaliste qui l'avait connu de son vivant. Le texte avait été saisi sur ordinateur, mis sur disquette remise au journal pour la transférer sur Macintosh. C'est alors qu'est apparue une croix après les mots "stimmate" (stigmates) et "Pio", signes qui ne figurent pas dans les polices du Macintosh [2]. » Donc, normalement, l'imprimante ne pouvait pas sortir ces signes.

Je profite tout de même de ces exemples pour signaler que des communications par ordinateur et fax se sont produites aussi récemment en France, avec insertion de photos dans le texte [3].

---

1. Voir le cas que je viens de rapporter dans *Parasciences,* n° 17 ; voir d'autres cas dans les n°s 18 et 26.
2. Voir *Le Messager,* bulletin de l'association « Infinitude », n° 21, janvier 1998, p. 21.
3. *Infinit,* n° 9, juillet 1998, p. 3-6.

Douze ans plus tard

Je voudrais ici rapporter un autre cas, très émouvant, et qui présente aussi beaucoup d'intérêt pour l'étude que nous avons entreprise. Cette fois, ce ne sont pas des raisons techniques particulières qui garantissent l'authenticité de la communication avec l'au-delà, mais l'analyse interne du message et des circonstances, la connaissance des gens auxquels le message est parvenu, etc. Je ne sais pas si j'arriverai à communiquer ma conviction, mais je vais quand même essayer.

Il s'agit de parents qui avaient eu la douleur de « perdre » un enfant, un petit bébé de seize mois. Le père et la mère avaient déjà eu, chacun de leur côté, bien des épreuves en ce monde. La mère avait eu deux petites filles d'un premier mariage qui avait mal tourné. Le père avait eu une enfance difficile et traînait un peu partout son mal de vivre, son désespoir. Mais enfin, ils avaient eu la chance, la joie, de se rencontrer, et ils avaient essayé de construire ensemble un peu de bonheur. Ils avaient eu un enfant, un petit garçon, et ce bébé déjà commençait à transformer leur vie, à lui donner un sens, son sens. Puis, tout à coup, la mort inconcevable de l'enfant et la lourde rechute dans le désespoir, dans le non-sens de la vie. À nouveau, ils eurent un autre fils, mais la joie nouvelle n'arrivait pas à effacer la douleur première. Les années avaient passé mais non le désespoir. Douze ans plus tard, le « miracle » !

Voici donc le récit des événements, tels que les rapporte lui-même le père dans le manuscrit qu'il a bien voulu me confier :

« Tout commença le 18 mai 1995.

« Une date que mon épouse et moi ne sommes pas près d'oublier. La journée était belle, il y avait un très beau soleil. Pourtant, dans notre cœur ainsi que dans notre tête, un sentiment d'abandon et de tristesse nous envahissait. Nous ne savions plus, surtout moi, quel but nous poursuivions sur terre. Je ne travaillais plus, je restais inactif, prostré même.

« Quelque temps auparavant, ma femme avait acheté un livre d'ésotérisme traitant de la transcommunication avec les esprits [1]. Ce livre est un recueil de témoignages de personnes vivantes ayant eu

1. Il s'agit d'un de mes livres : *Les morts nous parlent*, dernière édition, Philippe Lebaud, 1996.

des contacts avec le monde de l'au-delà. Il faut que vous sachiez que mon épouse est médium. Depuis sa prime jeunesse, en effet, et le plus souvent involontairement, elle est impliquée dans des phénomènes paranormaux. De ce fait, elle s'intéresse aux différentes publications traitant de ces sujets, et elle essaie de mettre leurs conseils en pratique. Les résultats qu'elle avait obtenus jusque-là ne correspondaient pas à ses espérances. Elle avait bien essayé, comme on l'indiquait dans ce livre, de communiquer avec notre fils par magnétophone. Mais elle n'avait obtenu que quelques mots très brefs, rien de vraiment significatif.

« Quant à moi, ne me sentant pas du tout concerné par ce type de manifestations, étant même sceptique et cartésien, je ne sais pourquoi ni comment ce livre est tombé entre mes mains. Peut-être était-ce déjà un signe de ceux que j'appelle depuis "NOTRE FAMILLE SPIRITUELLE" ?

« À l'époque, je n'étais pas un modèle de moralité : l'alcool, le mensonge et la lâcheté faisaient partie de mon quotidien. Au fur et à mesure que je progressais dans la lecture de ce livre, ma vie, qui pour moi n'avait plus aucun sens, commençait à se métamorphoser. Des questions commençaient à défiler dans ma tête, et celles-ci ne trouvaient pas de réponses. Élevé dans la religion catholique, mais non pratiquant, il m'arrive maintenant très souvent d'entrer dans une chapelle pour m'y recueillir et prier. Je voudrais insister sur le fait que je crois en Dieu et que, quoi qu'il ait pu m'arriver, je n'ai jamais perdu la Foi. Après quelques jours de lecture attentive de ce livre, je pensai : "Pourquoi ne pas tenter, moi aussi, l'expérience de la transcommunication ?" Un soir, avant de me coucher, je posai le magnétophone sur notre table de nuit, et, ayant inséré une cassette, je déclenchai le mode "enregistrement" en me disant : "Nous verrons bien !"

« Le lendemain matin, j'étais impatient d'écouter mon premier enregistrement, sous les yeux ébahis de ma femme qui, tout comme moi, semblait bien perplexe. Les premières minutes il n'y eut rien de bien spécial : les bruits de la rue, quelques toussotements et d'autres bruits de fond qui, malgré tout, nous faisaient tressaillir. Après environ un quart d'heure nous commencions à désespérer. Nous pensions, comme bien des personnes qui tentent ces expériences, que cela était impossible. Toutefois, nous décidâmes d'aller jusqu'au bout de notre essai. Soudain, une voix se fit entendre, claire et audible, presque comme si notre correspondant se trouvait près de nous :

« "Bonjour !... Ooh !... Salut !... Père, avant tout, je t'aime. Mon père tu es, mon père tu resteras. Mais tu me déçois ! Pourquoi tant de mal à ma maman ? Elle ne mérite pas tout ça ; elle a déjà tant souffert !

« "... Parfois, je voudrais la reprendre près de moi. Mais avant, rends-la heureuse... Il y a bien longtemps que je voulais te parler. Il est temps pour toi de réfléchir. Que serait la vie des enfants, mon frère, mes sœurs, sans notre mère ? Et toi, que serait la tienne ?

« "Père, tu es capable de tant de choses. Alors, travaille ! Et la boisson, que penses-tu de la boisson ? C'est mal ! Tu as encore une chance de la ... garder. Alors, prends-la ! Bonne chance, père ; réfléchis. Tu oublies bien souvent de prier. Pourquoi ?

« "Je la vois souvent si malheureuse, et pourtant, tu pourrais lui donner tant de bonheur. Mon petit papa, souviens-toi comme tu étais fier quand je suis venu sur cette terre... Sois fier de maman ! Elle souffre en silence.

« "Tous, je vous aime. Et pour tous, je prie.

« "Père, prends bien soin de ma famille. Tu as le temps de réfléchir. J'attendrai ta réponse. Prie, prie et écoute, écoute !

« "Mon parrain doit savoir, il ne doit plus pleurer pour moi. Je suis bien. Sous peu, il aura, lui aussi, une petite fille. Il m'aime tant et moi de même.

« "À bientôt ! N'oubliez pas que je vous aime. Et pour mon beau-frère, attention à ma sœur ! Je les aime tant, mes sœurs, mon frère, mon neveu et mes parents !"

« Un frisson nous secoua, nos corps n'arrivaient plus à se calmer, nos cœurs battaient la chamade. Sans un mot et les yeux remplis de larmes, nos regards se croisèrent. Nous ne savions s'il fallait rire ou pleurer, s'enfuir ou rester, tellement nous étions impressionnés, que dis-je, abasourdis par ce que nous venions d'entendre.

« La surprise passée, nous n'avons pas pu nous empêcher de réécouter ce premier message de notre fils chéri qui nous parlait depuis l'au-delà. Le sentiment que ma femme et moi nous éprouvions était alors indescriptible. Nous ne savions par quel miracle ce message nous avait été délivré, un message de notre fils que nous croyions perdu et qui se retrouvait tout à coup au milieu de nous ! »

Comme me l'a raconté le père de cet enfant, il ne connaissait pratiquement pas la voix de son fils quand celui-ci est passé dans l'au-delà, à l'âge de seize mois. Tout juste « papa », « maman » et quelques sons déformés. Mais, dans sa nouvelle dimension, l'enfant s'est développé, il a « grandi », comme nous dirions, et maintenant il parle et il veille sur sa famille. Douze ans après la mort de leur fils, voici que ses parents découvrent enfin sa voix !

Je dois vous dire aussi que j'ai transcrit ici le texte, tout à la suite. Mais, sur l'enregistrement, les phrases sont regroupées par deux ou trois suivies d'un long silence avant que d'autres phrases arrivent. À chaque silence, m'a raconté le père, il se demandait avec angoisse : « Est-ce déjà fini ? N'y a-t-il plus rien d'autre ? Est-ce à nouveau le silence pour toujours ? » Au fur et à mesure que la bande se déroule, les silences deviennent même de plus en plus longs, comme si l'enfant se fatiguait et avait besoin de plus en plus de temps pour reprendre des forces.

Dans la plupart des enregistrements, les consonnes passent plus difficilement que les voyelles. Ici, au contraire, elles sont extrêmement nettes. Elles sont même plus accentuées que dans la prononciation normale. On dirait que l'enfant savait que c'était là la faiblesse de la plupart de ces messages et ce qui les rend souvent difficiles à déchiffrer. Ici, elles sont renforcées.

Les intonations sont aussi très importantes, aussi bien pour souligner les remontrances que pour exprimer la tendresse.

Quelle garantie puis-je vous offrir que toute cette histoire est authentique, que je ne suis pas victime d'une supercherie ? Scientifiquement, aucune. Ma conviction repose tout entière sur l'émotion des parents en me racontant leur histoire ; sur la force de cette émotion, encore intacte deux ans après les événements. Elle repose aussi sur la transformation radicale de la vie du père. Vous pouvez deviner le choc reçu ! Mais vous comprenez bien aussi qu'une fois la première émotion passée, tout ne devenait pas pour autant facile du jour au lendemain. Il a fallu une lente remontée qui n'a certainement pas été sans difficulté ! Pour pouvoir faire ce chemin, il fallait une très grande force intérieure. Une comédie bien organisée pour éblouir quelques naïfs n'aurait pas pu fournir cette force. Il fallait quelque chose de vrai, quelque chose qui, pour le père, ne faisait aucun doute.

Plaidoirie d'outre-tombe

Le 4 septembre 1994, M. Klaus-Dieter Kleinicke et sa femme Mary participaient au congrès organisé, comme chaque année, à Büdingen, par M. Hans-Otto König. Comme chaque fois, H.-O. König fit, en public, quelques expériences de TCI. Au cours des essais sur écran de télévision apparurent pendant environ une minute le visage et, par moments, les mains d'un homme âgé, alors parfaitement inconnu de tous. Le son de sa voix était reçu en même temps, avec un léger décalage entre le son et l'image. Une étude rigoureuse permit ensuite de vérifier que les mots prononcés correspondaient bien aux mouvements des lèvres. Je n'ai pas assisté moi-même à cette séance, mais à un autre congrès, à Freising, près de Munich, le professeur Werner Schiebeler a présenté une copie de cette séquence sur vidéocassette et j'ai pu me rendre compte que le visage de cet homme remplissait tout l'écran, ce qui rendait assez facile un tel travail pour des professionnels.

Le texte n'est pas toujours très clair. J'essaie de le traduire fidèlement :

« Toutes les convergences qui se produisent dans une vie. Hasard ? Non ! Je dis non. Nous le savons tous maintenant et devons le savoir, dans la main d'une direction supérieure aussi longtemps que nous faisons et voulons ce qui est juste. Tout le reste s'effondre de soi-même. Je ne voudrais pas avoir à revivre, et tout était hier. Le temps ? Une ombre. Prisonniers de l'ombre. Prisonniers de l'ombre, c'est finalement toute notre vie [1]. »

Or, neuf mois plus tard, le 27 mai 1995, entre 23 et 24 heures, M. Kleinicke et sa femme regardaient un documentaire à la télévision sur *La vie à Varsovie*. Une heure aussi tardive n'est pas du tout dans leurs habitudes car ce sont tous deux des « lève-tôt ». En outre, le film ne les intéressait pas particulièrement, mais sans doute devaient-ils absolument rester là et le voir.

Il s'agissait de l'occupation de la Pologne par l'armée allemande et des transformations que les nazis voulaient faire subir à Varsovie pour

1. Je ne puis m'empêcher de rapprocher ce texte d'un passage de Pindare : « Qu'est-ce que quelqu'un ? Qu'est-ce que personne ? Rêve d'une ombre, c'est l'homme. »

en faire une vraie ville allemande. Tout d'un coup, apparut sur l'écran le visage du vieil homme qu'ils avaient vu à Büdingen. M. Kleinicke se précipita pour introduire une vidéocassette dans le magnétoscope et enregistrer. Le discours de l'homme correspondait aussi en grande partie à celui qu'ils avaient entendu lors de ce congrès. C'est ainsi qu'ils apprirent qu'il s'agissait de M. Hubert Gross, architecte et urbaniste de Würzburg (1896-1992). C'est lui qui avait été chargé d'établir les nouveaux plans de Varsovie. Après la guerre, les Polonais avaient essayé de retrouver quelques témoins de cette époque ou, du moins, leurs descendants, mais, dans ce cas, ils avaient eu l'heureuse surprise de retrouver directement le numéro un de ces projets insensés. Se retrouvant à Varsovie, devant les caméras, il essayait de se disculper et d'affirmer qu'il n'avait été qu'un petit exécutant de seconde main. Mais les textes des archives allemandes le désignaient bien comme le maître d'œuvre principal. Les Polonais, de toute évidence, n'accordaient pas foi à ses dénégations et expliquaient les défaillances de sa mémoire par sa sénilité. Mais, sénile, M. Gross ne le paraissait guère, malgré son âge. Cependant, très affecté, semble-t-il, par ces accusations, il mourut peu après, âgé de 96 ans.

C'est alors que M. Kleinicke entreprit une comparaison minutieuse des deux documents, le film retransmis par la télévision allemande (SW 3), et les images et la voix reçues lors du congrès de Büdingen. Il en résulte les observations suivantes :

1) Les images paranormales sont nettement plus grandes que celles du film, de telle sorte que, parfois, le front se trouve coupé, quelquefois le menton.

2) Une partie des paroles du film ne se retrouve pas dans la transmission paranormale.

3) En raison de cela, apparaît un décalage croissant dans la transmission paranormale entre la voix et les images.

4) Parmi les paroles reçues en transcommunication, il y en a une qui présente un effet de bégaiement. L'analyse faite par oscillographe du même mot prononcé dans le film et lors du congrès a permis de vérifier que ce bégaiement ne se trouvait pas dans le film.

Maintenant, les choses se compliquent encore un peu. En effet, Mary, la femme de M. Kleinicke, est médium. Pendant ce travail minutieux de mise en parallèle, image par image et mot par mot des deux documents, pour analyser leurs différences et leurs ressemblances,

Mme Kleinicke entrait souvent en transe et recevait ainsi des indications directement de Hubert Gross. C'est celui-ci qui fit remarquer cette petite faute, ce bégaiement, en précisant qu'il l'avait fait exprès.

C'est lui aussi, avec l'aide de beaucoup d'autres trépassés, affirma-t-il, qui s'arrangea pour que le couple Kleinicke se trouvât devant son poste de télévision, à la bonne heure et sur la bonne chaîne. Il semblait au début encore très prisonnier de l'émotion éprouvée devant ce qu'on lui reprochait. « Je n'ai jamais rien commis de coupable, expliquait-il à travers Mme Kleinicke. J'ai toujours été un homme droit. Tout cela m'a fait beaucoup de mal et blessé. Une grande peine. » Le travail de M. Kleinicke achevé, il se montra soulagé et reconnaissant mais insista encore pour que l'on dise aux vivants de ce monde à quel point il est important d'agir toujours avec droiture [1].

D'autres cas assez semblables se sont produits, également grâce au montage conçu par M. König. Il s'agit d'une image d'une femme que l'on a pu identifier, en tombant « par hasard » sur la couverture d'un livre et d'une séquence de quelques images qui semblent bien correspondre à un discours prononcé par Karl Liebknecht, à Berlin, quelques jours avant son assassinat au début de 1919 [2].

Comme on le voit, ce cas est assez compliqué. Le travail rigoureux accompli par M. Kleinicke donne à penser qu'il s'agit, pour les images, de la captation d'ondes rémanentes. C'est d'ailleurs l'avis du professeur Senkowski [3]. Les images des deux documents ne sont pas seulement semblables. Elles sont absolument identiques, jusque dans les moindres détails. Mais, d'un autre côté, l'effet de bégaiement sur un mot du document de Büdingen, effet qui ne se retrouve pas sur le film, prouve qu'au moins ce mot a été prononcé à nouveau ou retravaillé de quelque manière. Il y a donc eu là, de toute façon, une forme de transcommunication instrumentale. Cependant, la preuve qui en était inscrite dans les documents eux-mêmes n'a été reconnue que grâce au recours à des formes plus anciennes et plus classiques de médiumnité.

---

1. Pour plus de détails, voir *Transkommunikation,* vol. III, n° 1/2, 1996, p. 25-28. On y trouvera des photos des deux documents et des oscillogrammes.
2. *Transkommunikation,* vol. III, n° 3, 1997, p. 36.
3. *Ibid.*

Clin d'œil

Un cas assez étrange introduit encore une variante dans l'ensemble déjà très riche des phénomènes aberrants. Comme vous allez le voir, il n'y a vraiment plus de limite au paranormal. Il s'agit d'amis dont j'ai fait la connaissance en octobre 1997, lors du congrès international de Transcommunication qu'ils organisaient à Toluca, près de Mexico. Ils avaient « perdu » leur fille unique lors d'un accident de voiture et l'avaient retrouvée, à travers les enregistrements sur magnétophone, l'écriture automatique et bien d'autres phénomènes. À vrai dire, il ne s'agit pas cette fois d'un message reçu directement de l'au-delà, mais plutôt d'un clin d'œil. L'incident ne prend sens que parce qu'il s'inscrit dans tout un ensemble de phénomènes beaucoup plus vaste qu'il m'est impossible de rapporter ici. Voici donc l'incident en question. C'est la maman qui raconte :

« Le 11 juin 1996, se produisit la manifestation peut-être la plus significative. Quelques jours auparavant, à Costa Rica, mon mari se trouvait dans le bureau de la filiale de l'entreprise où il travaille, et moi, j'étais alors à l'hôtel Camino Real de la même ville. Tous deux, nous avons une conversation au téléphone, sur un sujet bien précis qui ne prête pas à confusion. Nous commentons une autre conversation téléphonique qu'Yvon, mon mari, vient d'avoir avec mon père, en France, à propos de l'état de santé inquiétant de ma mère.

« Quelques jours plus tard, de retour à Toluca, le 11 juin, pour être précise, nous écoutons nos messages sur le répondeur, et là, nous trouvons une partie de la conversation téléphonique que mon mari et moi nous avons eue à San José (Costa Rica). Mon mari s'exclame alors : “Ce n'est pas possible, c'est la conversation de Costa Rica !”

« Nous voulûmes écouter à nouveau le message, mais il avait déjà disparu et, à sa place, il y avait l'exclamation d'Yvon : “Ce n'est pas possible, c'est la conversation de Costa Rica !” »

Pour ce deuxième incident, on pourrait penser à une fausse manœuvre. La suite cependant l'exclut. Je redonne la parole à la maman : « Mais en réécoutant la bande, l'exclamation avait à son tour disparu [1]. »

1. Yvon et Maryvonne Dray, *Karine o El vuelo de la Mariposa*, Ed. El Diario, Toluca, 1997, p. 40-41.

Une histoire d'amour

Un autre cas semble également prouver que là où se trouvent maintenant nos chers disparus, l'espace ne compte plus. Il s'agit d'un épisode particulier d'une extraordinaire histoire d'amour qui se poursuit à travers la mort entre un vivant sur terre, « Jean », et sa femme vivant depuis quelque temps dans l'au-delà, « Béatrice ». La plupart des communications se font directement par la pensée, selon une sorte de télépathie. Jean écrit à Béatrice, comme s'il s'agissait d'une lettre et, à la suite de chacune de ses questions, il transcrit, au fur et à mesure qu'elles lui viennent, les réponses de sa femme. C'est le principe de l'écriture « inspirée ». Un long dialogue s'instaure ainsi peu à peu entre les deux plans d'existence.

Cependant, Jean se demande continuellement si les réponses qu'il croit percevoir en lui ne viennent pas de son subconscient. Il finit donc par s'adresser à Mme Simonet pour essayer d'avoir confirmation de l'authenticité des messages de Béatrice. Monique Simonet n'a pas connu Béatrice et elle utilise une autre méthode plus objective : les enregistrements sur magnétophone.

Mme Simonet obtient ainsi, au mois de septembre 1992, une première cassette, où Béatrice se fait reconnaître par quelques expressions très personnelles et même, à un moment, par le timbre bien reconstitué de sa voix. Cette fois les doutes de Jean sont balayés. Il sait maintenant que Béatrice continue bien à vivre dans l'au-delà, qu'elle a gardé toute sa personnalité et qu'elle continue, par-delà la mort, à l'aimer comme avant.

Mais, peu à peu, les doutes reviennent, lancinants. Le 4 février 1993, Jean se met à nouveau à écrire à Béatrice :

« Ma chérie, je viens de parler longuement de toi avec notre petit-fils qui est venu se reposer dans notre joli village après ses journées d'examen… Je viens à l'instant de lui remettre la cassette que Monique m'a envoyée et qui contient tes messages. Il a manifesté le désir de l'écouter : il vient de s'enfermer dans sa chambre… »

Suit tout un discours où Jean exprime à nouveau ses doutes, son besoin de preuves, de signes plus tangibles : « Il faudrait peut-être que tu puisses me donner encore quelque chose de plus, un indice irréfutable de ta présence, un détail qui ne concerne que nous deux… Je te demande pardon, ma chérie, d'être ainsi… Car, si je me fais du mal à moi-même, je t'en fais à toi aussi. Et je ne le voudrais pas. »

Béatrice lui répond alors, intuitivement :

« Jean, récemment, au cours de l'un de nos entretiens, je t'ai promis d'autres signes :

« Je vais m'y employer dès maintenant... »

Voici à présent comment Jean racontait la suite, le lendemain, par lettre, à Monique Simonet :

« Je m'étais arrêté d'écrire et je relisais la "promesse" juste reçue : "Je t'ai promis d'autres signes. Je vais m'y employer dès maintenant..." C'est alors que le téléphone a sonné et c'était vous, Monique... Je me rappelle vos paroles :

« Jean, c'est Monique... Je suis très surprise de ce qui vient de se passer il y a quelques minutes... Fatiguée, j'avais rangé mes appareils d'enregistrement et j'allais me préoccuper d'autre chose, lorsque, subitement, j'ai ressenti comme une pression intense, sachant en même temps que cela venait de Béatrice et qu'elle m'engageait à remettre mon magnétophone en route... Ce que j'ai fait aussitôt. Et voici ce que j'ai enregistré, je dois dire sans difficulté aucune :

– Oh ! Jean... C'est moi.

– Pour le livre, le titre est bon, mais il faut ajouter le mot "éternité"...

– Mon bien-aimé, c'est moi qui t'aime, c'est Béatrice...

– Mais pourquoi pleurer ? Qui a pleuré ? »

« Voilà ce que vous m'avez dit, Monique, hier, par téléphone, me demandant ce que pouvait bien signifier : "Pourquoi pleurer ? Qui a pleuré ?"... Ce à quoi je n'ai pu répondre, car je me posais la même question que vous à ce sujet !...

« ... Notre conversation venait à peine d'être terminée, lorsque mon petit-fils est entré dans le salon, pleurant à chaudes larmes... Pendant que nous étions en train de causer, lui, dans sa chambre, écoutait votre première cassette, si riche, où Béatrice se nomme, s'identifie, comme vous le savez... Il était complètement bouleversé... [1] »

---

1. Monique Simonet et Jean Cordat, *Les Chants de l'amour éternel,* Éditions J.M.G., à paraître en 1999.

Quelques mots seulement de commentaire. On remarquera que Béatrice semble pouvoir agir à peu près en même temps auprès de Jean et, à des centaines de kilomètres de distance, à Reims, auprès de Monique Simonet. Mais, tout en agissant à Reims, elle perçoit, au même moment, ce qui se passe dans la maison de Jean. Elle semble cependant surprise. Elle a bien entendu les sanglots, mais elle n'a pas perçu de qui ils venaient. Peut-être cela vient-il seulement de ce que son attention était tout entière à Reims, la transcommunication instrumentale nécessitant un très gros effort de sa part, comme elle le dit à plusieurs reprises. Toujours est-il que nous avons là un exemple où Béatrice est en communication pratiquement simultanée à trois endroits différents : le salon où se trouve Jean, Reims et la chambre où le petit-fils écoutait la première cassette. Il s'agit bien d'un troisième endroit, même si cette chambre se trouvait dans la même maison que le salon, puisque Jean n'avait pas perçu les pleurs de son petit-fils. Béatrice, elle, les avait perçus.

La guerre de l'an 2007

Il ne faudrait surtout pas croire que tout est clair à partir du moment où l'on est convaincu qu'il s'agit d'une authentique communication avec l'au-delà. Même si l'on a de fortes raisons de croire que l'on a bien le dialogue avec un trépassé. Voici un cas particulièrement complexe où l'on retrouve, mêlés à cette histoire, la FDL, ABX-Juno et même le groupe 2109. Histoire compliquée, à rebondissements, que j'abrégerai un peu, mais où je crois qu'il y a quelque chose d'authentique. Voyez vous-même [1].

Le 1er septembre 1996, arriva sur l'écran d'ordinateur d'Adolf Homes le message suivant :

« Ici, FDL, ici FDL. Interruption des contacts à cause d'appareils défectueux [2]. Ici Konstantina Gilaidos d'Athènes. L'horreur me prend à la gorge. J'ai vécu en 1953 la fin du monde en Grèce. L'île de Zante n'existe plus. Mon père a disparu. Il habitait à Vathy.

1. Voir le texte complet dans *Transkommunikation,* vol. III, n° 1/2, 1996, p. 75-80.

2. Adolf Homes avait dû changer son vieux C 64 contre la nouvelle version de cet appareil.

Les navires de guerre américains ont employé des armes atomiques. Je cherche mon père partout. À Ithaque, le père Chrysostome, disparu. Beaucoup appellent à l'aide, la distance est trop grande. Je vous en prie, aidez-nous par vos prières. Ici FDL, FDL, FDL. R4 [1] peut-il entrer en contact ? Ici Konstantina. Les îles Ioniennes disparaissent. À l'aide, à l'aide ! Quelque chose d'épouvantable est arrivé, à l'aide ! »

Le 14 septembre, le docteur Vladimir Delavre [2] priait A. Homes d'inscrire sur son ordinateur pour K. Gilaidos la question suivante : « À quel niveau du temps te trouves-tu ? » Au lieu de cela, Homes demanda simplement : « Nous souhaitons un contact avec K.G. » Le lendemain, il trouva imprimé trois fois « Valodia » (diminutif de Vladimir). J'ai essayé de respecter les changements de temps du récit. Ils sont très significatifs :

« Ici, FDL. Konstantina Gilaidos. Réponse à la question : Je vois cela dans un système double, cher Valodia. J'ai vécu parmi vous une épouvantable catastrophe naturelle en Grèce. Je me suis trouvée sur les bateaux de l'horreur qui emmenaient les survivants vers le Pirée. On doit tous les porter, nous crions et les visages sont couverts de sang. Les bateaux de la mer d'Ionie, des navires d'Israël forment la flotte de l'horreur. Nous ne pouvons pas débarquer car les appontements s'effondrent dans la mer. Pourquoi suis-je encore vivante ? Le monde s'est pourtant abîmé ! Je vis deux êtres de lumière de chaque côté de moi. Celui à ma droite me dit : “Nous sommes de la Fédération de la Lumière. N'aie pas peur !” Que pourrait-il encore arriver ? Tous les hommes qui meurent chez vous arrivent chez nous. Cet événement semble hors du temps, car c'est vrai. Céphalonie était la plus belle île. Le dimanche nous allons encore à l'église, et maintenant, Sami n'existe plus. La terre rue comme un cheval sauvage. La Mère de Dieu a éclaté en morceaux dans la chambre de mon enfant. J'ai crié vers Dieu : Pourquoi n'aide-t-il pas ? Mon mari a été abattu

1. « R4 » est la station de Rivenich chez Adolf Homes.

2. Cette fois, vraiment médecin. Les traductions françaises suivent généralement l'usage de presque tous les autres pays, qui consiste à mettre « docteur » dès que quelqu'un a un doctorat de quelque chose (physique, sciences sociales, etc.) de telle sorte que, pour le lecteur français, presque tous les chercheurs étrangers ont l'air d'être médecins.

par un mur. Une pierre m'atteint au front. Il fait noir pendant des heures. Le docteur Deftairos me saisit par le bras. Cela me fit tellement mal que je devins consciente. Il me tire vers le haut, il semblait être partout, il venait de la FDL. »

Mais le message ne s'arrête pas là. Quelque chose de plus curieux se produit alors. Tout d'un coup le message passe du passé à l'avenir :

« Konstantina annonce encore : En votre année 2007. La flotte américaine anéantit la Grèce avec des armes nucléaires. Tout va très vite. Il n'y a pas d'autres informations disponibles. N'oubliez pas que vous devrez mourir un jour pour pouvoir progresser, car vous vivez dans l'instant d'une illusion que l'on appelle le temps. Nous vous saluons et vous aimons. Konstantina Gilaidos de la FDL. Fin de l'information. 14 septembre 1996. »

Au matin du 15 septembre, le docteur Delavre (médium) sentit qu'il devait transcrire (en écriture inspirée) un message de Konstantina Gilaidos. Il avait à peine commencé lorsqu'il fut interrompu par un coup de fil d'Adolf Homes qui lui communiqua le texte reçut sur son ordinateur. Apparemment, des parties importantes des deux messages paranormaux coïncident. Donc, voici le texte qu'avait transcrit le docteur Delavre avant d'être interrompu par l'appel de Homes :

« Ici Konstantina. Nous nous trouvons dans un monde intermédiaire de l'horreur. L'effondrement de l'île continue à se produire. Des vapeurs empoisonnées et des nuages nous enveloppent. Partout, il n'y a que ruines et cendre. Le sol de l'île se secoue comme une bête sauvage. Il n'y a personne pour nous aider... »

Il faut d'abord noter que ce séisme eut bien lieu, le 12 août 1953, au matin, précédé pendant plusieurs jours de tremblements de terre assez forts mais qui n'avaient fait que peu de victimes, et suivi d'autres secousses très fortes, juqu'à 6 sur l'échelle de Richter. La secousse principale atteignit entre 7 et 7, 5. Il y eut en tout environ 1 000 morts, 4 000 blessés, 27 650 maisons détruites et 93 000 sans-abris. Sur l'île d'Ithaque, la ville la plus importante, Vathy, fut dévastée par une énorme vague, et sur les 2 000 maisons, seules 50 sont restées debout. Mais aucune de ces îles ne s'est abîmée dans la mer. Elles existent toujours et sont redevenues des lieux privilégiés de vacances.

Mais l'histoire n'est pas tout à fait finie.

Le docteur Delavre raconte alors à Homes, au téléphone, le message qu'il vient de recevoir par médiumnité. Ils relèvent tous deux à quel point les horribles événements racontés avaient l'air encore présents et remarquent que la description du séisme passé est tout à fait semblable à celle de la guerre future annoncée.

Cette conversation téléphonique terminée, le docteur Delavre sent que Konstantina a autre chose à communiquer. Voici le texte : « Ici Konstantina. Il faut absolument noter. La guerre en 2007 est provoquée par un conflit atomique entre la Turquie et les États-Unis d'Amérique. À cette époque, la Turquie est devenue un État islamique extrémiste qui a quitté l'Alliance atlantique et veut s'emparer des îles grecques de l'Est. L'événement est appelé "guerre des Cyclades". Les Américains essaient de prévenir l'attaque nucléaire des Turcs par une attaque préventive et de rendre impossible la conquête des îles. La séparation de la Turquie de l'Occident commence en l'an 2000, après un coup d'État et un changement de gouvernement qui décide de former avec l'Irak une Confédération musulmane. Les conséquences de la guerre seront dévastatrices pour toute l'Europe. Protégez vos enfants et préservez leur âme du mal. Priez pour obtenir un autre avenir et essayez de nous sauver. C'était Konstantina Gilaidos pour Valodia et ses amis. »

Comme vous le voyez, la perspective est charmante ! Dans un autre message médiumnique, elle expliquera néanmoins au docteur Delavre que cet avenir peut encore être modifié, ce que d'ailleurs suggéraient déjà les dernières paroles du message précédent.

Cependant, ce qui m'intéresse ici, c'est, à l'intérieur d'un message qui semble bien authentique, et provenant bien d'un trépassé, les différents mélanges qui se sont produits. Mélange des époques, interférences entre vrais souvenirs, concernant donc le passé, et vraies angoisses portant sur l'avenir.

La communication a lieu en 1996 et raconte des événements de 1953 comme s'ils venaient de se produire ou même, parfois, comme s'ils étaient en train de se produire, comme un reportage en direct. Konstantina emploie souvent le présent.

Par ailleurs, on sait que les Grecs vivent toujours un peu dans l'angoisse d'une nouvelle guerre avec la Turquie. Les incidents de frontières sont constants, les journaux, la radio, la télévision y font constamment référence. Tout cela marque nécessairement le subconscient de toute la population. Cette angoisse ressort ici sous forme de guerre atomique, mais concernant d'autres îles, à l'est de la Grèce, alors que le tremblement de terre eut lieu à l'ouest, dans les îles Ioniennes. On pourrait penser que c'est l'intensité du souvenir revécu par Konstantina qui la met tout d'un coup en contact avec des ondes venant du futur et concernant également la Grèce et, plus précisément, des îles et leur destruction totale. Mais ce n'est pas sûr, car, à son tour, la crainte de ce futur semble avoir contaminé les souvenirs du passé, puisque le séisme de 1953 se trouve finalement attribué par Gilaidos à un conflit nucléaire déclenché par la flotte américaine.

Les visions du futur semblent donc bien n'être qu'une projection provoquée, à la fois, par le séisme revécu et par les angoisses profondes qui hantent tous les Grecs. Mais peut-être Gilaidos a-t-elle perçu un vrai tremblement de terre futur des îles de la mer Égée qu'elle aura réinterprété comme une guerre atomique, comme elle l'a fait pour les îles Ioniennes. D'autant qu'il est bien peu vraisemblable, si jamais une telle guerre devait avoir lieu, que les Américains se mettent, d'emblée, à utiliser des armes atomiques. Ils auraient bien d'autres moyens d'intervention.

Tout cela n'est, bien évidemment, qu'une interprétation de messages très mystérieux.

Il y a encore une fin (?) à cet épisode.

Le 24 octobre 1996, Adolf Homes reçut sur son ordinateur un texte commençant ainsi :

« 100 Ici communication de la Fédération de la Lumière FDL, d'ABX-Juno et de 2109… » et dans le cours de ce texte venait l'information suivante : « Notre Konstantina Gilaidos ne se manifestera plus auprès de vous. Les émotions en général sont importantes, mais elles doivent être vécues et comprises de façon appropriée. Elles ne doivent pas rendre impuissant. Regardez toujours vers le Bien. Notre tâche est de vous accompagner au nom du Tout-Puissant afin que l'amour divin primordial puisse tout réunir…»

Il semble que Gilaidos, restée prisonnière de ses souvenirs, ait été peu crédible et même dangereuse. D'où l'admonition finale et son message d'espoir.

L'au-delà retrouvé

Il était indispensable de restituer le phénomène de la transcommunication instrumentale dans un ensemble beaucoup plus vaste, et Rémy Chauvin l'a fait avec la science et l'ouverture d'esprit dont il a toujours témoigné. Ces moyens électroniques constituent une nouveauté, sans aucun doute, mais cette nouveauté s'inscrit dans une certaine continuité avec tous les messages reçus de l'au-delà par des moyens plus classiques depuis des millénaires. Les « TCIstes » eux-mêmes l'ont implicitement reconnu, et c'est pourquoi, à maintes reprises, ils n'ont pas dissocié la transcommunication instrumentale de la mentale. Marcello Bacci a souvent utilisé les deux voies en même temps. George Meek a eu recours à des médiums pour mettre au point ces procédés électroniques qui, pourtant, n'avaient pour but que de permettre de se passer d'eux. Tout un petit groupe de chercheurs, comme Ernst Senkowski ou Ralph Determeyer, s'est retrouvé finalement autour de Mme Schäfer pour recueillir avec passion les messages parvenus, à travers un médium, de « Claudius » qui se prétend, dans l'au-delà, l'ancien empereur romain [1].

Il me semble aussi, et, là encore, en parfait accord avec mon ami Rémy Chauvin, qu'il faut distinguer assez fortement les messages strictement personnels, généralement courts, d'avec les messages à prétention philosophique, scientifique ou religieuse, généralement longs, parfois interminables.

---

1. Hildegard Schäfer, *Dialog mit Claudius, Impulse aus einer anderen Welt*, Drei Eichen Verlag, 3 volumes.

Les messages personnels ne font habituellement pas problème, malgré quelques exceptions. Ce sont des consolations sans prix pour ceux qui ont perdu un être cher, mais, évidemment, on ne peut songer à les publier tous. Ils sont nécessairement répétitifs et n'ont vraiment d'intérêt que pour les proches.

Les messages à contenu intellectuel plus riche rejoignent l'énorme littérature reçue, depuis longtemps déjà, à travers les médiums, et qui continue à déferler en tous pays et en toutes langues. Le terme de « channels » ou « canaux » est un moyen d'accentuer cette prétention à nous livrer des révélations qui viendraient de l'au-delà. Le terme de « médium » exprimait exactement la même idée, le médium étant censé n'être qu'un intermédiaire entre l'au-delà et notre monde. Le renouvellement du vocabulaire ne renouvelle pas le phénomène. Or, si la littérature d'origine américaine est mieux connue, je peux affirmer que ce genre de « révélations » est aussi abondant en italien, en portugais, en espagnol, en allemand et en français ; il me semble qu'elle a partout à peu près la même valeur, très douteuse, qu'elle tourne à peu près autour des mêmes thèmes, avec d'infinies variantes qui n'empêchent pas une certaine monotonie. La réception de ces communications de l'au-delà s'étend souvent sur un très grand nombre d'années. Elle est fréquemment accompagnée de signes extraordinaires que plusieurs témoins peuvent constater en toute objectivité et qui renforcent, bien évidemment, la crédibilité de ces messages auprès de ceux qui les reçoivent.

Quelques très grands textes se détachent cependant de cette énorme masse, et ils peuvent alors atteindre le niveau des grands mystiques, mais ils sont très peu nombreux. J'en ai parlé abondamment ailleurs.

Je serais plus réticent que mon ami Rémy Chauvin à voir derrière tout cela des égrégores. Non pas que j'exclue *a priori* cette possibilité. Je l'ai moi-même évoquée. Mais il me semble plus vraisemblable de faire intervenir toute la population de l'au-delà, probablement beaucoup plus riche et plus variée qu'on ne se l'imagine : les « coques » qui ne seraient qu'un résidu de personnalités bien définies, ayant vraiment vécu sur terre ; les égrégores, émanation des pensées et des sentiments d'individus comme de communautés entières ; les trépassés, situés probablement dans des mondes d'une infinie variété, en fonction de leur évolution spirituelle ; des entités, venues de mondes lointains ou parallèles ; d'autres entités, non incarnées, correspondant à ce que les traditions anciennes appelaient les anges…

Je crois qu'effectivement, comme nous l'affirment plusieurs de ces messages, nous ne sommes jamais seuls. Certains morts, une fois dans l'au-delà, semblent vouloir continuer à vivre à travers nous et viennent nous parasiter [1]. D'autres trépassés, plus évolués, une fois passé le voile, consacrent une grande part de leur activité à nous aider par tous les moyens à leur disposition. Beaucoup d'entre eux nous disent qu'ils doivent construire des instruments en correspondance avec les nôtres pour pouvoir communiquer avec nous. Ils semblent d'ailleurs exercer un certain contrôle sur ces communications. D'autres nous affirment que, lorsqu'une découverte est faite sur terre, c'est qu'elle a d'abord été faite dans leur monde. Il se pourrait très bien qu'une grande part de l'évolution de nos civilisations soit, en réalité, l'œuvre conjointe de vivants en ce monde et de vivants sur d'autres plans. Ce serait probablement vrai, non seulement de nos progrès techniques, mais de nos créations artistiques ou littéraires. Ce serait même peut-être vrai d'une certaine évolution morale de nos sociétés.

Faut-il aller plus loin ? Peut-être est-ce même vrai de l'évolution, autour de nous, du monde animal et végétal, de l'évolution géologique de notre planète ? Là, il me semble que je serais assez près de rejoindre la pensée de Rémy Chauvin. Peut-être que Dieu ne fait pas tout directement personnellement. Peut-être qu'il fait une large place à la participation de toutes ses créatures, à leur initiative ? Peut-être notre humanité et notre planète font-elles partie d'un ensemble infiniment plus vaste et solidaire ? La révolte des anges, nous dit la Bible, est antérieure à la création de l'homme.

On comprend alors aisément que la teneur des messages reçus puisse être différente selon la source qui les émet. Peut-être Marduk existe-t-elle quelque part, peut-être y a-t-il sur cette planète une entité qui n'a jamais été incarnée ou croit sincèrement ne l'avoir jamais été ; peut-être y a-t-il là-bas quelqu'un qui se prend vraiment

---

1. Voir l'ouvrage passionnant de Carl Wickland, *Trente Ans parmi les morts*, et celui du docteur Edith Fiore, *Les Esprits possessifs*.

pour Richard Burton, un autre pour Paracelse, un autre pour saint Thomas Becket. Mais en dehors des messages reçus à Luxembourg, Rivenich et maintenant Darmstadt, messages qui sont toujours liés au même groupe « Fleuve du temps » dans l'au-delà, nous n'avons aucun autre témoignage de l'existence de cette planète, par aucun autre centre de TCI, par aucun message reçu en écriture automatique ou en transe, en voyage hors du corps, en quelque pays que ce soit. Et pourtant les témoignages ne manquent pas, tous plus fiables les uns que les autres, souvent accompagnés d'une quantité de signes, de messages pertinents en correspondance avec notre monde et tendant bien à prouver l'authenticité du contact. Alors ?

Pourtant, peut-être toute cette histoire de la planète Marduk est-elle vraie, malgré les coïncidences étonnantes avec les romans de Philip José Farmer. La principale erreur, dans tous ces messages, serait d'affirmer que tous les trépassés de notre planète Terre viennent y rejoindre tout ce beau monde. Car peut-être aussi les autres mondes sont-ils vrais, que bien d'autres messages nous décrivent, reçus par d'autres groupes et par d'autres voies, et qui sont, chaque fois, bien différents. Chaque fois, ce sont de nouvelles descriptions, de nouvelles histoires, de nouvelles explications. Il semble qu'il y ait vraiment beaucoup de demeures dans le Royaume du Père. Peut-être chacun peut-il se construire le monde qui lui convient par une sorte de projection de pensée, comme beaucoup de trépassés nous l'expliquent. Peut-être alors se regroupe-t-on par affinités et selon le niveau spirituel acquis.

Quoi qu'il en soit, cette complexité ne détruit en rien la formidable rencontre de notre monde avec l'au-delà. Il semble bien certain que dans un grand nombre de cas nous pouvons vraiment retrouver par cette voie le contact avec nos morts. Que cette rencontre ne soit pas si simple ne devrait pas tant nous surprendre, ni trop nous décevoir. Nos savants n'en finissent pas d'essayer de comprendre un peu mieux ce monde. Que l'au-delà aussi soit compliqué, rien de plus normal. Cette planète qui, aujourd'hui, nous paraît trop petite, comportait il n'y a guère encore bien des zones en blanc sur nos cartes.

Les contacts se multiplient, s'intensifient. Mais nous n'en sommes encore qu'au début. Des pistes innombrables s'ouvrent devant nous, peut-être une vraie jungle. De toute façon, il n'est plus possible de l'ignorer. Il faudra sans doute beaucoup de prudence, prendre du recul devant chaque expérience. C'est, me semble-t-il, ce qui manque souvent aux expérimentateurs, trop prisonniers de l'aventure qu'ils vivent. Toute prospection de terres inconnues est une aventure ; merveilleuse et dangereuse. On court toujours le risque de s'égarer.

Peut-être même découvrira-t-on un jour que tel ou tel des chercheurs auxquels j'ai fait confiance, en telle circonstance, a un peu forcé ses résultats, comme cela s'est produit bien des fois avec les médiums au siècle passé. Tout est possible. J'espère seulement que la réaction ne sera pas la même et qu'un tel accident ne suffira pas à jeter le discrédit sur l'ensemble de ces phénomènes. Le nombre des chercheurs est déjà bien trop important, en de nombreux pays et depuis bien des années. Les travaux scientifiques, encore insuffisants, sont tout de même déjà assez avancés pour qu'on ne puisse plus nier la réalité du phénomène, quelles que soient les surprises qu'il pourrait nous réserver.

Une des évolutions les plus spectaculaires que l'on doit au développement des communications avec l'au-delà, c'est le changement assez radical des positions de l'Église catholique à ce sujet. On connaît les réactions traditionnelles que l'on rencontre géneralement dans le clergé et plus encore parmi les protestants que parmi les catholiques. Ce sont les vieilles interdictions qui remontent à l'Ancien Testament : « Tu n'évoqueras pas les morts, tu n'auras aucune relation avec tous ceux qui commettent ces abominations, etc. »

Or, on peut noter un changement d'attitude et au plus haut niveau. En novembre 1996, le R. P. Gino Concetti faisait une déclaration très remarquée devant l'ANSA, déclaration à laquelle toute la presse italienne fit largement écho. Une déclaration d'autant plus importante que le R. P. Concetti est un théologien collaborateur régulier de l'*Osservatore Romano,* journal quasi officiel du Vatican. C'est lui qui est généralement chargé de la page culturelle de ce journal. On remarquera tout particulièrement que le R. P. n'émet pas seulement une opinion personnelle mais parle très expressément au nom de l'Église. Un homme de cette importance et remplissant de façon habituelle de telles fonctions ne peut le faire que s'il est absolument sûr d'être couvert. Il s'agit donc bien d'une décision mûrie et prise en haut lieu. Voici donc l'essentiel de ce texte :

« D'après le catéchisme moderne, Dieu permet à nos chers disparus, qui vivent dans la dimension outre-terre, d'envoyer des messages pour nous guider à certains moments de notre vie. À la suite des nouvelles découvertes dans le domaine de la psychologie sur le paranormal, l'Église a décidé aussi de ne plus interdire les expériences de dialogue avec les trépassés, à condition qu'elles soient faites dans des buts scientifiques et religieux.

« Tout part de la conception que l'Église est un unique organisme dont Jésus-Christ est la tête. Cet organisme est composé des vivants, c'est-à-dire du peuple des fidèles sur la Terre, et des trépassés, que ce soient les saints et les bienheureux qui se trouvent dans la paix de l'esprit dans le paradis, et aussi des âmes qui doivent expier leurs péchés dans le purgatoire. Ces trois dimensions ne sont pas seulement unies à Jésus mais, selon le concept de la Communion des saints, elles sont liées entre elles, ce qui signifie qu'il est possible de communiquer.

« Les messages peuvent parvenir non seulement à travers les paroles et les sons, c'est-à-dire des systèmes normaux de communication des esprits humains [1], mais aussi à travers différents signaux. Par exemple, à travers les songes qui, quelquefois, sont même précognitifs, ou à travers des impulsions spirituelles qui pénètrent notre esprit. Ces impulsions peuvent se transformer en visions, en images et en concepts. »

Le père Concetti évoque alors le rôle des médiums ou sensitifs qui servent souvent d'intermédiaires, et il précise aussitôt :

« Oui, l'Église accepte que l'on se tourne vers ces personnes si particulières, mais avec beaucoup de prudence et à certaines conditions. Les sensitifs auxquels on peut s'adresser doivent être des personnes qui développent leurs expériences, même à travers des techniques modernes, en s'inspirant de la foi. Si ces derniers sont des prêtres, c'est encore mieux. »

Le père Concetti rappelle ensuite les conseils de prudence indispensables : ne pas consulter nos chers disparus pour des futilités, garder notre sens critique à l'égard des messages reçus, ne pas faire de ces messages une nouvelle drogue et ne pas ainsi ouvrir la porte à des forces de l'au-delà que nous ne serions plus à

1. Il s'agit des médiums ou sensitifs.

même ensuite de contrôler. Ce dernier point est à rappeler sans cesse avec insistance [1].

Un tel changement dans la position de l'Église s'explique certainement par plusieurs considérations. D'abord, par la constatation que ces phénomènes existent et que, si complexes soient-ils, ils correspondent bien, très souvent, à une authentique communication avec nos « morts ». Ensuite, une autre constatation : que, permis ou défendus, un nombre croissant de gens et même de fidèles y ont recours. Enfin, sans doute, que dans la période où nous vivons, où la foi dans la vie éternelle est de plus en plus remise en cause par les théologiens eux-mêmes, ces phénomènes ont déjà aidé quantité de personnes, désespérées par un deuil, à retrouver la foi et, avec elle, le sens de la vie.

Je crois qu'à cet égard il faut tout particulièrement mentionner le « Movimento della speranza », créé en Italie par des parents qui avaient perdu leurs enfants, et qui, depuis plus de dix ans, a organisé ou inspiré partout en Italie des congrès où d'innombrables parents ont retrouvé la foi et la confiance en Dieu. C'est certainement pour une grande part l'étendue de cette action à travers tout le pays, avec des rassemblements de 400, 800, 1 000, 2 000 personnes, qui a entraîné ce changement d'attitude. J'ai eu personnellement la joie de participer à un grand nombre de ces congrès et d'y admirer les transformations qui s'y opéraient. Or, presque à chaque fois, il y avait, dans des salles réservées, un ou deux médiums qui se mettaient au service de personnes livrées au désespoir pour leur apporter la consolation d'un contact avec leurs chers disparus.

J'ajouterai, à titre personnel, que je regrette beaucoup la rupture qui s'est opérée, il y a maintenant trop longtemps, entre les Églises chrétiennes et le mouvement spirite, principalement dans sa version kardéciste. Allan Kardec ne croyait plus à la divinité du Christ, et je reconnais que les Églises, devant cette attitude, ne pouvaient que réaffirmer leur foi. Mais il me semble que si les Églises n'avaient pas condamné tous ces contacts avec l'au-delà en n'y voyant, contre toute évidence, que supercherie ou manifestation démoniaque, bien des divisions inutiles auraient pu être évitées. J'ai pu constater moi-

1. Pour voir le texte complet, consulter, par exemple, *Parasciences*, n° 29.

même dans bien des villes du Brésil, de Porto Rico ou d'ailleurs, le dévouement admirable de quantité de spirites kardécistes envers les plus pauvres ou les infirmes. J'ai pu constater l'amour ardent avec lequel certains parlent du Christ, souvent mieux que nos prêtres, et je sais que beaucoup ont gardé dans leur cœur une authentique foi chrétienne et continuent à « pratiquer ». Mais il est vrai aussi que d'autres fidèles spirites sont assez nettement antichrétiens. À qui la faute ? Le changement de position de l'Église catholique romaine est sans doute le bienvenu, mais il arrive bien tard ! Et, tandis qu'elle s'opposait à tout ce courant, quel enseignement et quelle consolation avait-elle, elle-même, à offrir à ceux que le deuil venait de frapper ?

Il n'en reste pas moins vrai que ce changement de position est fait dans l'Église catholique alors que le monde scientifique est encore bien loin d'avoir accompli la même révolution. Il faut reconnaître qu'elle lui sera certainement plus pénible encore, car, enfin, la foi en la survie était tout de même l'enseignement constant de l'Église pendant bien des siècles, tandis que nos savants affectent de ne pas croire et souvent, mieux même (ou pis) de ne pas vouloir s'y intéresser. À voir comment ces communications se répandent, je commence pourtant à espérer que nos beaux esprits, qui se croient à l'avant-garde de la Pensée, découvriront un jour qu'ils se retrouvent tout seuls, abandonnés à leurs belles certitudes.

C'est peut-être ce qui va bientot se produire. Le n° 280 de juillet 1997 de la *Folha Espirita* de São Paulo annonce que l'université de Princeton commence à montrer de l'intérêt pour ces voix paranormales et se prépare à les étudier. La transcommunication instrumentale deviendrait ainsi une découverte américaine et, du coup, tout le monde commencerait à la prendre au sérieux ; ce qui ne signifierait, certes pas, la fin des problèmes.

Avec la transcommunication instrumentale nous disposons, je le crois vraiment, de nouveaux moyens, fantastiques, de nous assurer de notre survie à travers la mort. Mais n'oublions jamais que nous n'atteignons ainsi que la banlieue de la terre. Comme le disait Roland de Jouvenel, « cet invisible est aussi loin de la Divinité que vous l'êtes vous-même d'une étoile… L'expérience mystique ou spirituelle est tout autre ».

Or, cette redécouverte de l'au-delà n'a de sens que si nous savons dépasser la curiosité intellectuelle pour nous lancer dans une autre aventure, bien plus exigeante encore, l'aventure intérieure qui est la véritable aventure spirituelle.

Néanmoins, il faut le redire, dans un monde où règne en général un effroyable matérialisme et un rationalisme souvent sectaire, dans un monde où, trop souvent, l'on ne dénonce le faux surnaturel que pour mieux déconsidérer le vrai, et non pour le défendre, c'est une formidable nouvelle que nous apporte la transcommunication instrumentale :

L'AU-DELÀ est enfin retrouvé !

Bibliographie

Première partie
L'autre science

La bibliographie concernant ces sujets étant énorme, je me bornerai à citer quelques ouvrages spécialement importants, en négligeant malheureusement beaucoup d'autres. Un grand nombre de références, concernant en particulier l'hypnose, sont introuvables parce que trop anciennes. On pourrait les consulter d'après le traité de Dingwall (quatre tomes de plus de 300 pages chacun), *Abnormal Hypnotic Phenomena,* Churchill éd., Londres, 1967-1968. On ne le trouve que très difficilement ; je l'ai abondamment cité, d'autant plus que ce qu'il appelle « phénomènes hypnotiques » couvre une grande partie des recherches sur le paranormal de la fin du XIXe et du début du XXe siècle.

Pour la parapsychologie en général, l'ouvrage absolument essentiel, heureusement en cours de traduction française, est celui de R. S. Broughton, *Parapsychology, the Controversial Science,* Ballantine Books, 1991.

Pour la question des canaux, c'est Hastings, *With the Tongues of Men and Angels* (Holt, Rinehart and Winston, 1991), qu'il faut lire avant tout.

Les expériences proches de la mort ont été magnifiquement traitées par S. Sarah Mercier : *La Mort transfigurée,* Belfond, 1992.

Pour les phénomènes du mysticisme, le monumental traité de J.-M. Bouflet, *Encyclopédie des phénomènes extraordinaires de la vie mystique,* Éditions Œil de/Guilbert, 1990, en cours de parution, est sans égal. Il fait heureusement suite au traité de Thurston que j'ai fait éditer jadis.

Pour le problème des ovnis, ne lirait-on qu'un des ouvrages de l'immense littérature qui leur est consacrée, il faudrait alors s'adresser à J. Vallée qui a consacré au problème plusieurs livres édités chez Robert Laffont. Le dernier, *Révélations,* est paru en 1991.

Je citerai maintenant quelques références qui me paraissent convenir particulièrement à mon sujet :

BELOFF J., *The Relentless Question,* Mc Farland, 1990.

BLACKMORE S. (parmi de nombreux autres essais), *J. Soc. Psych. Res.,* 1991, 404-412.

BROWN R., *En communication avec l'au-delà,* Éd. J'ai lu, n° A 293.

CAYCE E., *There is a River,* Dell Publ., 1945.

EERSEL P. Van, *La Source noire,* Grasset, 1986.

ELIADE M, *Le Chamanisme et les Techniques archaïques de l'extase,* Payot, 1951.

FARMER P.J., *Le Fleuve de l'éternité,* Robert Laffont, 1979.

FONTANA D., *J. Soc. Psych. Res.,* 385-404, 1991.

GOURVENNEC A., *Vers le soleil de Dieu,* Lanore/Sorlot, 1992.

INGLIS B. (entre autres œuvres), *Trance, a Natural History of Altered States of Mind,* Grafton Books, Londres, 1989.

JOUVENEL M. de, *Au seuil du royaume,* Lanore/Sorlot, 1981.

JUNG C.G., *L'Homme à la découverte de son âme,* Albin Michel, 1987.

KLIMO J., *Psychics, Prophets and Mystics,* Aquarian Press, 1987.

LAURENTIN R., *Yvonne Aimée de Malestroit,* Œil de/Guibert, 1990.

LIVERZIANI F., *La reincarnazione e i suoi fenomeni,* Ed. Mediterranee, 1988.

MEHEUST B., *Science-fiction et soucoupes volantes,* Mercure de France, 1978.

RENARD H., *Des prodiges et des hommes,* Lebaud, 1989.

RITCHIE G., *Retour de l'au-delà,* Robert Laffont, 1986.

ROBERTS Jane, *L'Univers de Seth,* Éd. J'ai lu, 1990.

SCHIEBELER W., *Zeugnis fur die jenseitige Welt,* Silberschnur Verlag, 1989.

SHERMAN H., *The Dead are Alive,* Ballantine Books, 1987.

SOTSCHECK J., *Parapsychologie und Grenzgebiete der Psychologie,* 201-208, 1979.

STRIEBER W., *Communion,* Éd. J'ai lu, 1988.

THURSTON H., *Les Phénomènes physiques du mysticisme,* Éd. du Rocher, 1986.

Seconde partie
L'empreinte de l'invisible

Revues

En français :

1) *Infinitude, Le Messager,* revue publiée par l'Association « Infinitude », fondée par Monique Simonet et Jacques et Monique Blanc-Garin. Le Mesnil des Frétils, 27250 Les Bottereaux.
2) *Inf INIT,* journal d'information sur le réseau international de transcommunication instrumentale. Ce bulletin, publié également par J. et M. Blanc-Garin, est la version française du bulletin, en allemand, *Quanten Sprung,* de l'association INIT. Même adresse.
3) *Parascience/Transcommunication,* 8, rue de la Mare, Agnières, 80290 Poix-de-Picardie.
4) Le Bulletin de l'IFRES (Institut français de recherche et d'expérimentation spirite), 3, rue Seurat, 95400 Villiers-le-Bel.

En allemand :

1) *Quanten Sprung,* revue publiée par INIT.
2) *Transkommunikation,* Ernst Senkowski, Eichendorffstr.19, D-6500, Mainz.
3) *Die Parastimme,* Hans Otto Könnig, Hindenburgstr.274, D-Mönchen-Gladbach 1.
4) *Der INFO,* Jochem Fornoff, Heidelbergerlandstr.204, D-6100, Darmstadt 13.

5) *MTFD Informationsschrift der Transkommunikationsforschung,* Michael Hoppe und Peter Klimke, Herderstr.19, D-6000 Frankfurt a.M.

En anglais :

1) *Contact !* bulletin publié par INIT-US, Continuing Life Research, P.O.Box 11036, Boulder CO 80301, USA.
2) *ITC Newsletter,* même adresse.

En espagnol :

1) *La Mariposa,* revue trimestrielle publiée par l'Asociacion Mexicana de Transcomunicacion Instrumental, Av. Heriberto Enriquez n° 635 Col. Santa Maria de las Rosas, C.P.50140, Toluca, Edo de Mexico, Mexique.

En portugais :

1) *Transcomunicação instrumental,* C.P. 67005, Correio Shopping Continental ; 05391.970 - S.Paulo - SP, Brésil.

Livres

En français :

BRUNE F., *Les morts nous parlent,* dernière édition, Philippe Lebaud, 1996.

ESTEP S.W., *La Communication avec les morts,* Éd. du Rocher, 1994.

GIOVETTI P., *Messages d'espérance,* Robert Laffont, 1992.

GRANDSIRE J.-M., *Contacts avec l'au-delà,* Éditions du Rocher, Âge du Verseau, 1995. *La Transcommunication,* textes repris pour la plupart de la revue *Parasciences* et présentés par Jean-Michel Grandsire, Éditions J.M.G., 1998.

HARSCH M. et LOCHER T., *Au-delà et transcommunication,* Éd. Parasciences.

KISACANIN C., *Dialogues avec les morts,* Éd. du Rocher, Âge du Verseau, 1994.

MARTIN J., *Des signes par milliers, messages de l'au-delà : un prêtre témoigne,* Éditions Laurens, 1998.

RUTHER R., *L'Invisible au quotidien,* Guy Trédaniel, 1996.

SCHÄFER H., *Théorie et pratique de la transcommunication,* Robert Laffont, 1992.

SIMONET M., *A l'écoute de l'invisible,* F. Lanore, 1988 ; *Images et messages de l'au-delà,* Éd. du Rocher, 1991 ; *Porte ouverte sur l'éternité,* Éd. du Rocher, 1993 ; *Réalité de l'au-delà,* Éd. du Rocher, 1994.

En langues étrangères :

ALVISI G., *Le voci dei viventi di ieri,* Sugar, Milan, 1976 ; *Il libro della speranza,* Sugar, Milan, 1979.

BACCI M., *Il mistero delle voci dall' aldilà,* Ed. Mediterranee, Rome, 1985.

BANDER P., *Voices from the Tapes,* Drake, New York, 1973.

BÄTTIG V., *Tote reden,* Carussel Verlag, 1987 ; *Kein Mensch ist tot, wenn er Stribt,* Ewert Verlag,1992.

CAPITANI L. et PAGNOTTA S., *Terre tuttora inviolate,* Ed. Mediterranee.

COLACIURI V. et FORESTI E., *Voci paranormali al Registratore, teoria generale e techniche di applicazione,* Acitrezza Galateci, 1973.

DARNELL S., *El misterio de la psicofonia,* Ed. Fausi, 1987.

DRAY Y. et M., *Karine o El vuelo de la Mariposa,* El Diario, Toluca, Mexique, 1997.

FULLER J.G., *The Ghost of 29 Megacycles,* New American Library, 1986.

HARLOW S.R., *A Life after Death,* Doubleday, 1961.

HOLBE R., *Bilder aus dem Reich der Toten,* Knaur, 1987 ; *Botschaften aus einer anderen Dimension,* Knaur, 1988.

JÜRGENSON F., *Sprechfunk mit Verstorbenen,* Hermann Bauer, Fribourg-en-Brisgau, 1967.

KUBIS P. et MACY M., *Conversations beyond the Light,* Griffin Publishing et Continuing Life Research, Boulder, Colorado, U.S.A.

MANGANI G., *Le voci dell' aldilà. Atti dell II Convegno nazionale di logometafonia,* Udine, 1979.

NUNES C., *Transcomunicação,* Edicel, Sobradinho, Brasilia, Brésil, 1990.

PAGNOTTA S., *Risveglio alla vita, le transcomunicazioni del Centro di Grosseto,* Edizioni Mediterranee, 1992.

PAPO A., *Il mistero dell'anfora parlante,* Ed. Mediterranee, 1992.

RAUDIVE K., *Unhörbares wird hörbar,* Otto Reich Verlag, 1968 ; *Überleben wir den Tod ?,* même éditeur, 1973 ; *Der Fall Wellensittich,* même éditeur, 1976.

RINALDI S., *Transcomunicação instrumental,* 2e édition, FE, São Paulo, 1997.

ROCHA LIMA L. DA, *Mensagens dos Espiritos por Telefone,* Educandario Lar de Frei Luiz, 1985

ROGO S., *Phone Calls from the Dead,* Prentice Hall, Englewood Cliffs, New Jersey, 1979.

SCHÄFER H., *Stimmen aus einer anderen Welt,* Hermann Bauer, Fribourg-en-Brisgau, 1983.

SCHÄFER H., *Théorie et pratique de la transcommunication,* R. Laffont, 1992.

SCHMID L., *Wenn die Toten reden,* Rex Verlag, 1976.

SEIDL F., *Phänomen Tranzendentalstimmen,* Frech Verlag, 1971.

SENKOWSKI E., *Instrumentelle Transkommunikation,* R. G. Fischer, 3e édition,1995.

WEBSTER K., *The Vertical Plane,* Grafton Books, 1989.

Achevé d'imprimer
sur les presses de l'Imprimerie Darantiere
en janvier 1999.
Édition exclusivement réservée
aux adhérents du Club,
Le Grand Livre du mois,
15, rue des Sablons,
75116 Paris,
réalisée avec l'aimable autorisation
des Éditions du Félin.

Imprimé en France

Dépôt légal : 1er trimestre 1999
N° d'impression : 98-1354